PONS

Pocket-Sprachführer
Portugiesisch

PONS GmbH
Stuttgart

PONS Pocket-Sprachführer
Portugiesisch

Bearbeitet von: Isabel Morgado Kessler

Entwickelt auf der Basis des
PONS Sprachführers Portugiesisch ISBN 978-3-12-518535-7

1. Auflage 2018 (1,02 – 2018)

www.pons.de
E-Mail: info@pons.de

Umschlagfotos: shutterstock/Landscape Nature Photo
Logoentwurf: Erwin Poell, Heidelberg
Logoüberarbeitung: Sabine Redlin, Ludwigsburg
Satz: Satzkasten, Stuttgart
Druck: L.E.G.O. S.P.A., Lavis
Printed in Italy

ISBN 978-3-12-518568-5

Vorwort

Liebe Leserin, lieber Leser,

Sie reisen nach Portugal und suchen die passende Sprachbegleitung? Egal ob Sie sich fragen, wie das portugiesische Wort für Vollpension lautet, oder ob Sie auf Portugiesisch erklären wollen, dass Ihr Auto nicht anspringt: Der PONS Pocket-Sprachführer hilft Ihnen in jeder Situation weiter.

Sie finden die wichtigsten vorformulierten Sätze für die Reise in neun thematisch gegliederten Kapiteln. Und wenn es mal besonders schnell gehen muss, schlagen Sie einfach im Wörterbuchteil nach: Von A wie Abendessen bis Z wie Zwischenlandung haben wir den wichtigsten Reisewortschatz für Sie zusammengestellt.

Lassen Sie den Sprachführer sprechen und genießen Sie Ihre Reise.

Eine schöne Zeit wünscht Ihnen

Ihre

PONS Redaktion

Inhalt

Aussprache

ˈ	vor einer Silbe bedeutet, dass die nachfolgende Silbe betont ist; z. B. [pəˈkenu].	
‿	zwischen zwei Wörtern bedeutet, dass man den letzten Buchstaben des ersten Wortes zum nächsten Wort hinüberzieht: [ˈtoduz‿uʃ].	
[a]	offenes a wie in **a**lle	cá [ka], lado [ˈladu] sala [ˈsalɐ]
[ɐ]	geschlossenes a	casa [ˈkazɐ] cama [ˈkɐmɐ]
[ɐ̃]	nasaliertes [ɐ]	manhã [mɐˈɲɐ̃]
[ɛ]	offenes e wie in h**e**ll	café [kɐˈfɛ], leve [ˈlɛvə]
[e]	geschlossenes e wie in g**e**ben	ele [ˈelə], ver [ver] medo [ˈmedu] cena [ˈsenɐ]
[ẽ]	nasaliertes [e]	quente [ˈkẽntə] lenço [ˈlẽsu]
[ə]	wie in bitt**e**, meist kaum hörbar	dever [dəˈver] tarde [ˈtardə]
[i]	wie in M**i**nute	fila [ˈfilɐ]
[ĩ]	nasaliertes [i]	fim [fĩ], ginja [ˈʒĩʒɐ]
[ɔ]	offenes o wie in **o**ffen	logo [ˈlɔgu] porta [ˈpɔrtɐ] avó [ɐˈvɔ]
[o]	geschlossenes o wie in R**o**se	avô [ɐˈvo], bolo [ˈbolu] almoço [alˈmosu]
[õ]	nasaliertes [o]	com [kõ] pronto [ˈprõntu]

[u]	wie in **U**fer	tudo ['tudu] lugar [lu'gar]
[ũ]	nasaliertes [u]	um [ũ] comum [ku'mũ]
[j]	wie in Mar**i**on	rádio ['ʀadju] passear [pɐ'sjar]
[w]	nicht wie dt. w, sondern mit vorgestülpten Lippen ein kurzes [u] bilden, dann schnell zum nachfolgenden Vokal übergehen	quarto ['kwartu] voar [vwar]
[f]	wie in **f**allen, **V**ater	fado ['fadu] falar [fɐ'lar]
[v]	wie in **W**asser, **V**ioline	ver [ver], lavar [lɐ'var]
[s]	wie in rei**ß**en, la**ss**en	saber [sɐ'ber] passar [pɐ'sar] lenço ['lẽsu]
[z]	wie in le**s**en, rei**s**en	casa ['kazɐ] fazer [fɐ'zer]
[ʃ]	wie in **sch**ön, Ti**sch**	chave ['ʃavə] fechar [fə'ʃar] peixe ['peiʃə]
[ʒ]	wie in Gara**g**e, Lo**g**e	jornal [ʒur'nal] gente ['ʒẽntə]
[r]	leichtes, geschlagenes Zungen-**r**	caro ['karu] pagar [pɐ'gar]
[ʀ]	stark gerolltes Zungen- oder Zäpfchen-**r**	rua ['ʀuɐ] carro ['kaʀu]
[ʎ]	etwa wie in Fami**li**e, wie das ital. gl in fi**gl**io	filho ['fiʎu], olho ['oʎu] mulher [mu'ʎɛr]
[ɲ]	etwa wie in Ko**gn**ak, wie das span. ñ in se**ñ**or	minha ['miɲɐ] ganhar [ga'ɲar]

[ŋ]	wie in **lang**, bri**ng**en, in portugiesischen Vokabeln nur zwischen Nasal und [g] bzw. [k]	enganar [ẽŋgɐˈnar] banco [ˈbɐ̃ŋku]

In den portugiesischen **Diphtongen** behält jeder Vokal seinen eigenen Wert.
Bei den **Oraldiphthongen** ist auf den Unterschied zwischen [e] und [ɛ] sowie zwischen [o] und [ɔ] zu achten:

peixe [ˈpeiʃə] - papéis [pɐˈpɛiʃ]
museu [muˈzeu] - céu [ˈsɛu]
coisa [ˈkoizɐ] - herói [iˈrɔi]

Bei den **Nasaldiphthongen** wird der erste Bestandteil nasal ausgesprochen:

mão [mɐ̃u] - mãe [mɐ̃i] - peões [pjõiʃ]
falam [ˈfalɐ̃u] - bem [bɐ̃i]

Die nicht erwähnten **Konsonanten** werden ähnlich den deutschen ausgesprochen.

Allgemeine Hinweise zur Aussprache

Im Portugiesischen werden die Wörter nicht einzeln ausgesprochen, sondern in Sprecheinheiten miteinander verbunden. So verbindet man z. B. einen auslautenden Konsonant mit einem folgenden anlautenden Vokal. Ein auslautendes **e**, aber manchmal auch ein **o** oder ein **a**, wird vor einem anlautenden Vokal verschluckt:
depois d**e** amanhã [də'poiʒ d‿amɐ'ɲɐ̃]
pequen**o** almoço [pə'ken‿al'mosu].
Zwei unbetonte **a**, die aufeinander treffen, werden als ein offenes **a** ausgesprochen:
tod**a** **a** noite ['toda 'noitə].
Anders als in Portugal werden in Brasilien alle Vokale deutlich ausgesprochen.
In auslautender, unbetonter Stellung wird in Brasilien ein **e** als **i** ausgesprochen. Die im Buch angegebene Lautschrift entspricht der in Portugal üblichen Aussprache.

Hinweise zu den Wortlisten und zum Wörterbuchteil

Innerhalb eines Wortes in Klammern gesetzte Buchstaben werden nur in Portugal, nicht aber in Brasilien geschrieben.
Substantive mit der Endung **o** sind männlich; Substantive mit der Endung **a** sind weiblich. Nur bei Abweichungen von dieser Regel und bei anderen Endungen wird das Geschlecht der Substantive durch den Artikel angegeben. Bei Substantiven im Plural steht immer der Artikel.

Portugiesische Rechtschreibreform

Die Schreibung in den Kapiteln und im Wörterbuchteil Deutsch – Portugiesisch ist entsprechend der neuen portugiesischen Rechtschreibreform.

Abkürzungen im Pocket-Sprachführer

adj	Adjektiv, Eigenschaftswort
adv	Adverb, Umstandswort
Br	brasilianisches Portugiesisch, Brasilien
conj	Konjunktion, Bindewort
etw	etwas
f	Femininum, weiblich
m	Maskulinum, männlich
P	Portugal
pers prn	Personalpronomen
pl	Plural, Mehrzahl
poss prn	Possessivpronomen
prn	Pronomen, Fürwort
prp	Präposition, Verhältniswort
sing	Singular, Einzahl
tele	Telefon
verb	Verb, Tätigkeitswort

Zum Einstieg

Das Wichtigste in Kürze

Ja.
Sim. [sĩ]

Nein.
Não. [nɐ̃u]

Bitte.
Faz favor. [faʃ fɐ'vor]

Danke!
Obrigado/Obrigada! [obri'gadu/obri'gadɐ]

Bitte!/Gern geschehen!
De nada!/Não tem de quê! [də 'nadɐ/nɐ̃u tɐ̃i də 'ke]

Wie bitte?
Como? ['komu]

Selbstverständlich!
Evidentemente! [ividẽntə'mẽntə]

Einverstanden!
De acordo! [d‿ɐ'kordu]

Okay!
o.k. [o'kei]

In Ordnung!
Está bem! [ʃta bɐ̃i]

Entschuldigung!/Verzeihung!
Desculpe!/Desculpa! [dəʃ'kulpə/dəʃ'kulpɐ]

Das reicht jetzt!
Já chega! [ʒa 'ʃegɐ]

Hilfe!
Socorro! [su'koʀu]

Wer?
Quem? [kẽi]

Was?
O quê? [u ke]

Welcher?/Welche?/Welches?
Qual? [kwal]

Wem?
A quem? [ɐ kẽi]

Wen?
Quem? [kẽi]

Wo?
Onde? ['õndə]

Wo ist ...?/Wo sind ...?
Onde está ...?/Onde estão ...? ['õndə ʃta/'õndə ʃtẽu]

Warum?/Weshalb?/Wozu?
Porquê?/Para quê? [pur'ke/'pɐrɐ ke]

Wie?
Como? ['komu]

Wie viel?
Quanto? ['kwẽntu]

Wie lange?
Quanto tempo? ['kwẽntu 'tẽmpu]

Wann?
Quando? ['kwẽndu]

Ich hätte gern ...
Queria ... [kə'riɐ]

Gibt es ...?
Há ...? [a]

Zahlen – Maße – Gewichte

0	zero ['zɛru]
1	um [ũ]
2	dois [doiʃ]
3	três [treʃ]
4	quatro ['kwatru]
5	cinco ['sĩŋku]
6	seis [seiʃ]
7	sete ['sɛtə]
8	oito ['oitu]
9	nove ['nɔvə]
10	dez [dɛʃ]
11	onze ['õzə]
12	doze ['dozə]
13	treze ['trezə]
14	catorze [kɐ'torzə]
15	quinze ['kĩzə]
16	dezasseis [dəzɐ'seiʃ]
17	dezassete [dəzɐ'sɛtə]
18	dezoito [də'zɔitu]
19	dezanove [dəzɐ'nɔvə]
20	vinte ['vĩntə]
21	vinte e um ['vĩnt‿i 'ũ]
22	vinte e dois ['vĩnt‿i 'doiʃ]
23	vinte e três ['vĩnt‿i 'treʃ]
24	vinte e quatro ['vĩnt‿i 'kwatru]
25	vinte e cinco ['vĩnt‿i 'sĩŋku]
26	vinte e seis ['vĩnt‿i 'seiʃ]
27	vinte e sete ['vĩnt‿i 'sɛtə]
28	vinte e oito ['vĩnt‿i 'oitu]

29	vinte e nove ['vĩnt‿i 'nɔvə]
30	trinta ['trĩntɐ]
31	trinta e um ['trĩntɐ i 'ũ]
32	trinta e dois ['trĩntɐ i 'doiʃ]
40	quarenta [kwɐ'rẽntɐ]
50	cinquenta (qü) [sĩŋ'kwẽntɐ]
60	sessenta [sə'sẽntɐ]
70	setenta [sə'tẽntɐ]
80	oitenta [oi'tẽntɐ]
90	noventa [nu'vẽntɐ]
100	cem [sɐ̃i]
101	cento e um ['sẽntwi ũ]
200	duzentos [du'zẽntuʃ]
300	trezentos [trə'zẽntuʃ]
1000	mil [mil]
2 000	dois mil [doiʒ mil]
10 000	dez mil [dɛʒ mil]
100 000	cem mil [sɐ̃i mil]
1 000 000	um milhão [ũ mə'ʎɐ̃u]

1.	primeiro [pri'meiru]
2.	segundo [sə'gũndu]
3.	terceiro [tər'seiru]
4.	quarto ['kwartu]
5.	quinto ['kĩntu]
6.	sexto ['seiʃtu]
7.	sétimo ['sɛtimu]
8.	oitavo [oi'tavu]
9.	nono ['nonu]
10.	décimo ['dɛsimu]

1/2	um meio [ũ 'meju]
1/3	um terço [ũ 'tersu]
1/4	um quarto [ũ 'kwartu]
3/4	três quartos [treʃ 'kwartuʃ]
3,5 %	três e meio por cento [trez‿i 'meju pur 'sẽntu]
27 °C	vinte e sete graus ['vĩnt‿i 'sɛtə grauʃ]
-5 °C	cinco graus negativos ['sĩŋku grauʒ nəgɐ'tivuʃ]
1999	mil novecentos e noventa e nove [mil nɔvə'sentuz‿i nu'vẽnt‿i 'nɔvə]
2010	Dois mil e dez [doiʒ mil‿i dɛʃ]
2018	Dois mil e dezoito [doiʒ mil‿i də'zɔitu]

Millimeter	milímetro [mi'limətru]
Zentimeter	centímetro [sẽn'timətru]
Meter	metro ['mɛtru]
Kilometer	quilómetro (ô) [ki'lɔmətru]
Quadratmeter	metro quadrado ['mɛtru kwa'dradu]

Liter	litro ['litru]
Gramm	o grama [u 'grɐmɐ]
Pfund	meio quilo ['meju 'kilu]
Kilogramm	o quilograma [u kilu'grɐmɐ], quilo ['kilu]

Zeitangaben

Die Uhrzeit

Wie viel Uhr ist es bitte?
Faz favor, que horas são? [faʃ fɐˈvor ˈkjɔrɐʃ sɐ̃u]

Es ist (genau/ungefähr) ...
São (exatamente/mais ou menos) ...
[ʃɐ̃u (izatɐˈmẽntə/maiz‿o ˈmenuʃ)]

3 Uhr.
três horas. [trez‿ˈɔrɐʃ]

5 nach 3.
três e cinco. [trez‿i sĩŋku]

Viertel nach 3.
três e um quarto. [trez‿i ũ ˈkwartu]

halb 4.
três e meia. [trez‿i ˈmejɐ]

Viertel vor 4.
quatro menos um quarto. [ˈkwatru ˈmenuz‿ũ ˈkwartu]

5 vor 4.
quatro menos cinco. [ˈkwatru ˈmenuʃ ˈsĩŋku]

12 Uhr mittag/Mitternacht.
é meio-dia/meia-noite. [ɛ ˈmeju ˈdiɐ/ˈmejɐ ˈnoitə]

Um wie viel Uhr?/Wann?
A que horas?/Quando? [ɐ ˈkjɔrɐʃ/ˈkwɐ̃ndu]

Um 1 Uhr.
À uma hora. [a ˈumɐ ˈɔrɐ]

Um 2 Uhr.
Às duas horas. [aʒ ˈduɐz‿ˈɔrɐʃ]

In einer Stunde.
Dentro de uma hora. [ˈdẽntru d‿ˈumɐ ˈɔrɐ]

In zwei Stunden.
Dentro de duas horas. [ˈdẽntru də ˈduɐz‿ˈɔrɐʃ]

Nicht vor 9 Uhr morgens.
Não antes das nove da manhã. [nɐ̃u ˈɐ̃ntəʒ dɐʒ ˈnɔvə dɐ mɐˈɲɐ̃]

Nach 8 Uhr abends.
Depois das oito da noite. [dəˈpoiʒ dɐz‿ˈoitu dɐ ˈnoitə]

Zwischen 3 und 4.
Entre as três e as quatro. [ˈẽntr‿ɐʃ trez‿i ɐʃ ˈkwatru]

Wie lange?
Quanto tempo? [ˈkwɐ̃ntu ˈtẽmpu]

Zwei Stunden (lang).
(Durante) duas horas. [(duˈrɐ̃ntə) ˈduɐz‿ˈɔrɐʃ]

Von 10 bis 11.
Das dez às onze. [dɐʒ dɛz‿az‿ˈõzə]

Bis 5 Uhr.
Até às cinco horas. [ɐˈtɛ aʃ ˈsĩŋku ˈɔrɐʃ]

Seit wann?
Desde quando? [ˈdeʒdə ˈkwɐ̃ndu]

Seit 8 Uhr morgens.
Desde as oito da manhã. [ˈdeʒd‿ɐz‿ˈoitu dɐ mɐˈɲɐ̃]

Seit einer halben Stunde.
Há meia hora. [a ˈmejɐ ˈɔrɐ]

Seit acht Tagen.
Há oito dias. [a ˈoitu ˈdiɐʃ]

ab und zu	de vez em quando [də vez‿ẽi 'kwẽndu]
abends	à tarde [a 'tardə], à noite [a 'noitə]
am Sonntag	no domingo [nu du'mĩŋgu]
am Wochenende	no fim de semana [nu fĩ də sə'mɐnɐ]
bald	em breve [ẽi 'brɛvə]
diese Woche	esta semana ['ɛʃtɐ sə'mɐnɐ]
früh	cedo ['sedu]
früher	mais cedo [maiʃ 'sedu]
gegen Mittag	cerca do meio-dia ['serkɐ du 'meju 'diɐ]
gestern	ontem ['õntẽi]
heute	hoje ['oʒə]
heute Morgen/ heute Abend	hoje de manhã/hoje à noite ['oʒə də mɐ'ɲɐ̃/oʒ‿a 'noitə]
in einer Woche	dentro de uma semana ['dẽntru d‿'umɐ sə'mɐnɐ]
jeden Tag	todos os dias ['toduz‿uʒ 'diɐʃ]
jetzt	agora [ɐ'gɔrɐ]
kürzlich	recentemente [ʀəsẽntə'mẽntə]
manchmal	às vezes [aʒ 'vezəʃ]
mittags	ao meio-dia [ɐu 'meju 'diɐ]
morgen	amanhã [amɐ'ɲɐ̃]
morgen Früh/ morgen Abend	amanhã de manhã/amanhã à noite [amɐ'ɲɐ̃ də mɐ'ɲɐ̃/amɐ'ɲɐ̃ a 'noitə]
morgens	de manhã [də mɐ'ɲɐ̃]
nachmittags	de tarde [də 'tardə]
nächstes Jahr	no próximo ano [nu 'prɔsimu 'ɐnu]
nachts	de noite [də 'noitə]
spät	tarde ['tardə]
später	mais tarde [maiʃ 'tardə]

stündlich	*(jede Stunde)* **de hora a hora** [d‿'ɔra 'ɔrɐ]; *(pro Stunde)* **por hora** [pur‿'ɔrɐ]
täglich	*(jeden Tag)* **todos os dias** ['toduz‿uʒ 'diɐʃ]; *(pro Tag)* **por dia** [pur 'diɐ]
tagsüber	**durante o dia** [du'rẽnt‿u 'diɐ]
übermorgen	**depois de amanhã** [də'poiʒ d‿amɐ'ɲɐ̃]
um diese Zeit	**a esta hora** [ɐ 'ɛʃtɐ 'ɔrɐ]
vor zehn Minuten	**há dez minutos** [a dɛʒ mi'nutuʃ]
vorgestern	**anteontem** [ɐ̃n'tjõntɐ̃i]
vormittags	**de manhã** [də mɐ'ɲɐ̃]
am Vormittag	**de manhã** [də mɐ'ɲɐ̃]

Die Wochentage

Montag	**segunda-feira** [sə'gũndɐ 'feirɐ]
Dienstag	**terça-feira** ['tersɐ 'feirɐ]
Mittwoch	**quarta-feira** ['kwartɐ 'feirɐ]
Donnerstag	**quinta-feira** ['kĩntɐ 'feirɐ]
Freitag	**sexta-feira** ['seiʃtɐ 'feirɐ]
Samstag	**sábado** ['sabɐdu]
Sonntag	**domingo** [du'mĩŋgu]

Die Monate

Januar	**janeiro** [ʒɐ'neiru]
Februar	**fevereiro** [fəvə'reiru]
März	**março** ['marsu]
April	**abril** [ɐ'bril]
Mai	**maio** ['maju]
Juni	**junho** ['ʒuɲu]
Juli	**julho** ['ʒuʎu]

August	agosto [ɐ'goʃtu]
September	setembro [sə'tẽmbru]
Oktober	outubro [o'tubru]
November	novembro [nu'vẽmbru]
Dezember	dezembro [də'zẽmbru]

Die Jahreszeiten

der Frühling	primavera [primɐ'vɛrɐ]
der Sommer	o verão [u və'rɐ̃u]
der Herbst	outono [o'tonu]
der Winter	inverno [ĩ'vɛrnu]

Feiertage

Neujahr	Ano Novo ['ɐnu 'novu]
Karneval	o Carnaval [u kɐrnɐ'val]
Fastnachtsdienstag	Terça-Feira de Carnaval ['tersɐ 'feirɐ də kɐrnɐ'val]
Aschermittwoch	Quarta-Feira de Cinzas ['kwartɐ 'feirɐ də 'sĩzɐʃ]
Gründonnerstag	Quinta-Feira Santa ['kĩntɐ 'feirɐ 'sɐ̃ntɐ]
Karfreitag	Sexta-Feira Santa ['seiʃtɐ 'feirɐ 'sɐ̃ntɐ]
Ostern	Páscoa ['paʃkwɐ]
Ostermontag	Segunda-Feira de Páscoa [sə'gũndɐ 'feirɐ də 'paʃkwɐ]
Nationalfeiertag (21. April)	*(Br)* Dia de Tiradentes ['dia də tira'dẽntis]
Tag der Freiheit (25. April)	*(P)* 25 de Abril ['vĩnt͜i 'sĩŋku d͜ɐ'bril]
Tag der Arbeit (1. Mai)	Primeiro de Maio [pri'meiru də 'maju]

Fronleichnam	Corpo de Deus ['korpu də deuʃ]
Nationalfeiertag (10. Juni)	*(P)* Festa Nacional ['fɛʃtɐ nɐsju'nal]
Mariä Himmelfahrt (15. Aug.)	Ascensão de Nossa Senhora [ɐʃsẽ'sɐ̃u də 'nɔsɐ sə'ɲorɐ]
Nationalfeiertag (7. Sept.)	*(Br)* Independência do Brasil [fɛ'rjadu nasjo'nau]
Proklamation der Republik (5. Okt.)	*(P)* Proclamação da República [prukləmɐ'sɐ̃u dɐ ʀɛ'publikɐ]
Kath. Feiertag (12. Okt.)	*(Br)* Nossa Senhora da Aparecida [se'ɲorɐ d͜apare'sidɐ]
Allerheiligen (1. Nov.)	Todos os Santos ['toduz͜uʃ 'sɐ̃ntuʃ]
Proklamation der Republik (15. Nov.)	*(Br)* Proclamação da República [proklama'sɐ̃u da rɛ'publikɐ]
Restauration der Unabhängigkeit (1. Dez.)	*(P)* Restauração da Independência [rəʃtaurɐ'sɐ̃u dɐ ĩndəpẽn'dẽsjɐ]
Mariä Empfängnis (8. Dez.)	Imaculada Conceição [imɐku'ladɐ kõsei'sɐ̃u]
Heiliger Abend	Consoada [kõŋ'swada]
Weihnachten	o Natal [u nɐ'tal]
Silvesterabend	a passagem do ano [ɐ pɐ'saʒɐ̃i du 'ɐnu]

Das Datum

Können Sie mir bitte sagen, den Wievielten wir heute haben?
Pode-me dizer quantos são hoje, faz favor?
[ˈpɔdəmə diˈzer ˈkwẽntuʃ sẽu ˈoʒə faʃ fɐˈvor]

Heute ist der 4. August.
Hoje é quatro de agosto. [ˈoʒ‿ɛ ˈkwatru d‿ɐˈgoʃtu]

Heute ist der 1. Mai.
Hoje é o primeiro de maio. [ˈoʒ‿ɛ u priˈmeiru də ˈmaju]

Wetter

Was für ein herrliches/schreckliches Wetter!
Que tempo esplêndido/terrível! [kə ˈtẽmpu ˈʃplẽndidu/təˈʀivɛl]

Es ist sehr kalt/heiß/schwül.
Está muito frio/calor/abafado. [ʃta ˈmũintu ˈfriu/kɐˈlor/ɐbɐˈfadu]

Es ist neblig/windig.
Está nevoeiro/vento. [ʃta nəˈvweiru/ˈvẽntu]

Es bleibt schön/schlecht.
O tempo continua bom/mau. [u ˈtẽmpu kõntiˈnuɐ bõ/mau]

Es wird wärmer/kälter.
Vamos ter mais calor/mais frio. [ˈvɐmuʃ ter maiʃ kɐˈlor/maiʃ ˈfriu]

Es wird regnen/schneien.
Vai chover/nevar. [vai ʃuˈver/nəˈvar]

bewölkt	nublado [nuˈbladu]
Blitz	relâmpago [ʀəˈlẽmpɐgu]
Bö	rajada [ʀɐˈʒadɐ]
Donner	o trovão [u truˈvẽu]

Ebbe	a maré baixa [ɐ mɐ'rɛ 'baiʃɐ]
Eis	gelo ['ʒelu]
Flaute	calma ['kalmɐ]
Flut	a maré cheia [ɐ mɐ'rɛ 'ʃejɐ]
Frost	geada ['ʒjadɐ]
Gewitter	trovoada [truvu'adɐ]
Glatteis	regelo [ʀə'ʒelu]
heiß	quente ['kẽntə]
Hitze	o calor [u kɐ'lor]
kalt	frio ['friu]
Luft	o ar [u ar]
nass	molhado [mu'ʎadu]
Nebel	nevoeiro [nə'vweiru]
Regen	chuva ['ʃuvɐ]
Regenschauer	aguaceiro [agwɐ'seiru]
regnerisch	chuvoso [ʃu'vozu]
Schnee	a neve [ɐ 'nɛvə]
schwül	abafado [ɐbɐ'fadu]
Sonne	o sol [u sɔl]
sonnig	soalheiro [swɐ'ʎeiru]
Sturm	a tempestade [ɐ tẽmpəʃ'tadə]
warm	quente ['kẽntə]
wechselhaft	instável [ĩʃ'tavɛl]
Wettervorhersage	a previsão do tempo [ɐ prəvi'zɐ̃u du 'tẽmpu]
Wind	vento ['vẽntu]
Windstärke	a intensidade do vento [ɐ ĩntẽsi'dadə du 'vẽntu]

Reiseplanung

Hotelbuchung per E-Mail

Sehr geehrte Damen und Herren,

vom 24. bis 26. Juni hätte ich gern für zwei Nächte ein Einzel-/ Doppel-/Zweibettzimmer.
Bitte teilen Sie mir mit, ob Sie ein Zimmer frei haben und was es pro Nacht, einschließlich Frühstück, kostet.

Mit freundlichen Grüßen

Caro/a Senhor/a:
Gostaria de reservar um quarto individual/de casal/de duas camas por duas noites de 24 a 26 de junho.
Informem-me por favor se há um quarto livre para essa data e qual o preço por dia com pequeno almoço (*Br* café da manhã).
Com os melhores cumprimentos

Dear Sir or Madam,
I would like to book a single/double/twin-bedded room for 2 nights on the 24th and 25th June.
Please let me know if you have any vacancies and the cost per night plus breakfast.
Yours faithfully,

Mietwagen per E-Mail

Sehr geehrte Damen und Herren,

für die Zeit vom 20. - 25. Juli möchte ich gern ab Flughafen XXX einen Kleinwagen/einen Mittelklassewagen/eine Luxuslimousine/einen Kleinbus mieten. Mein Rückflug geht ab YYY und deshalb möchte ich das Auto dort zurückgeben. Bitte teilen Sie mir Ihre Tarife mit und welche Unterlagen ich benötige.

Mit freundlichen Grüßen

Caro/a Senhor/a:
Gostaria de alugar de 20 a 25 de julho um carro pequeno/um carro do segmento médio/um carro de luxo/uma carrinha no aeroporto de XXX. Como o voo de regresso parte do aeroporto de YY, queria devolver o carro nesse aeroporto. Indiquem-me por favor as tarifas e quais os documentos que são necessários apresentar.
Com os melhores cumprimentos

Dear Sir/Madam,
I would like to hire a small/mid-range/luxury saloon car/minibus from July 20 - 25 from XXX Airport. I depart from YYY Airport so wish to leave the car there. Please inform me of your rates and what documents I shall require.
Yours faithfully,

Allgemeine Fragen

Ich habe vor, meinen Urlaub in ... zu verbringen. Können Sie mir bitte Informationen über Unterkünfte in der Gegend geben?
Tenciono passar as férias em ... Poderia dar-me informações sobre alojamento nessa região? [tẽ'sjonu pɐ'sar‿ɐʃ 'fɛrjɐz‿ɐ̃i... pudə'riɐ 'darm‿ĩfurmɐ'sõiʃ 'sobr‿ɐluʒɐ'mẽntu 'nɛsɐ ʀə'ʒjɐ̃u]

An welche Art von Unterkunft haben Sie gedacht?
Que tipo de alojamento deseja? [ke 'tipu d‿ɐluʒɐ'mẽntu də'zeʒɐ]

ein Hotel
um hotel [ũ ɔ'tɛl]

eine Pension
uma pensão [umɐ pẽ'sɐ̃u]

ein Fremdenzimmer
um quarto [ũ 'kwartu]

eine Ferienwohnung
um apartamento [ũ ɐpɐrtɐ'mẽntu]

Fragen zur Unterkunft

Hotel – Pension – Privatzimmer

Ich suche ein Hotel, jedoch nicht zu teuer – etwas in der mittleren Preislage.
Procuro um hotel não muito caro – de preço médio. [pro'kur‿ũ ɔ'tɛl nɐ̃u 'mũintu 'karu də 'presu 'mɛdju]

Ich suche ein Hotel mit Hallenbad/Golfplatz/Tennisplätzen.
Procuro um hotel com piscina coberta/campo de golfe/campo de ténis.
[pro'kur‿ũ ɔ'tɛl kõ pəʃ'sinɐ ku'bɛrtɐ/'kẽmpu də 'gɔlfə/'kẽmpu də 'tɛniʃ]

Können Sie mir eine schönes Fremdenzimmer mit Frühstück empfehlen?
Pode-me recomendar um bom quarto com pequeno almoço (*Br* café da manhã)? ['pɔdəmə ʀəkumẽn'dar ũm bõ 'kwartu kõ pə'ken‿al'mosu (ka'fɛ da ma'ɲẽ)]

Für wie viele Leute soll es sein?
Para quantas pessoas? ['pɐrɐ 'kwẽntɐʃ pə'soɐʃ]

Sind dort Hunde erlaubt?
São permitidos cães? [sẽu pərmi'tiduz kə̃iʃ]

Wie viel kostet das pro Woche?
Quanto custa por semana? ['kwẽntu 'kuʃtɐ pur sə'mɐnɐ]

Ferienhäuser/Ferienwohnungen

Ich suche eine Ferienwohnung oder einen Bungalow.
Procuro um apartamento de férias ou um bangaló(ô).
[pro'kur‿ũ ɐpɐrtɐ'mẽntu də 'fɛrjɐʃ o ũm bẽŋgɐ'lɔ]

Können Sie mir ein kinderfreundliches Landhaus empfehlen?
Pode-me recomendar uma casa de turismo no espaço rural com atividades para crianças?
['pɔdəmə ʀəkumẽn'dar 'umɐ 'kazɐ də tu'riʒmu nu 'ʃpasu ʀu'ral kõ ɐtivi'dadəʃ 'pɐrɐ krj'ẽsɐʃ]

Gibt es ...?
Tem ...? [tẽi]

ein Kinderbett
uma cama de criança [umɐ 'kɐmɐ də krj'ẽsɐ]

einen Hochstuhl
uma cadeira para criança [umɐ kɐ'deirɐ 'perɐ krj'ẽsɐ]

einen Fernseher
televisão [tələvi'zɐ̃u]

ein Telefon
telefone [tələ'fɔnə]

eine Waschmaschine
máquina de lavar a roupa ['makinɐ de lɐ'var‿ɐ 'ʀopɐ]

eine Spülmaschine
máquina de lavar a louça ['makinɐ de lɐ'var‿ɐ 'losɐ]

Werden Bettwäsche und Handtücher gestellt?
Há roupa de cama e toalhas? [a 'ʀopɐ də 'kɐm‿i twaʎɐʃ]

Wie viel muss ich anzahlen und wann ist die Anzahlung fällig?
Quanto se paga de sinal e quando?
['kwɐ̃ntu sə 'pagɐ də si'nal i 'kwɐ̃ndu]

Wo und wann kann ich die Schlüssel abholen?
Onde e quando posso buscar a chave?
['õnd‿i 'kwa˜ndu 'pɔsu buʃ'kar‿ɐ 'ʃavə]

Camping

Gibt es hier auch einen Campingplatz?
Também há aqui um parque de campismo (*Br* um camping)?
[tẽm'bɐ̃i a ɐ'ki ũm 'parkə də kẽm'piʒmu (ũ 'kẽmpiŋ)]

Im Gespräch

Begrüßung und Verabschiedung

Sich vorstellen

Darf ich bekannt machen?
Das ist ...
Posso apresentar ... ['pɔsu ɐprəzẽn'tar]

Frau X.
a senhora D. X. [ɐ sə'ɲorɐ 'donɐ]

Herr X.
o senhor X. [u sə'ɲor]

mein Mann./meine Frau.
o meu marido./a minha mulher.
[u meu mɐ'ridu/ɐ 'miɲɐ mu'ʎɛr]

mein Sohn./meine Tochter.
o meu filho./a minha filha. [u meu 'fiʎu/ɐ 'miɲɐ 'fiʎɐ]

mein Freund./meine Freundin.
o meu amigo./a minha amiga. [u meu ɐ'migu/ɐ 'miɲ‿a'migɐ]

Darf ich Ihnen meine Visitenkarte geben?
Posso dar-lhe o meu cartão de visita?
['pɔsu 'darʎə u meu kɐr'tɐ̃u də vi'zitɐ]

Sich begrüßen und sich verabschieden

Guten Morgen!
Bom dia! [bõ 'diɐ]

Guten Tag!
Bom dia!/Boa tarde! [bõ 'diɐ/'boɐ 'tardə]

Guten Abend!
Boa tarde!/Boa noite! ['boɐ 'tardə/'boɐ 'noitə]

Hallo!/Grüß dich!
Olá!/*Br* Oi! [ɔ'la/oi]

Wie ist Ihr Name, bitte?
Como se chama? ['komu sə 'ʃɐmɐ]
Como é o seu nome?
['komu ɛ u seu 'nomə]

Wie heißt du?
Como te chamas? ['komu tə 'ʃɐmɐʃ]

Ich heiße ...
Chamo-me ... ['ʃɐmumə]

Wie geht es Ihnen?
Como está? ['komu ʃta]

Wie geht's?
Como é que vais/estás? ['komu ɛ kə vaiʃ/ʃtaʃ]

Danke. Und Ihnen/dir?
Bem, obrigado/obrigada. E o senhor/a senhora/você/tu?
[bɐ̃i obri'gadu/obri'gadɐ. i u sə'ɲor/ɐ sə'ɲorɐ/vɔ'se/tu]

Auf Wiedersehen!
Bom dia!/Boa tarde!/Boa noite!
[bõ 'diɐ/'boɐ 'tardə/'boɐ 'noitə]
Adeus! /*(Br)* Até logo! [ɐ'deuʃ/a'tɛ 'lɔgu]

Bis bald!
Até breve! [ɐ'tɛ 'brɛvə]

Bis später!
Até logo! [ɐ'tɛ 'lɔgu]

Bis morgen!
Até amanhã! [ɐ'tɛ amɐ'ɲɐ̃]

Viel Spaß!
Divirta-se!/Diverte-te! [di'virtəsə/di'vɛrtətə]

Gute Nacht!
Boa noite! ['boɐ 'noitə]

Tschüss!
Adeus!/*(Br)* Tchau! [ɐ'deuʃ/tʃau]

Gute Reise!
Boa viagem! ['boɐ 'vjaʒɐ̃i]

Höflichkeit

Bitte und Dank

Bitte.
Faz favor. [faʃ fɐ'vor]

Ja, bitte.
Sim, faz favor. [sĩ faʃ fɐ'vor]

Nein, danke!
Não, obrigado/obrigada!
[nɐ̃u obri'gadu/obri'gadɐ]

Gestatten Sie?
Dá licença? [da li'sẽsɐ]

Entschuldigen Sie bitte, dürfte ich Sie etwas fragen?
Desculpe, posso-lhe perguntar uma coisa?
[dəʃ'kulpə 'pɔsuʎə pərgũn'tar umə koizɐ]

Können Sie mir bitte helfen?
Pode-me ajudar, por favor?
['pɔdəm‿ɐʒu'dar pur fɐ'vor]

Darf/Dürfte ich Sie um einen Gefallen bitten?
Posso-lhe pedir um favor?
['pɔsuʎə pədir‿ũ fɐ'vor]

Vielen/Tausend Dank, Sie haben mir sehr geholfen.
Muito obrigado/obrigada, fez-me um grande favor.
['mũint‿obri'gadu/‿obri'gadɐ 'feʒm‿ũ grɐ̃ndə fɐ'vor]

Können Sie mir bitte sagen, ...
Pode-me dizer, faz favor ...
['pɔdəmə di'zer faʃ fɐ'vor]

Können Sie mir bitte ... empfehlen?
Faz favor, pode-me recomendar ...
[faʃ fɐ'vor 'pɔdəmə ʀəkumẽn'dar]

Danke!
Obrigado/Obrigada!
[obri'gadu/obri'gadɐ]

Danke, sehr gern!
Obrigado/Obrigada, com muito prazer!
[obri'gadu/obri'gadɐ kõ 'mũintu prɐ'zer]

Das ist nett, danke!
Muito amável, obrigado/obrigada
[mũint‿ɐ'mavɛl obri'gadu/obri'gadɐ]

Bitte sehr!/Gern geschehen!
De nada!/Não tem de quê!
[də 'nadɐ/nɐ̃u tɐ̃i də 'ke]

Entschuldigung

Entschuldigung!
Desculpe!/Desculpa! [dəʃˈkulpə/dəʃˈkulpɐ]

Das tut mir sehr leid!
Tenho muita pena! [ˈteɲu ˈmũintɐ ˈpenɐ]

Es war nicht so gemeint.
Não era isso que eu queria dizer. [nɐ̃u ˈɛrɐ ˈisu kjeu kəˈriɐ diˈzer]

Macht nichts!
Não tem mal! [nɐ̃u tɐ̃i mal]

Das ist leider nicht möglich.
Infelizmente não é possível. [ĩfəliʒˈmẽntə nɐ̃u ɛ puˈsivɛl]

Wünsche

Herzlichen Glückwunsch!
Muitos parabéns! [ˈmũintuʃ pɐrɐˈbɐ̃iʃ]

Alles Gute zum Geburtstag!
Muitos parabéns pelo seu/teu aniversário!
[ˈmũintuʃ pɐrɐˈbɐ̃iʃ ˈpelu seu/teu ɐnivərˈsarju]

Viel Glück!/Viel Erfolg!
Felicidades!/Boa sorte! [fələsiˈdadəʃ/ˈboɐ ˈsɔrtə]

Ich drücke Ihnen die Daumen!
Desejo-lhe boa sorte! [dəˈzeiʒuʎə ˈboɐ ˈsɔrtə]

Gesundheit! *(nach Niesen)*
Santinho! *Br* Saúde! [sɐ̃nˈtiɲu/sɐˈudə]

Gute Besserung!
As melhoras! [ɐʒ məˈʎɔrɐʃ]

Herkunft und Aufenthalt

Woher kommen Sie/kommst du?
Donde é que é/que tu és? ['dõnd‿ɛ kjɛ/kə tu ɛʃ]

Ich komme aus Stuttgart.
Sou de Estugarda. [so d‿ʃtu'gardɐ]

Sind Sie/Bist du schon lange in ...?
Já está/estás há muito tempo em ... ?
[ʒa ʃta/ʃtaz‿a 'mũintu 'tẽmpu ɐ̃i]

Ich bin seit ... hier.
Estou cá desde ... [ʃto ka 'deʒdə]

Wie lange bleiben Sie/bleibst du?
Quanto tempo vai/vais cá ficar?
['kwɐ̃ntu 'tẽmpu vai/vaiʃ ka fi'kar]

Sind Sie/Bist du zum ersten Mal hier?
É a primeira vez que cá vem/vens?
[ɛ ɐ pri'meirɐ veʃ kə ka vɐ̃i/vɐ̃iʃ]

Gefällt es Ihnen?
Gosta de estar cá? ['gɔʃtɐ d‿əʃ'tar ka]

Verständigungsschwierigkeiten

Wie bitte?
Como? ['komu]

Ich verstehe Sie nicht.
Não compreendo. [nɐ̃u kõm'prjẽndu]

Könnten Sie das bitte wiederholen?
Pode repetir, por favor? ['pɔdə ʀəpə'tir pur fɐ'vor]

Könnten Sie bitte etwas langsamer sprechen?
Pode falar um pouco mais devagar?
['pɔdə fɐ'lar‿ũm 'poku maiʒ dəvɐ'gar]

Ja, ich verstehe.
Entendo, sim. [ẽn'tẽndu sĩ]

Sprechen Sie/Sprichst du ...
Fala/Falas ...
['falɐ/'falɐʃ]

Deutsch?
alemão?
[ɐlə'mɐ̃u]

Englisch?
inglês?
[ĩŋ'gleʃ]

Französisch?
francês?
[frɐ̃'seʃ]

Ich spreche nur wenig ...
Falo só um pouco de ...
['falu sɔ ũm 'poku də]

Könnten Sie es mir bitte aufschreiben?
Pode escrever isso, por favor?
['pɔdə‿ʃkrə'ver‿'isu pur fɐ'vor]

Unterwegs

Fragen nach dem Weg

Ortsangaben

links	à esquerda [a 'ʃkerdɐ]
rechts	à direita [a di'reitɐ]
geradeaus	em frente [ẽi 'frẽntə], a direito [ɐ di'reitu]
vor	defronte de [də'frõntə də]
hinter	atrás de [ɐ'traʒ də]
neben	junto de ['ʒũntu də], ao lado de [ɐu 'ladu də]
gegenüber	em frente (de) [ẽi 'frẽntə (də)]
hier	aqui [ɐ'ki]
dort	ali [ɐ'li], lá [la], aí [ɐ'i]
nah	perto ['pɛrtu]
weit	longe ['lõʒə]
nach	para ['pɐrɐ]
Ampel	semáforo [sə'mafuru]
Straße	rua ['ʀuɐ]
Straßenecke	esquina ['ʃkinɐ]
Kreuzung	cruzamento [kruzɐ'mẽntu]
Kurve	curva ['kurvɐ]

Wegbeschreibung

Entschuldigen Sie bitte, wie komme ich nach ...?
Desculpe, por favor, como se vai para ...?
[dəʃ'kulpə pur fɐ'vor 'komu sə vai 'pɐrɐ]

Immer geradeaus bis ...
Sempre em frente até ... ['sẽmpr‿ẽi 'frẽnt‿ɐ'tɛ]

Dann bei der Ampel links/rechts abbiegen.
Depois no semáforo vire à esquerda/à direita.
[də 'poiʒ nu sə'mafuru 'vir‿a 'ʃkerdɐ/a di'reitɐ]

Folgen Sie den Schildern.
Siga as indicações das placas. ['sigaz‿ĩndikɐ'sõiʒ dɐʃ 'plakɐʃ]

Ist das weit von hier?
É longe daqui? [ɛ 'lõʒə 'dɐ'ki]

Es ist ganz in der Nähe.
É muito perto daqui. [ɛ 'mũintu 'pɛrtu dɐ'ki]

Bitte, ist das die Straße nach ...?
Faz favor, é esta a estrada para ...? [faʃ fɐ'vor ɛ 'ɛʃta 'ʃtradɐ 'pɐrɐ]

Bitte, wo ist ...?
Faz favor, onde é ...? [faʃ fɐ'vor 'õnd‿ɛ]

Tut mir leid, das weiß ich nicht.
Lamento muito, mas não sei. [lɐ'mẽntu 'mũintu mɐʒ nɐ̃u sei]

Ich bin nicht von hier.
Não sou daqui. [nɐ̃u so dɐ'ki]

Gehen Sie geradeaus/nach links/nach rechts.
Siga em frente/Vire à esquerda/à direita.
[sig‿ɐ̃i 'frẽntə/vir‿a 'ʃkerdɐ/a di'reitɐ]

Erste/Zweite Straße links/rechts.
A primeira/A segunda estrada à esquerda/à direita.
[ɐ pri'meirɐ/ɐ sə'gũndɐ 'ʃtrad‿a 'ʃkerdɐ/a di'reitɐ]

Überqueren Sie ...
Atravesse ... [ɐtrɐ'vɛs‿]

die Brücke.
a ponte. [‿ɐ 'põntə]

den Platz.
a praça. [ɐ ˈprasɐ]

die Straße.
a estrada [ɐ ˈʃtradɐ]

Sie nehmen am besten den Bus Nr. ...
O melhor é apanhar (*Br* pegar) o autocarro (*Br* ônibus) número ...
[u məˈʎɔr ɛ ɐpɐˈɲar (peˈgar) u autoˈkaʀu (ˈonibus) ˈnuməru]

An der Grenze

Passkontrolle

Ihren Pass, bitte!
O seu passaporte, faz favor!
[u seu pasɐˈpɔrtə faʃ fɐˈvor]

Haben Sie ein Visum?
Tem um visto? [tɐ̃i ũ ˈviʃtu]

Kann ich das Visum hier bekommen?
Podem-me dar o visto aqui?
[ˈpɔdɐ̃imə dar u ˈviʃt ɐˈki]

Zollkontrolle

Haben Sie etwas zu verzollen?
Tem alguma coisa a declarar?
[tɐ̃i alˈgumɐ ˈkoiz a dəklɐˈrar]

Fahren Sie bitte rechts/links heran!
Encoste ali à direita/à esquerda, faz favor!
[ẽŋˈkɔʃt ɐˈli a diˈreitɐ/a ˈʃkerdɐ faʃ fɐˈvor]

Öffnen Sie bitte den Kofferraum!/diesen Koffer!
Abra a mala do carro/esta mala, faz favor!
['abr‿a 'malɐ du 'kaʀu/'ɛʃtɐ 'malɐ faʃ fɐ'vor]

Muss ich das verzollen?
Tenho que pagar direitos por isso?
['teɲu kə pɐ'gar di'reituʃ pur 'isu]

Personalien

Familienname	apelido (*Br* o sobrenome) [ɐpə'lidu (u sobre'nomi)]
Familienstand	estado civil ['ʃtadu sə'vil]
ledig	solteiro [sol'teiru]
verheiratet	casado [kɐ'zadu]
verwitwet	viúvo ['vjuvu]
Geburtsdatum	data de nascimento ['datɐ də nɐʃsi'mẽntu]
Geburtsname	o nome de solteira [u 'nomə də sol'teirɐ]
Geburtsort	o local de nascimento [u lu'kal də nɐʃsi'mẽntu]
Personalien	os dados pessoais [uʒ 'daduʃ pə'swaiʃ]
Staatsangehörigkeit	a nacionalidade [ɐ nɐsjunɐli'dadə]
Vorname	o nome de batismo [u 'nomə də ba'tiʒmu]
Wohnort	domicílio [dumi'silju]

Grenze

Ausreise	saída [sɐ'idɐ]
Einreise	entrada [ẽn'tradɐ]
EU-Bürger	o cidadão da UE [u sidɐ'dɐ̃u dɐ uɛ]
Führerschein	carta (*Br* carteira) de condução ['kartɐ (kar'terɐ) də kõndu'sɐ̃u]
Grenze	fronteira [frõn'teirɐ]
Grenzübergang	posto fronteiriço ['poʃtu frõntei'risu]
gültig	válido ['validu]
internationaler Impfpass	certificado internacional de vacina [sərtəfi'kadu ĩntərnɐsju'nal də vɐ'sinɐ]
Nationalitätskennzeichen	placa de nacionalidade ['plakɐ də nɐsjunɐli'dadə]
Nummernschild	placa de matrícula ['plakɐ də mɐ'trikulɐ]
Passkontrolle	o controle de passaportes [u kõn'trolə də pasɐ'pɔrtəʃ]
Personalausweis	o bilhete (*Br* a carteira) de identidade [u bə'ʎetə (a kar'terɐ) d‿idẽnti'dadə]
Reisepass	o passaporte [u pasɐ'pɔrtə]
grüne Versicherungskarte	carta verde ['kartɐ 'verdə]
Visum	visto ['viʃtu]
Zoll	alfândega [al'fɐ̃ndəgɐ]
zollfrei	livre de taxa alfandegária ['livrə də 'taʃ‿alfɐ̃ndə'garjɐ]
Zollgebühren	os direitos alfandegários [uʒ di'reituz‿alfɐ̃ndə'garjuʃ]
zollpflichtig	sujeito a taxa alfandegária [su'ʒeit‿ɐ 'taʒ‿alfɐ̃ndə'garjɐ]

Auto und Motorrad

Hinweise und Informationen

Alta tensão	**Hochspannung**
Atenção	**Achtung**
Crianças	**Auf Schulkinder achten**
Curva perigosa	**Gefährliche Kurve**
Dê passagem	**Vorfahrt achten**
Desvio	**Umleitung**
Diminuir a velocidade	**Langsamer fahren**
Entrada proibida	**Einfahrt verboten**
Estacionamento proibido	**Parkverbot**
Fim da proibição de estacionar	**Ende des Parkverbots**
Hospital	**Krankenhaus**
Ir pela direita (esquerda)	**Rechts (Links) fahren**
Obras	**Baustelle**
Paragem proibida	**Halteverbot**
Pare	**Halt**
Pavimento escorregadio	**Schleudergefahr**
Perigos	**Gefahr**
Posto de socorros	**Pannenhilfe, Straßenwacht**
Projeção de gravilha	**Rollsplitt**
Prudência	**Vorsicht**
Saída de autoestrada	**Autobahnausfahrt**
Saída de automóveis	**Ausfahrt frei halten**
Saída de fábrica	**Werkausfahrt**
Veículos de carga	**Lastwagen**
Via em mau estado	**Schlechte Fahrbahn**
Zona de estacionamento regulamentado	**Kurzparkzone**

Reisewege, Vorschriften ...

Ausfahrt *(Autobahn)*	saída (de autoestrada) [sɐ'idɐ (də 'autɔ 'ʃtradɐ]
Autobahn	autoestrada ['autɔ 'ʃtradɐ]
Autobahngebühr	a portagem [ɐ pur'taʒɐ̃i] *(Br)* pedágio [pe'daʒju]
Bußgeld	multa ['multɐ]
Einfahrt	entrada [ẽn'tradɐ]
Hauptstraße	rua principal ['ʀuɐ prĩsi'pal]
Landstraße	estrada ['ʃtradɐ]
Maut	a portagem [ɐ pur'taʒɐ̃i] *(Br)* pedágio [pe'daʒju]
Nebenstraße	rua lateral ['ʀuɐ lɐtə'ral]
Promillegrenze	taxa de alcoolemia máxima ['taʃɐ d‿alkuɔlə'mjɐ 'masimɐ]
Radarkontrolle	velocidade controlada por radar [vəlusi'dadə kõntru'ladɐ pur ʀa'dar]
Rastplatz	área de repouso ['arjɐ də ʀə'pozu]
Raststätte	área de serviço ['arjɐ də sər'visu]
Schnellstraße	via rápida ['viɐ 'ʀapidɐ]; IP (itinerário principal) [i'pe (itənə'rarju prĩsi'pal)]
Stau	engarrafamento [ẽŋgɐʀɐfɐ'mẽntu]
trampen	viajar à boleia (*Br* de carona) [vjɐ'ʒar‿a bu'lejɐ (di ka'ronɐ)]
Wegweiser	o sinal itinerário [u si'nal itənə'rarju]

An der Tankstelle

Wo ist bitte die nächste Tankstelle?
Faz favor, onde é a estação de serviço mais próxima?
[faʃ fɐ'vor 'õnd‿ɛ ɐ ʃtɐ'sɐ̃u də sər'visu maiʃ 'prɔsimɐ]

Ich möchte ... Liter
... litros de ... ['litruʒ də]

Benzin (bleifrei).
gasolina sem chumbo com 95 octanas.
[gɐzu'linɐ sɐ̃i 'ʃũmbu kõ nu'vẽnt‿i 'sĩŋku ok'tɐnɐʃ]

Super (bleifrei).
gasolina sem chumbo com 98 octanas.
[gɐzu'linɐ sɐ̃i 'ʃũmbu kõ nuvẽnt‿i 'oitu ok'tɐnɐʃ]

Diesel.
gasóleo. [ga'zɔlju]

Super bitte, für 30 Euro.
Trinta euros de sem chumbo 98, faz favor.
['trĩntɐ 'euruʃ də sɐ̃i 'ʃũmbu nu'vẽnt‿i 'oitu faʃ fɐ'vor]

Voll tanken, bitte!
Cheio, faz favor!
['ʃeju faʃ fɐ'vor]

Würden Sie bitte den Ölstand prüfen?
Pode-me fazer o favor de verificar o nível do óleo?
['pɔdəmə fɐ'zer‿u fɐ'vor də vərifi'kar u 'nivɛl du 'ɔlju]

Ich hätte gern eine Straßenkarte dieser Gegend.
Queria um mapa desta região.
[kə'riɐ ũ 'mapɐ 'dɛʃtɐ ʀə'ʒjɐ̃u]

Parken

Entschuldigen Sie bitte, gibt es hier in der Nähe eine Parkmöglichkeit?
Desculpe, há aqui perto um parque de estacionamento?
[dəʃ'kulpə a ɐ'ki 'pɛrt‿ũm 'parkə dəʃtɐsjunɐ'mẽntu]

Kann ich den Wagen hier abstellen?
Posso deixar o carro aqui? ['pɔsu dei'ʃar‿u 'kaʀu ɐ'ki]

Ist der Parkplatz bewacht?
O parque é vigiado? [u 'park‿ɛ viʒj'adu]

Wie hoch ist die Parkgebühr pro Stunde?
Qual é o preço do estacionamento por hora?
[kwal‿ɛ u 'presu do ʃtɐsjunɐ'mẽntu pur 'ɔrɐ]

Ist das Parkhaus die ganze Nacht geöffnet?
O parque está aberto toda a noite?
[u 'parkə ʃta ɐ'bɛrtu 'tod‿a 'noitə]

Eine Panne

Ich habe eine Panne.
Tenho uma avaria. ['teɲ‿um‿avɐ'riɐ]

Gibt es hier in der Nähe eine Werkstatt?
Há alguma oficina aqui perto? [a al'gum‿ofə'sin‿a'ki 'pɛrtu]

Könnten Sie bitte für mich den Pannendienst anrufen?
Podia fazer-me o favor de telefonar para o serviço de assistência?
[pu'diɐ fɐ'zerm‿u fɐ'vor də tələfu'nar 'pɐrɐ u sər'visu d‿ɐsiʃ'tẽsjɐ]

Würden Sie mir bitte einen Mechaniker/einen Abschleppwagen schicken?
Podia mandar-me um mecânico/um carro de reboque?
[pu'diɐ mɐ̃n'darm‿ũ mə'kɐniku/‿ũ 'kaʀu də ʀə'bɔkə]

Könnten Sie mir mit etwas Benzin aushelfen?
Podia dispensar-me um pouco de gasolina?
[pu'diɐ dəʃpẽ'sarm‿ũ 'poku də gɐzu'linɐ]

Könnten Sie mir beim Reifenwechsel helfen?
Podia ajudar-me a mudar a roda?
[pu'di‿aʒu'darm‿ɐ mu'dar‿ɐ 'ʀɔdɐ]

Würden Sie mich bis zur nächsten Werkstatt mitnehmen?
Podia levar-me até à oficina mais próxima?
[pu'diɐ lə'varm‿ɐ'tɛ a ofə'sinɐ maiʃ 'prɔsimɐ]

Abschleppdienst	serviço de reboque [sər'visu də ʀə'bɔkə]
abschleppen	rebocar [ʀəbu'kar]
Abschleppseil	cabo de reboque ['kabu də ʀə'bɔkə]
Abschleppwagen	carro de reboque ['kaʀu də ʀə'bɔkə]
Benzinkanister	o bidão (*Br* a lata) de gasolina [u bi'dɐ̃u (a 'latɐ) də gɐzu'linɐ]
Erdgas-/Elektrotank-stelle	posto de abastecimento de gás natural/de energia elétrica ['poʃtu d‿ɐbɐʃtəsi'mẽntu də gaʃ nɐtu'ral/d‿inər'ʒiɐ i'lɛtrikɐ]
Ersatzrad	roda sobresselente ['ʀɔdɐ sobrəsə'lẽntə]
Notrufsäule	o telefone de socorro [u tələ'fɔnə də su'koru]
Panne	avaria [ɐvɐ'riɐ]
Pannendienst	serviço de assistência [sər'visu d‿ɐsiʃ'tẽsja]
Platten	furo ['furu]
Starthilfekabel	cabo de ligação ['kabu də ligɐ'sɐ̃u]
Wagenheber	macaco [mɐ'kaku]

Warnblinkanlage	o sinal de pisca-pisca de emergência [u si'nal də 'piʃkɐ 'piʃkɐ d͜imər'ʒẽsjɐ]
Warndreieck	triângulo [tri'ɐ̃ŋgulu]
Werkzeug	ferramenta [fəʀɐ'mẽntɐ]

In der Werkstatt

Der Motor springt nicht an.
O motor não pega. [u mu'tor nɐ̃u 'pɛgɐ]

Mit dem Motor stimmt was nicht.
O motor não funciona bem. [u mu'tor nɐ̃u fũ'sjonɐ bɐ̃i]

... ist/sind defekt.
... está avariado/estão avariados. [ʃta ɐvɐ'rjadu/ʃtɐ̃u ɐvɐ'rjaduʃ]

Der Wagen verliert Öl.
O carro perde óleo. [u 'kaʀu 'pɛrd͜'ɔlju]

Wann ist der Wagen/das Motorrad fertig?
Quando é que o carro/a mota está pronto/pronta? ['kwẽndwɛ kju 'kaʀu/ɐ 'mɔtɐ ʃta 'prõntu/'prõntɐ]

Was wird es ungefähr kosten?
Quanto irá custar mais ou menos? ['kwẽntw͜i'ra kuʃ'tar maiz͜o 'menuʃ]

Abblendlicht	os médios [uʒ 'mɛdjuʃ]
Alarmanlage	dispositivo de alarme [dəʃpuzi'tivu d͜ɐ'larmə]
Anlasser	o motor de arranque [u mu'tor d͜ɐ'ʀɐ̃nkə]
Auspuff	o escape [u 'ʃkapə]
Automatik(getriebe)	caixa de velocidades automática ['kaiʃɐ də vəlusi'dadəz͜autu'matikɐ]

Benzinpumpe	bomba para gasolina ['bõmbɐ 'pɐrɐ gɐzu'linɐ]
Blinklicht	o pisca-pisca [u 'piʃkɐ 'piʃkɐ]
Bremse	o travão [u trɐ'vɐ̃u], *(Br)* freio ['freju]
Bremsflüssigkeit	líquido dos travões (*Br* dos freios) ['likidu duʃ trɐ'võiʃ (dus 'frejus)]
Bremslichter	as luzes dos travões (*Br* dos freios) [ɐʒ 'luzəʒ duʃ trɐ'võiʃ (dus 'frejus)]
Defekt	falha ['faʎɐ]
Delle	mossa ['mɔsɐ]
Fernlicht	os máximos [uʒ 'masimuʃ]
Frostschutzmittel	líquido anticongelante ['likidu ɐ̃ntikõnʒə'lẽntə]
Gang *(Auto)*	a velocidade [ɐ vəlusi'dadə]
erster Gang	primeira (velocidade) [pri'meirɐ (vəlusi'dadə)]
Leerlauf	ponto morto ['põntu 'mortu]
Rückwärtsgang	marcha atrás ['marʃ‿a'traʃ] *(Br)* marcha à ré ['marʃ‿a ʀɛ]
Gaspedal	o acelerador [u ɐsələrɐ'dor]
Getriebe	caixa de velocidades ['kaiʃɐ də vəlusi'dadəʃ]
Handbremse	o travão (*Br* freio) de mão [u trɐ'vɐ̃u ('freju) də mɐ̃u]
Hupe	buzina [bu'zinɐ]
Kofferraum	mala do carro ['malɐ du 'kaʀu]
Kratzer	risco ['ʀiʃku]
Kühler	o radiador [u ʀɐdjɐ'dor]
Kühlwasser	água de refrigeração ['agwɐ də ʀəfriʒərɐ'sɐ̃u]
Kupplung	a embraiagem [ɐ ẽmbrɐ'jaʒɐ̃i]
Kurzschluss	curto-circuito ['kurtu sir'kuitu]

Lichtmaschine	o alternador [altərnɐ'dor], dínamo ['dinɐmu]
Luftfilter	filtro de ar ['filtru d‿ ar]
Motor	o motor [u mu'tor]
Motorhaube	o capot [u ka'po]
Öl	óleo ['ɔlju]
Ölwechsel	mudança de óleo [mu'dẽsɐ d‿'ɔlju]
Rad	roda ['ʀɔdɐ]
Reifen	o pneu [u pneu]
Rücklicht	as luzes traseiras [ɐʒ 'luzəʃ trɐ'zeirɐʃ]
Rückspiegel	o retrovisor [u ʀɛtrɔvi'zor]
Schaden	dano ['dɐnu]
Scheibenwischer	o limpa-para-brisas [u 'lĩmpɐ 'parɐ 'brizɐʃ]
Scheinwerfer	o farol [u fɐ'rɔl]
Schraube	parafuso [pɐrɐ'fuzu]
Sicherheitsgurt	cinto de segurança ['sĩntu də səgu'rẽsɐ]
Standlicht	os mínimos [uʒ 'minimuʃ]
Stoßstange	o para-choques [u 'parɐ 'ʃɔkəʃ]
Tachometer	o conta-quilómetros [u 'kõntɐ ki'lɔmətruʃ]
Tank	depósito [də'pɔzitu]
Verbandskasten	mala de primeiros socorros ['malɐ də pri'meiruʃ su'kɔʀuʃ]
Warnblinkanlage	o sinal de pisca-pisca de emergência [u si'nal də 'piʃkɐ 'piʃkɐ d‿imər'ʒẽsjɐ]
Warndreieck	triângulo [tri'ẽngulu]
elektronische Wegfahrsperre	o imobilizador eletrónico [u imubilizɐ'dor ilɛ'trɔniku]
Werkstatt	oficina [ofə'sinɐ]

Windschutzscheibe	o para-brisas [u 'parɐ 'brizɐʃ]
Winterreifen	o pneu de inverno [u pneu d͜ĩ'vɛrnu]
Zündkerze	vela ['vɛlɐ]
Zündung	a ignição [ɐ igni'sɐ̃u]

Verkehrsunfall

Ein Unfall ist passiert!
Houve um acidente! ['ov͜ũ ɐsi'dẽntə]

Rufen Sie bitte schnell ...
Faz favor, chame depressa ... [faʃ fɐ'vor 'ʃɐmə də'prɛsɐ]

einen Krankenwagen!
uma ambulância! [um͜ɐ̃mbu'lɐ̃sjɐ]

die Polizei!
a polícia! [ɐ pu'lisjɐ]

die Feuerwehr!
os bombeiros! [uʒ bõm'beiruʃ]

Haben Sie Verbandszeug?
Tem mala de primeiros socorros? [tɐ̃i 'malɐ də pri'meiruʃ su'kɔʀuʃ]

Sie haben ...
O senhor/A senhora ... [u sə'ɲor/ɐ sə'ɲorɐ]

die Vorfahrt nicht beachtet.
não respeitou a prioridade. [nɐ̃u ʀəʃpei'to ɐ prjuri'dadə]

nicht geblinkt.
não fez sinal com o pisca-pisca. [nɐ̃u feʃ si'nal kõ u 'piʃkɐ 'piʃkɐ]

Sie sind ...
O senhor/A senhora ... [u sə'ɲor/ɐ sə'ɲorɐ]

zu schnell gefahren.
ia depressa de mais. ['iɐ dəˈprɛsɐ də maiʃ]

bei Rot über die Kreuzung gefahren.
passou com o vermelho. [pɐˈso kõ u vərˈmeʎu]

Können Sie als Zeuge aussagen?
Pode fazer de testemunha? [ˈpɔdə fɐˈzer də təʃtəˈmuɲɐ]

Geben Sie mir bitte Ihren Namen und Ihre Anschrift.
Pode-me dizer o seu nome e o seu endereço, faz favor?
[ˈpɔdəmə diˈzer‿u seu ˈnom‿i u seu ẽndəˈresu faʃ fɐˈvor]

Vielen Dank für Ihre Hilfe!
Muito obrigado/obrigada pela sua ajuda!
[ˈmũint‿obriˈgadu/obriˈgadɐ ˈpelɐ su‿aˈʒudɐ]

Auto-, Motorrad- und Fahrradvermietung

Ich möchte für zwei Tage/eine Woche ... mieten.
Queria alugar por dois dias/uma semana ...
[kəˈri‿ɐluˈgar pur doiʒ dieʃ/umɐ səˈmɐnɐ]

einen (Gelände-)Wagen
um carro (todo-o-terreno). [ũ ˈkaʀu (ˈtodu təˈʀenu)]

ein Motorrad
uma mota. [ˈumɐ ˈmɔtɐ]

einen Motorroller
uma lambreta/vespa. [ˈumɐ lɐ̃mˈbretɐ/ˈveʃpɐ]

ein Mofa
um velomotor. [ũ vɛlɔmuˈtor]

ein Fahrrad
uma bicicleta. [ˈumɐ bəsiˈklɛtɐ]

Wie viel kostet es pro Tag/Woche?
Quanto custa por dia/por semana?
['kwẽntu 'kuʃtɐ pur 'diɐ/pur sə'menɐ]

Ist das einschließlich unbegrenzter Kilometerzahl?
Está incluída quilometragem ilimitada?
[ʃta ĩŋ'klwidɐ kilumə'traʒɐ̃i ilimi'tadɐ]

Wie viel verlangen Sie pro gefahrenen Kilometer?
Quanto se paga por quilómetro? ['kwẽntu sə 'pagɐ pur ki'lɔmətru]

Ist das Fahrzeug vollkaskoversichert?
O veículo tem seguro contra todos os riscos?
[u ve'ikulu tɐ̃i sə'guru 'kõntrɐ 'toduz‿uʒ 'ʀiʃkuʃ]

Ist es möglich, das Fahrzeug in ... abzugeben?
É possível entregar o veículo em ...?
[ɛ pu'sivɛl ẽntrə'gar u ve'ikulu ɐ̃i]

Ich möchte auch einen Schutzhelm leihen.
Também queria alugar um capacete.
[tɐ̃m'bɐ̃i kərie ɐlu'gar ũ kɐpɐ'setə]

Führerschein	carta (*Br* carteira) de condução ['kartɐ (kar'terɐ) də kõndu'sɐ̃u]
GPS	o GPS [u ʒepe'ɛsə]
hinterlegen	depositar [dəpuzi'tar]
Kindersitz	assento para criança [ɐ'sẽntu 'perɐ krj'ɐ̃sɐ]
Kaution	a caução [ɐ kau'sɐ̃u]
Mietwagen	carro de aluguer ['kaʀu d‿ɐlu'gɛr]
Navigationssystem	o GPS [u ʒepe'ɛsə]
Nierengurt	cinta para motociclista ['sĩntɐ 'perɐ mɔtusi'kliʃtɐ]
Papiere	os documentos [uʒ duku'mẽntuʃ]
Schiebedach	teto-de-abrir ['tɛtu d‿ɐ'brir]

Sturzhelm	o capacete [u kɐpɐ'setə]
Teilkasko	seguro contra terceiros, roubo e incêndio [sə'guru 'kõntrɐ tər'seiruʒ 'ʀob͜i ĩ'sẽndju]
grüne Versicherungskarte	carta verde ['kartɐ 'verdə]
Vollkasko	seguro contra todos os riscos [sə'guru 'kõntrɐ 'toduz͜uʒ 'ʀiʃkuʃ]
Wochenendpauschale	tarifa de fim de semana [tɐ'rifɐ də fĩm də sə'mɐnɐ]
Zündschlüssel	a chave de ignição [ɐ 'ʃavə d͜igni'sẽu]

Flugzeug

Einen Flug buchen

Könnten Sie mir bitte sagen, wann die nächste Maschine nach ... fliegt?
Pode-me dizer a que horas parte o próximo avião para ...?
['pɔdəmə di'zer ɐ 'kjɔrɐʃ 'part͜u 'prɔsim͜ɐvi'ẽu 'perɐ]

Sind noch Plätze frei?
Ainda há lugares?
[ɐ'ĩnd͜a lu'garəʃ]

Ich möchte einen einfachen Flug nach ...
Quero uma passagem simples de avião para ...
['kɛr͜'umɐ pɐ'saʒẽi 'sĩmpləʒ d͜ɐvi'ẽu 'perɐ]

Ich möchte einen Hin- und Rückflug nach ... buchen.
Quero marcar uma passagem de ida e volta para ...
['kɛru mɐr'kar 'umɐ pɐ'saʒẽi d͜'idɐ i 'vɔltɐ 'perɐ]

Was kostet bitte der Flug Touristenklasse/1. Klasse?
Quanto custa a passagem de avião em classe turística/ em primeira classe? ['kwẽntu 'kuʃt‿a pɐ'saʒẽi d‿ɐvi'ẽu ẽi 'klasə tu'riʃtikɐ/ẽi pri'meirɐ 'klasə]

Ich möchte bitte ...
Faz favor, queria ... [faʃ fɐ'vor kə'riɐ]

einen Fensterplatz.
um lugar à janela. [ũ lu'gar‿a ʒɐ'nɛlɐ]

einen Platz am Gang.
um lugar junto ao corredor. [ũ lu'gar ʒũnt‿'au kuʀə'dor]

Ich möchte diesen Flug stornieren.
Queria cancelar este voo. [kə'riɐ kẽsə'lar‿'eʃtə 'vou]

Ich möchte diesen Flug umbuchen.
Queria mudar este voo. [kə'riɐ mu'dar 'eʃtə 'vou]

Ankunft

Mein Gepäck ist verloren gegangen.
A minha bagagem perdeu-se. [ɐ 'miɲɐ bɐ'gaʒẽi pər'deusə]

Mein Koffer ist beschädigt worden.
A minha mala está estragada. [ɐ 'miɲɐ 'malɐ ʃta ʃtrɐ'gadɐ]

Wo fährt der Bus in Richtung ... ab?
Donde parte o autocarro (*Br* ônibus) na direção de ...? ['dõndə 'part‿u autɔ'kaʀu ('onibus) nɐ dirɛ'sẽu də]

Abflug	partida [pɐr'tidɐ]
Ankunft	chegada [ʃə'gadɐ]
Ankunftszeit	hora de chegada ['ɔrɐ də ʃə'gadɐ]

Anschluss	a ligação [ɐ ligɐ'sɐ̃u] (*Br*) a conexão [a konɛ'ksɐ̃u]
Auslandsflug	voo internacional ['vou ĩntərnɐsju'nal]
Bordkarte	o cartão de embarque [u kɐr'tɐ̃u d‿ẽm'barkə]
Check-in	o check-in [u ʃɛ'kin]
einchecken	fazer o check-in [fɐ'zer‿u ʃɛ'kin]
Flug	voo ['vou]
Fluggesellschaft	companhia de aviação [kõmpɐ'ɲiɐ d‿ɐvjɐ'sɐ̃u]
Flughafen	aeroporto [ɐɛro'portu]
Flughafenbus	autocarro (*Br* o ônibus) do aeroporto [auto'kaʀu (u 'onibus) du ɐɛro'portu]
Flughafengebühr	taxa de aeroporto ['taʃɐ d‿ɐɛro'portu]
Flugsteig	porta de embarque ['pɔrtɐ d‿ẽm'barkə]
Flugzeug	o avião [u ɐvi'ɐ̃u]
Gepäck	a bagagem [ɐ bɐ'gaʒɐ̃i]
Gepäckausgabeband	o tapete de entrega de bagagens [u tɐ'petə d‿ẽn'trɛgɐ də bɐ'gaʒɐ̃iʃ]
Gepäckausgabe	entrega da bagagem [ẽn'trɛgɐ dɐ bɐ'gaʒɐ̃i]
Gepäckwagen	carro de bagagem ['kaʀu də bɐ'gaʒɐ̃i]
Inlandsflug	voo doméstico ['vou du'mɛʃtiku]
Landung	a aterragem [ɐ ɐtə'ʀaʒɐ̃i] (*Br*) a aterrissagem [a‿ateʀi'saʒɐ̃i]
Notausgang	saída de emergência [sɐ'idɐ d‿imər'ʒẽsjɐ]
Notlandung	a aterragem (*Br* aterrissagem) forçada [ɐ ɐtə'ʀaʒɐ̃i (ateʀi'saʒɐ̃i) fur'sadɐ]

Notrutsche	o tobogã de emergência [u tɔbɔ'gẽ d̮imər'ʒẽsjɐ]
Passagier	passageiro [pɐsɐ'ʒeiru]
Pilot	piloto [pi'lotu]
Schwimmweste	o colete de salvação [u ku'letə də salvɐ'sɐ̃u]
Sicherheitsgebühr	taxa de segurança ['taʃɐ də səgu'rɐ̃sɐ]
Sicherheitskontrolle	o controle de segurança [u kõn'trɔlə də səgu'rɐ̃sɐ]
Steward/ess	comissário [kumi'sarju], hospedeira [oʃpə'deirɐ], *(Br)* aeromoça [aɛro'mosɐ]
stornieren	cancelar [kɐ̃sə'lar]
Terminal	o terminal [u tərmi'nal]
Übergewicht	excesso de peso [ʃ'sɛsu də 'pezu]
umbuchen	mudar o voo [mu'dar̮u 'vou]
Verspätung	atraso [ɐ'trazu]
zollfreier Laden	loja franca ['lɔʒɐ 'frɐ̃ŋkɐ] duty-free shop ['djuti fri ʃɔp]
Zwischenlandung	escala ['ʃkalɐ]

Eisenbahn

Fahrkarten kaufen

Zwei Karten nach ..., einfach bitte.
Dois bilhetes de ida para ..., faz favor.
[doiʒ bə'ʎetəʒ d̮'idɐ 'pɐrɐ … faʃ fɐ'vor]

2. Klasse/1. Klasse
Segunda classe/Primeira classe
[sə'gũndɐ 'klasə/pri'meirɐ 'klasə]

Nichtraucher/Raucher
Não-fumador/Fumador [nɐ̃u fumɐ'dor/fumɐ'dor]

Bitte eine Rückfahrkarte nach ...
Um bilhete de ida e volta para ..., faz favor.
[ũ bə'ʎetə d‿'idɐ i 'vɔltɐ 'pɐrɐ ... faʃ fɐ'vor]

Gibt es eine Ermäßigung für Kinder/Studenten/Senioren?
Há redução para crianças/estudantes/a terceira idade?
[a ʀədu'sɐ̃u 'pɐrɐ krj'ɐ̃sɐʃ/ʃtu'dɐ̃ntəʃ/‿a tər'seir‿i'dadə]

Ich möchte gern zwei Nichtraucherplätze reservieren:
Queria reservar dois lugares para não-fumador:
[kə'riɐ rəzər'var doiʒ lu'garəʃ 'pɐrɐ nɐ̃u fumɐ'dor]

für den IC nach ...
no IC para ... [nu i'se 'pɐrɐ]

am ... um ...Uhr
no dia ... às ... horas [nu 'diɐ ... aʃ ... 'ɔrɐʃ]

im Liegewagen
em couchette [ɐ̃i ku'ʃɛtə]

im Schlafwagen
em vagão-cama (*Br* vagão-leito)
[ɐ̃i va'gɐ̃u 'kɐmɐ (va'gɐ̃u 'leitu)]

Gibt es einen Autoreisezug?
Há um comboio (*Br* um trem) para transporte de automóveis?
[a ũm kõm'bɔju (ũm trɐ̃i) 'pɐrɐ trɐ̃ʃ'pɔrtə d‿autu'mɔveiʃ]

Um wie viel Uhr habe ich in ... Anschluss nach ...
A que horas tenho ligação (*Br* conexão) em ... para ...?
[ɐ 'kjɔrɐz 'teɲu ligɐ'sɐ̃u (konɛ'ksɐ̃u) ɐ̃i 'pɐrɐ]

Wie oft muss ich da umsteigen?
Quantas vezes tenho de mudar de comboio (*Br* trem)?
[kwɐ̃ntɐʃ vezəʃ 'teɲu də mu'dar də kõm'bɔju (trɐ̃i)]

Im Bahnhof

Ich möchte diesen Koffer als Reisegepäck aufgeben.
Queria despachar esta mala com o bilhete.
[kə'riɐ dəʃpɐ'ʃar‿'ɛʃtɐ 'malɐ kõ u bə'ʎetə]

Wo kann ich mein Fahrrad aufgeben?
Onde posso despachar a minha bicicleta?
['õndə 'posu dəʃpɐ'ʃar‿ɐ 'miɲɐ bəsi'klɛtɐ]

Entschuldigen Sie bitte, von welchem Gleis fährt der Zug nach ... ab?
Desculpe, de que linha parte o comboio (*Br* trem) para ...?
[dəʃ'kulpə də kə 'liɲɐ 'part‿u kõm'bɔju (trẽi) 'pɐrɐ]

Der IC ... aus ... hat voraussichtlich 10 Minuten Verspätung.
O IC procedente de ... está com dez minutos de atraso.
[u i'se prusə'dẽntə də... ʃta kõ dɛʒ mi'nutuʒ d‿ɐ'trazu]

Im Zug

Ist dieser Platz noch frei?
Desculpe, este lugar está livre?
[dəʃ'kulpə 'eʃtə lu'gar ʃta 'livrə]

Darf ich bitte das Fenster aufmachen/schließen?
Posso abrir/fechar a janela?
['pɔsu ɐ'brir/fə'ʃar‿ɐ ʒɐ'nɛlɐ]

Entschuldigen Sie, ich glaube, das ist mein Platz.
Desculpe, parece-me que esse é o meu lugar.
[dəʃ'kulpə pɐ'rɛsəmə kə es‿ɛ u meu lu'gar]

Hier ist meine Platzreservierung.
Tenho aqui o bilhete de reserva.
['teɲu ɐ'ki u bə'ʎetə də ʀə'zɛrvɐ]

Hinweise und Informationen

Acesso às gares	**Zu den Bahnsteigen**
Água não potável	**Kein Trinkwasser**
Bebidas	**Erfrischungen**
Chegada	**Ankunft**
Couchette	**Liegewagen**
Fumadores	**Raucher**
Gare/Linha	**Bahnsteig/Gleis**
Homens	**Herrentoilette**
Horário	**Fahrplan**
Informações	**Auskunft/Service-Point**
Lavabos	**Waschraum**
Livre	**frei**
Não-fumadores	**Nichtraucher**
Ocupado	**besetzt**
Saída	**Ausgang**
Sala de espera	**Wartesaal**
Senhoras	**Damentoilette**
Sinal de alarme (*Br* Freio de emergência)	**Notbremse**
Vagão-cama	**Schlafwagen**
Vagão-restaurante	**Speisewagen**
WC	**Toilette**

Abfahrt	partida [pɐrˈtidɐ]
Abteil	compartimento [kõmpɐrtiˈmẽntu]
Ankunft	chegada [ʃəˈgadɐ]
Aufenthalt	a paragem [ɐ pɐˈraʒɐ̃i]
aussteigen	descer [dəʃˈser]

Autoreisezug	comboio (*Br* o trem) para transporte de automóveis [kõm'bɔju (u trẽi) 'pɐrɐ trẽʃ'pɔrtə d‿autu'mɔveiʃ]
Bahnhof	a estação [ɐ ʃtɐ'sɐ̃u]
Begleitperson	pessoa acompanhante [pə'soɐ ɐkõmpɐ'ɲẽntə]
Bistrowagen	o bar [u bar]
einsteigen	subir [su'bir]
entwerten	obliterar [oblitə'rar]
Ermäßigung	a redução [ɐ ʀədu'sɐ̃u]
Fahrkarte	o bilhete [u bə'ʎetə]
Fahrkartenkontrolle	o controle dos bilhetes [u kõn'trɔlə duʒ bə'ʎetəʃ]
Fahrkartenschalter	bilheteira [bəʎə'teirɐ] (*Br*) bilheteria [biʎete'riɐ]
Fahrplan	horário [o'rarju]
Fahrpreis	preço do bilhete ['presu du bə'ʎetə]
Fensterplatz	o lugar à janela [u lu'gar‿a ʒɐ'nɛlɐ]
Gang	o corredor [u kuʀə'dor]
Gepäck	a bagagem [ɐ bɐ'gaʒɐ̃i]
Gepäckaufbewahrung	depósito de bagagens [də'pɔzitu də bɐ'gaʒɐ̃iʃ]
Gepäckschalter	o balcão da bagagem [u bal'kɐ̃u dɐ bɐ'gaʒɐ̃i]
Gleis	linha ['liɲɐ]
Großraumwagen	a carruagem de salão [ɐ kɐʀu'aʒɐ̃i də sɐ'lɐ̃u]
Hauptbahnhof	a estação central [ɐ ʃtɐ'sɐ̃u sẽn'tral]
IC (InterCity)	o IC (o Intercidades) [u i'se (u ĩntərsi'dadəʃ)]
Interrail	o interrail [u ĩntə'ʀeil]
Kinderfahrkarte	o meio-bilhete [u 'meju bə'ʎetə]

Liegewagenplatz	o lugar de couchette [u lu'gar də ku'ʃɛtə]
Minibar	o minibar [u mini'bar]
Nichtraucherabteil	compartimento para não-fumadores [kõmpɐrti'mẽntu 'pɐrɐ nɐ̃u fumɐ'dorəʃ]
Pendolino	o Alfa Pendular [u 'alfɐ pẽndu'lar]
Platzreservierung	reserva de lugar [ʀə'zɛrvɐ də lu'gar]
Raucherabteil	compartimento para fumadores [kõmpɐrti'mẽntu 'pɐrɐ fumɐ'dorəʃ]
Reservierung	reserva [ʀə'zɛrvɐ]
Rollstuhlfahrer/in	pessoa em cadeira de rodas [pə'soɐ ɐ̃i kɐ'deirɐ də 'rɔdɐʃ]
Rückfahrkarte	o bilhete de ida e volta [u bə'ʎetə d‿'idɐ i 'vɔltɐ]
Schaffner/in	o revisor/a revisora [u ʀəvi'zor/ɐ ʀəvi'zorɐ]
Schließfach	cacifo [kɐ'sifu]
Schwerbehinderte	o/a deficiente [u/ɐ dəfəsi'ẽntə]
Speisewagen	o vagão-restaurante [u va'gɐ̃u ʀəʃtau'rẽntə]
Wagennummer	número da carruagem (*Br* do vagão) ['numəru dɐ kɐ'ʀwaʒɐ̃i (du va'gɐ̃u)]
Wartesaal	sala de espera ['salɐ də‿ʃ'pɛrɐ]
Werktag	o dia útil [u 'diɐ 'util]
Zug	comboio [kõm'bɔju], *(Br)* o trem [u trɐ̃i]
Zuschlag	suplemento [suplə'mẽntu]

Schiff

Auskunft

Könnten Sie mir bitte sagen, wann das nächste Schiff/die nächste Fähre nach ... abfährt?
Quando parte o próximo navio/o próximo ferry-boat (*Br* a próxima barca) para ...? ['kwẽndu 'part‿u 'prɔsimu nɐ'viu/ u 'prɔsimu 'fɛʀi bot (a 'prɔsimɐ 'barkɐ) 'perɐ]

Wie lange dauert die Überfahrt?
Quanto tempo dura a travessia? ['kwẽntu 'tẽmpu 'dur‿a trɐvə'siɐ]

Wann legen wir in ... an?
Quando chegamos a ...? ['kwẽndu ʃə'gɐmuz‿ɐ]

Wie lange haben wir in ... Aufenthalt?
Quanto tempo é a paragem em ...? ['kwẽntu 'tẽmpu ɛ ɐ pɐ'raʒɐ̃i ɐ̃i]

Ich möchte bitte ...
Faz favor, queria ... [faʃ fɐ'vor kə'riɐ]

eine Schiffskarte nach ...
uma passagem para ... ['umɐ pɐ'saʒɐ̃i 'perɐ]

1. Klasse
primeira classe [pri'meirɐ 'klasə]

Touristenklasse
classe turística ['klasə tu'riʃtikɐ]

eine Einzelkabine
um camarote individual [ũm kɐmɐ'rɔtə ĩndəvi'dwal]

eine Zweibettkabine
um camarote duplo [ũm kɐmɐ'rɔtə 'duplu]

Ich möchte eine Karte für die Rundfahrt um ... Uhr.
Queria um bilhete para a excursão das ... (horas).
[kə'riɐ ũm bə'ʎetə 'pɐr͜a ʃkur'sɐ̃u dɐʃ ... ('ɔrɐʃ)]

An Bord

anlegen in	atracar em [ɐtrɐ'kar͜ ɐ̃i]
Buchung	reserva [ʀə'zɛrvɐ]
Dampfer	o vapor [u vɐ'por]
Deck	o convés [u kõ'vɛʃ]
Fähre	o ferry-boat [u 'fɛʀi bot] *(in Lissabon)* cacilheiro [kɐsi'ʎeiru]
Fahrkarte	o bilhete [u bə'ʎetə]
Festland	terra firme/o continente ['tɛʀɐ 'firmə/u kõnti'nẽntə]
Hafen	porto ['portu]
Kabine	o camarote [u kɐmɐ'rɔtə]
Kai	o cais [u 'kaiʃ]
Kapitän	o comandante [u kumɐ̃n'dɐ̃ntə]
Kreuzfahrt	cruzeiro [kru'zeiru]
Küste	costa ['kɔʃtɐ]
Landausflug	a excursão a terra [ɐ ʃkur'sɐ̃u ɐ 'tɛʀɐ]
Luftkissenboot	o hovercraft [u ovər'kraft]
Rettungsboot	barco salva-vidas ['barku 'salvɐ 'vidɐʃ]
Rettungsring	boia salva-vidas ['bɔjɐ 'salvɐ 'vidɐʃ]
Rundfahrt	volta ['vɔltɐ], a excursão [ɐ ʃkur'sɐ̃u]
Schwimmweste	o colete de salvação [u ku'letə də salvɐ'sɐ̃u]
Seegang	a ondulação [ɐ õndulɐ'sɐ̃u]
seekrank sein	estar enjoado [ʃtar ẽ'ʒwadu]
Tragflügelboot	o hidrofoil [u idrɔ'fɔil]

Nahverkehrsmittel

Bitte, wo ist die nächste ...
Faz favor, onde é a ... mais próxima?
[faʃ fɐ'vor õnd‿ɛ ɐ ... maiʃ 'prɔsimɐ]

Bushaltestelle?
paragem do autocarro (*Br* parada do ônibus)
[pɐ'raʒẽi du auto'kaʀu (pa'radɐ du 'onibus)]

Straßenbahnhaltestelle?
paragem do elétrico (*Br* parada do bonde)
[pɐ'raʒẽi du i'lɛtriku (pa'radɐ du 'bõndi)]

U-Bahnstation?
estação do metro (*Br* metrô) [ʃtɐ'sɐ̃u du 'mɛtru (me'tro)]

Welche Linie fährt nach ...?
Qual é a linha que vai para ...? [kwal‿ɛ ɐ 'liɲɐ kə vai 'pɐrɐ]

Wann fährt die erste/letzte U-Bahn nach ...?
A que horas é o primeiro/último metro (*Br* metrô) para ...?
[ɐ 'kjɔrɐz‿ɛ u pri'meiru/'ultimu 'mɛtru (me'tro) 'pɐrɐ]

Entschuldigen Sie, ist das der Bus nach ...?
Desculpe, é este o autocarro (*Br* ônibus) para ...?
[dəʃ'kulpə ɛ 'eʃt‿u auto'kaʀu ('onibus) 'pɐrɐ]

Wie viel Haltestellen sind es bis ...?
Quantas paragens (*Br* paradas) são até...?
['kwɐ̃ntɐʃ pɐ'raʒẽiʃ (pa'radɐs) sɐ̃u ɐ'tɛ]

Entschuldigen Sie, wo muss ich aussteigen/umsteigen?
Desculpe, onde tenho que descer/mudar?
[dəʃ'kulpə 'õndə 'teɲu kə dəʃ'ser/mu'dar]

Könnten Sie mir bitte Bescheid geben, wenn ich aussteigen muss?
Pode-me avisar quando eu tiver de descer?
['pɔdəm‿ɐvi'zar 'kwẽndu eu ti'vɛr də dəʃ'ser]

Bitte, einen Fahrschein nach ...
Um bilhete para ..., faz favor. [ũm bə'ʎetə 'pɐrɐ ... faʃ fɐ'vor]

Der Fahrkartenautomat ist defekt.
A máquina automática de bilhetes está avariada.
[ɐ 'makinɐ autu'matikɐ də bə'ʎetəʃ ʃta ɐvɐ'rjadɐ]

Der Automat nimmt keine Geldscheine an.
A máquina automática não aceita notas.
[ɐ 'makinɐ autu'matikɐ nɐ̃u ɐ'seitɐ 'nɔtɐʃ]

Abfahrt	partida [pɐr'tidɐ]
Bus	autocarro (*Br* o ônibus) [auto'kaʀu (u 'onibus)]
Busbahnhof	a estação rodoviária [ɐ ʃtɐ'sɐ̃u ʀɔdɔ'vjarjɐ]
einsteigen	subir [su'bir]
Endstation	término ['tɛrminu]
entwerten	obliterar [oblitə'rar]
Fahrkartenautomat	máquina automática de bilhetes ['makinɐ autu'matikɐ də bə'ʎetəʃ]
Fahrplan	horário [o'rarju]
Fahrpreis	preço do bilhete ['presu du bə'ʎetə]
Fahrschein	o bilhete [u bə'ʎetə]
Fahrscheinentwerter	o obliterador de bilhetes [u oblitərɐ'dor də bə'ʎetəʃ]
Haltestelle	a paragem [ɐ pɐ'raʒɐ̃i] (*Br*) parada [pa'radɐ]

Kontrolleur	o revisor [u ʀəvi'zor]
Mehrfahrtenkarte	o bilhete múltiplo [u bə'ʎetə 'multiplu]
Nahverkehrszug	comboio (*Br* o trem) suburbano [kõm'bɔju (u trẽi) subur'bɐnu]
Obus	o trólei [u 'trɔlei] (*Br*) o trolebus [u trɔle'bus]
Richtung	a direção [ɐ dirɛ'sɐ̃u]
S-Bahn®	comboio (o trem) rápido suburbano [kõm'bɔju (u trẽi) 'ʀapidu subur'bɐnu]
Schaffner	o condutor [u kõndu'tor], o revisor [u ʀəvi'zor]
Stadtbus	autocarro [auto'kaʀu] (*Br*) o ônibus [u 'onibus]
Straßenbahn	elétrico [i'lɛtriku] (*Br*) o bonde [u 'bõndi]
Tageskarte	o bilhete diário [u bə'ʎetə di'arju]
U-Bahn	metropolitano [mətrupuli'tɐnu], metro ['mɛtru], (*Br*) o metrô [u me'tro]
Überlandbus	camioneta (*Br* o ônibus interurbano) [kamju'nɛtɐ (u 'onibus ĩntɛrur'bɐnu)]
Wochenkarte	o passe semanal [u 'pasə səmɐ'nal]
Zahnradbahn	linha de cremalheira ['liɲɐ də krəmɐ'ʎeirɐ]

Taxi

Hallo! Bitte ein Taxi an die Adresse ... für jetzt gleich/für (morgen) ... Uhr.
Está? Faz favor um táxi para o endereço ... para já/para (amanhã) às ... horas
[ʃta faʃ fɐ'vor ũ 'taksi 'pɐr‿u ẽndə'resu 'pɐrɐ ʒa/'pɐr‿amɐɲɐ̃ az‿... 'ɔrɐʃ]

Entschuldigen Sie bitte, wo ist denn der nächste Taxistand?
Desculpe, faz favor, onde é a praça de táxis mais próxima?
[dəʃ'kulpə faʃ fɐ'vor 'ond‿ɛ ɐ 'prasɐ də 'taksiʒ maiʃ 'prɔsimɐ]

Zum Bahnhof, bitte.
Para a estação, faz favor.
['pɐra ʃtɐ'sɐ̃u faʃ fɐ'vor]

Zum ... Hotel, bitte.
Para o hotel ..., faz favor
['pɐrɐ u ɔ'tɛl ... faʃ fɐ'vor]

In die ...-Straße, bitte.
Rua ..., faz favor
[ʀuɐ ... faʃ fɐ'vor]

Nach ..., bitte.
Para ..., faz favor.
['pɐrɐ ... faʃ fɐ'vor]

Wie viel kostet es nach ...?
Quanto terei de pagar para ir até ...?
['kwɐntu tə'rei də pɐ'gar 'pɐrɐ ir‿ɐ'tɛ]

Das ist zu viel.
Isso é demais.
['isu ɛ də'maiʃ]

Könnten Sie bitte hier halten?
Pode parar aqui, por favor?
['pɔdə pɐ'rar ɐ'ki pur fɐ'vor]

Könnten Sie mir bitte eine Quittung ausstellen?
Pode-me passar um recibo?
['pɔdəmə pɐ'sar‿ũm ʀə'sibu]

Das ist für Sie.
Isto é para si (*Br* para você).
['iʃtu ɛ 'pɐrɐ si ('parɐ vɔ'se)]

anhalten	parar [pɐ'rar]
anschnallen	pôr o cinto [por‿u 'sĩntu]
Hausnummer	número da porta ['numəru dɐ 'pɔrtɐ]
Kilometerpreis	preço por quilómetro (ô) ['presu pur ki'lɔmətru]
Pauschalpreis	preço total ['presu tu'tal]
Quittung	recibo [ʀə'sibu]
Sicherheitsgurt	cinto de segurança ['sĩntu də səgu'rɐ̃sɐ]
Taxifahrer/in	o/a taxista [u/ɐ ta'ksiʃtɐ]
Taxistand	praça de táxis ['prasɐ də 'taksiʃ]
Trinkgeld	gorjeta [gur'ʒetɐ]

Übernachten

Hotel – Pension – Privatzimmer

An der Rezeption

Ich habe ein Zimmer reserviert. Mein Name ist ...
Eu reservei um quarto. O meu nome é ...
[eu ʀəzər'vei ũm 'kwartu. u meu 'nom‿ɛ]

Wir haben reserviert.
Fizemos reserva. [fi'zɛmuʃ ʀə'zɛrvɐ]

Haben Sie noch ... ein Zimmer frei?
Ainda tem um quarto livre ...? [ɐ'ĩndɐ tɐ̃i ũm 'kwartu 'livrə]

... für eine Nacht
... para uma noite ['pɐrɐ 'umɐ 'noitə]

... für zwei Tage
... para dois dias ['pɐrɐ doiʒ 'diɐʃ]

... für eine Woche
... para uma semana ['pɐrɐ 'umɐ sə'mɐnɐ]

Haben Sie Familienzimmer?
Tem quartos para famílias? [tɐ̃i 'kwartuʃ 'pɐrɐ fɐ'miljɐʃ]

Nein, leider nicht.
Não, lamento muito. [nɐ̃u lɐ'mẽntu 'mũintu]

Ja, was für ein Zimmer wünschen Sie?
Temos, sim. Que espécie de quarto deseja?
['temuʃ sĩ. kə 'ʃpɛsjə də 'kwartu də'zeʒɐ]

Ich hätte gern ...
Queria ... [kə'riɐ]

ein Einzelzimmer
um quarto individual [ũm 'kwartu ĩndəvi'dwal]

ein Doppelzimmer
um quarto de casal [ũm 'kwartu də kɐ'zal]

ein ruhiges Zimmer
um quarto sossegado [ũm 'kwartu susə'gadu]

mit Dusche
com duche (*Br* ducha) [kõ 'duʃə ('duʃɐ)]

mit Bad
com casa de banho (*Br* banheiro) [kõ 'kazɐ də 'bɐɲu (ba'ɲeru)]

mit Balkon/Terrasse
com varanda/terraço [kõ vɐ'rɐ̃ndɐ/tə'ʀasu]

Kann ich das Zimmer ansehen?
Posso ver o quarto? ['pɔsu ver‿u 'kwartu]

Kann ich bitte noch ein anderes sehen?
Posso ver mais outro quarto? ['pɔsu ver maiz‿'otru 'kwartu]

Dieses Zimmer nehme ich.
Fico neste quarto. ['fiku 'neʃtə 'kwartu]

Könnten Sie bitte noch ein drittes Bett/ein Kinderbett dazustellen?
Pode pôr mais uma cama/uma cama de criança?
['pɔdə por maiz‿'umɐ 'kɐmɐ/'umɐ 'kɐmɐ də krj'ɐ̃sɐ]

Was kostet das Zimmer mit ..., bitte?
Por favor, quanto custa o quarto com ...?
[pur fɐ'vor 'kwɐ̃ntu 'kuʃtɐ u 'kwartu kõ]

Frühstück
pequeno almoço (*Br* café da manhã)
[pə'ken‿al'mosu (ka'fɛ da ma'ɲɐ)]

Halbpension/Vollpension
meia pensão/pensão completa ['mejɐ pẽ'sɐ̃u/pẽ'sɐ̃u kõm'plɛtɐ]

Wo kann ich den Wagen abstellen?
Onde posso deixar o carro? ['õndə 'pɔsu dei'ʃar‿u 'kaʀu]

In unserer Garage.
Na nossa garagem. [nɐ 'nɔsɐ gɐ'raʒẽi]

Auf unserem Parkplatz.
No nosso parque de estacionamento.
[nu 'nɔsu 'parkə də‿ʃtɐsjunɐ'mẽntu]

Fragen und Bitten

Ab wann gibt es Frühstück?
A partir de que horas se pode tomar o pequeno almoço (*Br* o café da manhã)? [ɐ pɐr'tir də 'kjɔrɐʃ sə 'pɔdə tu'mar‿u pə'ken‿al'mosu (u ka'fɛ da ma'ɲẽ)]

Wann sind die Essenszeiten?
A que horas são as refeições? [ɐ 'kjɔrɐʃ sẽu ɐʒ ʀəfei'sõiʃ]

Wo ist der Speisesaal?
Onde é a sala de jantar? ['õnd‿ɛ ɐ 'salɐ də ʒẽn'tar]

Könnten Sie mich bitte morgen früh um 7 Uhr wecken?
Pode-me acordar amanhã às sete, faz favor?
['pɔdəmə ɐ'kurdar amɐ'ɲẽ aʃ 'sɛtə faʃ fɐ'vor]

Würden Sie mir bitte ... bringen?
Podia fazer o favor de me trazer ...
[pu'diɐ fɐ'zer‿u fɐ'vor də mə trɐ'zer]

ein Badetuch
um toalhão de banho [ũ twɐ'ʎẽu də 'bɐɲu]

noch eine Decke
mais um cobertor [maiz‿ũ kubər'tor]

Wo kann ich ...
Onde posso ... ['õndə 'pɔsu]

hier etwas trinken?
beber qualquer coisa? [bə'ber kwal'kɛr 'koizɐ]

ein Auto mieten?
alugar um carro? [ɐlu'gar‿ũ 'kaʀu]

hier telefonieren?
telefonar? [tələfu'nar]

Wo gibt es in der Nähe ein Internetcafé?
Onde há aqui um internet café? ['õnd‿a ɐ'ki ũ ĩntɐr'nɛtə kɐ'fɛ]

Kann ich meine Wertsachen bei Ihnen in den Safe geben?
Posso depositar os meus objetos de valor no seu cofre?
['pɔsu dəpuzi'tar uʒ meuz‿ɔb'ʒɛtuʒ də vɐ'lor nu seu 'kɔfrə]

Kann ich mein Gepäck hier lassen?
Posso deixar aqui a minha bagagem?
['pɔsu dei'ʃar‿ɐ'ki ɐ 'miɲɐ bɐ'gaʒẽi]

Abreise

Ich reise heute Abend/morgen um ... Uhr ab.
Parto esta tarde/amanhã às ... horas.
['partu 'ɛʃtɐ 'tardə/amɐ'ɲẽ aʃ ... 'ɔrɐʃ]

Könnten Sie bitte die Rechnung fertig machen?
Pode preparar a conta? ['pɔdə prəpɐ'rar ɐ 'kõntɐ]

Nehmen Sie Kreditkarten?
Aceitam cartões de crédito? [ɐ'seitẽu kɐr'tõiʃ də 'krɛditu]

Könnten Sie mir bitte ein Taxi rufen?
Pode chamar um táxi, por favor? [pɔdə ʃɐ'mar‿ũ 'taksi pur fɐ'vor]

Vielen Dank für alles! Auf Wiedersehen!
Muito obrigado/obrigada por tudo! Adeus!
[ˈmũint‿obriˈgadu/obriˈgadɐ pur ˈtudu. ɐˈdeuʃ]

anzahlen	pagar sinal [pɐˈgar siˈnal]
Anzahlung	o sinal [u siˈnal]
erlauben; Haustiere (nicht) erlaubt	permitir; (não) são permitidos animais domésticos [pərmiˈtir (nɐ̃u) sɐ̃u pərmiˈtiduz‿ɐniˈmaiʒ duˈmɛʃtikuʃ]
Ferienwohnung	apartamento de férias [ɐpɐrtɐˈmẽntu də ˈfɛrjɐʃ]
Fremdenzimmer	quarto [ˈkwartu]
Hotel	o hotel [u ɔˈtɛl]
inklusive	incluído [ĩnkluˈidu]
Kosten	os custos [uʃ ˈkuʃtuʃ]
Nebenkosten	os custos extraordinários [uʃ ˈkuʃtuz‿əʃtrɐordiˈnarjuʃ]
Unkosten	as despesas [ɐʒ dəʃˈpezɐʃ]

Camping

Haben Sie noch Platz für einen Wohnwagen/ein Zelt?
Ainda tem lugar para uma caravana (*Br* um trailer)/uma tenda?
[ɐˈĩndɐ tɐ̃i luˈgar ˈpɐrɐ ˈumɐ kɐrɐˈvɐnɐ (ũ ˈtreilɐ)/ˈumɐ ˈtẽndɐ]

Wie hoch ist die Gebühr pro Tag und Person?
Quanto se paga por dia e por pessoa?
[ˈkwɐ̃ntu sə ˈpagɐ pur ˈdiɐ i pur pəˈsoɐ]

Wie hoch ist die Gebühr für ...
Quanto se paga por ... [ˈkwɐ̃ntu sə ˈpagɐ pur‿]

das Auto?
um carro? [‿ũ ˈkaʀu]

das Wohnmobil?
uma autocaravana? [‿'umɐ autɔkɐrɐ'vɐnɐ]

das Zelt?
uma tenda? [‿'umɐ 'tẽndɐ]

Wir bleiben ... Tage/Wochen.
Pensamos ficar ... dias/semanas. [pẽ'sɐmuʃ fi'kar ... 'diɐʃ/sə'mɐnɐʃ]

Wo sind ...
Onde são ... ['õndə sɐ̃u]

die Toiletten?
as casas de banho (*Br* os banheiros)?
[ɐʃ 'kazɐʒ də 'bɐɲu (uz ba'ɲerus)]

die Waschräume?
os lavabos? [uʒ lɐ'vabuʃ]

die Duschen?
os duches (*Br* as duchas)? [uʒ 'duʃəʃ (az 'duʃɐs)]

Gibt es hier Stromanschluss?
Há aqui corrente elétrica? [a ɐ'ki ku'ʀẽntə i'lɛtrikɐ]

Wo kann ich Gasflaschen umtauschen?
Onde se buscam botijas de gás? ['õndə sə 'buʃkɐ̃u bu'tiʒɐʒ də gaʃ]

Camping	o campismo (*Br* o camping) [u kẽm'piʒmu (u 'kẽmpiŋ)]
Campingausweis	o cartão de campista [u kɐr'tɐ̃u də kẽm'piʃtɐ]
Campingführer	o guia de campismo [u 'giɐ də kẽm'piʒmu]
Campingplatz	o parque de campismo [u 'parkə də kẽm'piʒmu], *(Br)* o camping [u 'kẽmpiŋ]

Gasflasche	botija de gás [bu'tiʒɐ də gaʃ]
Gaskartusche	cartucho de gás [kɐr'tuʃu də gaʃ]
Gaskocher	o fogão a gás [u fu'gɐ̃u ɐ gaʃ]
Geschirrspülbecken	o lava-louça [u 'lavɐ 'losɐ]
Hammer	martelo [mɐr'tɛlu]
Hering	estaca [ʃ'takɐ]
Kocher	o fogão [u fu'gɐ̃u]
Propangas	o gás propano [u gaʃ pru'pɐnu]
Steckdose	tomada [tu'madɐ]
Stecker	ficha ['fiʃɐ], *(Br)* plugue ['plugi]
Strom	a corrente [ɐ ku'ʀẽntə]
Stromanschluss	tomada de corrente [tu'madɐ də ku'ʀẽntə]
Trinkwasser	água potável ['agwɐ pu'tavɛl]
Voranmeldung	pré-aviso [prɛ ɐ'vizu], a marcação prévia [ɐ mɐrkɐ'sɐ̃u 'prɛvjɐ]
Waschraum	os lavabos [uʒ lɐ'vabuʃ]
Wäschetrockner	secadora de roupa [səkɐ'dorɐ də 'ʀopɐ]
Wasser	água ['agwɐ]
Wasserkanister	o bidão de água [u bi'dɐ̃u d‿'agwɐ]
Wohnmobil	autocaravana [autɔkɐrɐ'vɐnɐ]
Wohnwagen	caravana (*Br* o trailer) [kɐrɐ'vɐnɐ (u 'treilɐ)]
Zelt	tenda ['tẽndɐ]
zelten	acampar [ɐkẽm'par]
Zeltschnur	espia da tenda ['ʃpiɐ dɐ 'tẽndɐ]
Zeltstange	vara/ferro da tenda ['varɐ/'fɛʀu dɐ 'tẽndɐ]

Essen und Trinken

Essen gehen

Wo gibt es hier ...
Pode-me dizer, faz favor, onde há aqui ...
['pɔdəmə di'zer faʃ fɐ'vor 'õnd‿a ɐ'ki ...]

ein gutes Restaurant?
um bom restaurante? [ũ bõ ʀəʃtau'rɐ̃ntə]

ein nicht zu teures Restaurant?
um restaurante não muito caro?
[ũ ʀəʃtau'rɐ̃ntə nɐ̃u 'mũintu 'karu]

einen Schnellimbiss?
um snack-bar (*Br* uma lanchonete)? [ũ snɛk bar ('uma lɐ̃ʃo'nɛti)]

Wo kann man hier in der Nähe gut/preiswert essen?
Onde se pode comer bem/barato aqui perto?
['õndə sə 'pɔdə ku'mer bɐ̃i/bɐ'ratu ɐ'ki 'pɛrtu]

Im Restaurant

Ich möchte für heute Abend einen Tisch für vier Personen reservieren.
Queria reservar para hoje à noite uma mesa para quatro pessoas.
[kə'riɐ ʀəzər'var 'pɐrɐ 'oʒ‿a 'noitə 'umɐ 'mezɐ 'pɐrɐ 'kwatru pə'soɐʃ]

Ist dieser Tisch noch frei?
Esta mesa está livre? ['ɛʃtɐ 'mezɐ ʃta 'livrə]

Einen Tisch für zwei/drei Personen, bitte.
Uma mesa para duas/três pessoas, faz favor.
['umɐ 'mezɐ 'pɐrɐ 'duɐʃ/treʃ pə'soɐʃ faʃ fɐ'vor]

Wo sind bitte die Toiletten?
Onde é a casa de banho (*Br* o banheiro), por favor?
[ˈõnd‿ɛ ɐ ˈkazɐ də ˈbɐɲu (u baˈɲeru) pur fɐˈvor]

Bestellung

Herr Ober/Bedienung,
Faz favor ... [faʃ fɐˈvor]

die Speisekarte, bitte!
a lista (*Br* o cardápio)! [ɐ ˈliʃtɐ (u karˈdapju)]

die Getränkekarte, bitte!
a lista das bebidas! [ɐ ˈliʃtɐ dɐʒ bəˈbidɐʃ]

die Weinkarte, bitte!
a carta de vinhos! [ɐ ˈkartɐ də ˈviɲuʃ]

Was können Sie mir empfehlen?
O que é que me aconselha? [u kjɛ kə m‿ɐkõˈseʎɐ]

Haben Sie vegetarische/glutenfreie Gerichte/Diätkost?
Tem pratos vegetarianos/sem glúten/comida de dieta?
[tɐ̃i ˈpratuʃ vəʒətɐˈrjɐnuʃ/sɐ̃i ˈglutɐ̃i/kuˈmidɐ də diˈɛtɐ]

Gibt es auch Kinderportionen?
Tem também doses para crianças?
[tɐ̃i tɐ̃mˈbɐ̃i ˈdɔzəʃ ˈpɐrɐ krjˈɐ̃sɐʃ]

Haben Sie schon gewählt?
Já escolheram? [ʒa ʃkuˈʎerɐ̃u]

Ich nehme ...
Quero ... [ˈkɛru]

Als Vorspeise/Hauptgericht/Nachtisch nehme ich ...
Como entrada/Como prato principal/De sobremesa quero ...
[ˈkomu ẽnˈtradɐ/ˈkomu ˈpratu prĩsiˈpal/də sobrəˈmezɐ ˈkɛru]

Ich möchte keine Vorspeise, danke.
Eu não quero nenhuma entrada, obrigado/obrigada
[eu nɐ̃u ˈkɛru nəˈɲum‿ɐ̃nˈtradɐ obriˈgadu/obriˈgadɐ]

Wir haben leider kein/e ... (mehr).
Lamento muito, mas (já) não temos ...
[lɐˈmẽntu ˈmũintu mɐʒ (ʒa) nɐ̃u ˈtemuʃ]

Dieses Gericht servieren wir nur auf Bestellung.
Este prato só é feito por encomenda.
[ˈeʃtə ˈpratu sɔ ɛ ˈfeitu pur‿ẽŋkuˈmẽndɐ]

Könnte ich statt ... ... haben?
Eu queria ... em vez de ... Será possível?
[eu kəˈriɐ … ɐ̃i veʒ də … səˈra puˈsivɛl]

Ich bin ...
Sou ... [so]

Diabetiker/Diabetikerin.
diabético/diabética. [djɐˈbɛtiku/djɐˈbɛtikɐ]

Vegetarier/Vegetarierin.
vegetariano/vegetariana. [vəʒətɐˈrjɐnu/vəʒətɐˈrjɐnɐ]

Veganer/Veganerin.
vegano/vegana. [vəˈgɐnu/vəˈgɐnɐ]

Ich bin allergisch gegen ...
Sou alérgico/alérgica a ... [so ɐˈlɛrʒiku/ɐˈlɛrʒikɐ ɐ]

Eier.
ovos. [ˈɔvuʃ]

Gluten.
glúten. [ˈglutɐ̃i]

Milchprodukte.
laticínios. [lɐtiˈsinjuʃ]

Nüsse.
nozes. ['nɔzəʃ]

Wie möchten Sie Ihr Steak haben?
Como deseja o bife? ['komu də'zeʒɐ u 'bifə]

gut durch
bem passado [bɐ̃i pɐ'sadu]

halb durch
meio passado ['meju pɐ'sadu]

englisch
mal passado [mal pɐ'sadu]

Was möchten Sie trinken?
O que é que deseja beber? [u kjɛ kə də'zeʒɐ bə'ber]

Bitte ein Glas ...
Um copo de ..., faz favor. [ũ 'kɔpu də … faʃ fɐ'vor]

Bitte eine Flasche/eine halbe Flasche ...
Uma garrafa/Meia garrafa de ..., faz favor.
['umɐ gɐ'ʀafɐ/'mejɐ gɐ'ʀafɐ də … faʃ fɐ'vor]

Mit Eis, bitte.
Com gelo, faz favor. [kõ 'ʒelu faʃ fɐ'vor]

Könnten Sie bitte die Getränke vor dem Essen bringen?
Podia trazer as bebidas antes da comida, faz favor?
[pu'diɐ trɐ'zer‿ɐʒ bə'bidɐz‿ɐ̃ntəʒ dɐ ku'midɐ faʃ fɐ'vor]

Guten Appetit!
Bom apetite! [bõ ɐpə'titə]

Zum Wohl!
À sua saúde! [a suɐ sɐ'udə]

Haben Sie noch einen Wunsch?
Deseja mais alguma coisa? [də'zeʒɐ maiz‿ɐl'gumɐ 'koizɐ]

Bitte bringen Sie uns ...
Traga-nos, faz favor ... ['tragɐnuʃ faʃ fɐ'vor]

Könnten Sie uns noch etwas Brot/Wasser/Wein bringen?
Pode-nos trazer mais pão/água/vinho, faz favor?
['pɔdənuʃ trɐ'zer maiʃ pɐ̃u/'agwɐ/'viɲu faʃ fɐ'vor]

Beanstandungen

Entschuldigung ...
Desculpe ... [dəʃ'kulpə]

Hier fehlt ein/e ...
Falta aqui um .../uma ... ['falt‿a'ki ũ/'umɐ]

Haben Sie mein/e ... vergessen?
Esqueceu-se do meu .../da minha ...?
[ʃkɛ'seusə du meu .../dɐ 'miɲɐ ...]

Das habe ich nicht bestellt.
Não foi isto que eu pedi. [nɐ̃u foi 'iʃtu kjeu pə'di]

Die Rechnung

Die Rechnung/Bezahlen, bitte!
A conta, faz favor! [ɐ 'kõntɐ faʃ fɐ'vor]

Bitte alles zusammen.
Tudo junto, faz favor. ['tudu 'ʒũntu faʃ fɐ'vor]

Ist die Bedienung inklusive?
O serviço é incluído? [u sər'visu ɛ ĩnklu'idu]

Die Rechnung scheint mir nicht zu stimmen.
Parece-me que a conta não está certa.
[pɐ'rɛsəmə kjɐ 'kõntɐ nɐ̃u ʃta 'sɛrtɐ]

Das habe ich nicht gehabt. Ich hatte ...
Isto não veio. O que veio foi ... ['iʃtu nɐ̃u 'veju. u kə 'veju foi]

Das Essen war ausgezeichnet.
A comida estava excelente. [ɐ ku'midɐ 'ʃtavɐ ʃsə'lẽntə]

Es stimmt so.
Fica assim. ['fik‿a'sĩ]

Café

Bringen Sie mir bitte einen Espresso.
Faz favor, traga-me um café. [faʃ fɐ'vor 'tragɐm‿ũm kɐ'fɛ]

Sind die Rührküchlein frisch? Dann möchte ich eines.
Os queques são frescos? Então quero um.
[uʃ 'kɛkəʃ sɐ̃u 'freʃkuʃ ẽn'tɐ̃u 'kɛr‿ũ]

Ich möchte zahlen.
Queria pagar. [kə'riɐ pɐ'gar]

Auf Wiedersehen, bis morgen!
Adeus, até amanhã! [ɐ'deuz‿ ɐ'tɛ amɐ'ɲɐ̃]

o café [u kɐ'fɛ]	**Espresso**
(Lissabon) bica ['bikɐ]	
(N-Portugal) pingo ['pĩngu]	**Espresso mit etwas Milch**
(Lissabon) garoto [gɐ'rotu]	
o carioca de café [u kɐrj'ɔkɐ də kɐ'fɛ]	**Espresso mit Wasser verdünnt**
meia de leite ['mɐjɐ də 'lɐitə]	**starker Kaffee und Milch, normale Tasse**
o galão [u gɐ'lɐ̃u]	**starker Kaffee und Milch, großes Glas**

copo de leite ['kɔpu də 'leitə]	**Glas Milch**
o carioca de limão [u kɐrj'ɔkɐ də li'mɐ̃u]	**kleine Tasse echter Zitronentee** *(aus Zitronenschale!)*
fino ['finu], a imperial [ɐ ĩmpə'rjal]	**kleines Bier vom Fass**
caneca [kɐ'nɛkɐ]	**großes Bier vom Fass**
sumo de laranja ['sumu də lɐ'rɐ̃ʒɐ]	**Orangensaft**
laranjada [lɐrɐ'˜ʒadɐ]	**Orangeade**
água mineral ['agwɐ minə'ral]	**Mineralwasser**
torrada [tu'ʀadɐ]	**Riesenbuttertoast**
tosta mista ['tɔʃtɐ 'miʃtɐ]	**warmer, gemischter Toast (mit Schinken u. Käse)**
francesinha [frẽsə'ziɲɐ]	**warmer Toast, üppig gefüllt, mit pikanter Sauce**
cachorro (quente) [kɐ'ʃoʀu ('kẽntə)]	**Hotdog**
prego ['prɛgu]	**kleines Naturschnitzel im Brötchen**
as sandes [ɐʃ 'sẽndəʃ]	**belegte Brötchen**
o queque [u 'kɛkə]	**einfaches Küchlein aus Rührteig** *(ideal für Kinder)*
os bolos [uʒ 'boluʃ]	**kleine Kuchen** (keine Torten)
o croissant [u krwa'sɐ̃]	**Hörnchen**
o croissant com fiambre [u krwa'sɐ̃ kõ 'fjẽmbrə]	**Hörnchen mit gekochtem Schinken**

Abendessen	o jantar [u ʒẽn'tar]
Allergie	alergia [ɐlər'ʒiɐ]
alkoholfrei	sem álcool [sɐ̃i 'alkwɔl]
Aschenbecher	cinzeiro [sĩ'zeiru]

Besteck	o talher [u tɐ'ʎɛr]
Bestellung	pedido [pə'didu]
Diabetiker	diabético [djɐ'bɛtiku]
Dressing	molho ['moʎu]
Essig	o vinagre [u vi'nagrə]
vom Fass	à pressão [a prə'sɐ̃u], de barril [də bɐ'ʀil]
fettarm	magro ['magru]
Flasche	garrafa [gɐ'ʀafɐ]
Fleck	nódoa ['nɔdwɐ]
Frühstück	pequeno almoço [pə'ken‿al'mosu] *(Br)* o café da manhã [u ka'fɛ da ma'ɲa˜]
Gabel	garfo ['garfu]
Gang	prato ['pratu]
Gedeck	o couvert [u ku'vɛr]
Gericht	prato ['pratu]
Getränk	bebida [bə'bidɐ]
Gewürz	condimento [kõndi'mẽntu]
Glas	copo ['kɔpu]
Wasserglas	copo de água ['kɔpu d‿'agwɐ]
Weinglas	copo de vinho ['kɔpu də 'viɲu]
Gräte	espinha ['ʃpiɲɐ]
hart	duro ['duru]
Hauptspeise	prato principal ['pratu prĩsi'pal]
hausgemacht	de fabrico caseiro [də fɐ'briku kɐ'zeiru]
heiß	quente ['kẽntə]
hungrig sein	ter fome [ter 'fɔmə]
kalorienarm	com poucas calorias [kõ 'pokɐʃ kɐlu'riɐʃ]
Karaffe	jarro ['ʒaʀu]

Kellner/in	empregado/empregada [ẽmprə'gadu/ẽmprə'gadɐ], *(Br)* o garçom/a garçonete [u gar'sõ/a garso'nɛti]
Ketchup	o ketchup [u kɛ'tʃɐp]
Kinderteller	prato de criança ['pratu də krj'ẽsɐ]
Knochen	osso ['osu]
Koch	cozinheiro [kuzə'ɲeiru]
Korkenzieher	o saca-rolhas [u 'sakɐ 'ʀoʎɐʃ]
lieblich *(Wein)*	doce ['dosə]
Löffel	a colher [ɐ ku'ʎɛr]
Teelöffel	a colher de chá [ɐ ku'ʎɛr də ʃa]
Mayonnaise	a maionese [ɐ majo'nɛzə]
Menü	ementa [i'mẽntɐ], o menu [u me'nju]
Messer	faca ['fakɐ]
Mittagessen	almoço [al'mosu]
Nachtisch	sobremesa [sobrə'mezɐ]
Ober	empregado [ẽmprə'gadu]
Öl	óleo ['ɔlju]
Pfannengericht	prato feito na frigideira ['pratu 'feitu nɐ frəʒə'deirɐ]
Pfeffer	pimenta [pi'mẽntɐ]
Pfefferstreuer	pimenteiro [pimẽn'teiru]
Portion	a dose [ɐ 'dɔzə]
Rost	grelha ['greʎɐ]
Salatbüfett	o bufete de saladas [u bu'fetə də sɐ'ladɐʃ]
Salz	o sal [u sal]
Salzstreuer	saleiro [sə'leiru]
Scheibe	fatia [fɐ'tiɐ]
Schonkost	dieta ['djɛtɐ]

Schüssel	prato ['pratu], travessa [trɐ'vɛsɐ] tigela [ti'ʒɛlɐ]
Senf	mostarda [muʃ'tardɐ]
Serviette	guardanapo [gwɐrdɐ'napu]
Smoothie	batido de fruta [bɐ'tidu də 'frutɐ]
Soße	molho ['moʎu]
Speisekarte	lista ['liʃtɐ], ementa [i'mẽntɐ] *(Br)* cardápio [kar'dapju]
Spezialität	a especialidade [ɐ ʃpəsjɐli'dadə]
Strohhalm	palhinha [pɐ'ʎiɲɐ]
Suppe	sopa ['sopɐ]
Suppenteller	prato de sopa ['pratu də 'sopɐ]
Süßstoff	o adoçante [u ɐdu'sẽntə]
Tagesgericht	prato do dia ['pratu du 'diɐ]
Tasse	chávena ['ʃavənɐ], *(Br)* xícara ['ʃikarɐ]
Untertasse	o pires [u 'pirəʃ]
vegan	vegano [və'gɐnu]
Teller	prato ['pratu]
Tischtuch	toalha de mesa ['twaʎɐ də 'mezɐ]
Trinkgeld	gorjeta [gur'ʒetɐ]
trocken *(Wein)*	seco ['seku]
vegetarisch	vegetariano [vəʒətɐ'rjɐnu]
Vorspeise	entrada [ẽn'tradɐ]
Wasser	água ['agwɐ]
würzen	temperar [tẽmpə'rar]
Zahnstocher	palito [pɐ'litu]
Zucker	o açúcar [u ɐ'sukar]

Zubereitung

durchgebraten	bem passado [bẽi pɐ'sadu]
gar	bem cozido [bẽi ku'zidu], assado [ɐ'sadu]
gebacken	assado [ɐ'sadu]
gebraten	frito ['fritu]/assado [ɐ'sadu]
am Spieß	no espeto [nu 'ʃpetu]
vom Grill	na grelha [nɐ 'greʎɐ]
in der Pfanne	na frigideira [nɐ frəʒə'deirɐ]
gedämpft	estufado [ʃtu'fadu]
gedünstet	estufado [ʃtu'fadu]
gefüllt	recheado [ʀə'ʃjadu]
gekocht	cozido [ku'zidu]
geräuchert	(de)fumado [(də)fu'madu]
geröstet	(Kartoffeln) coradas [kɔ'radɐʃ]
geschmort	estufado [ʃtu'fadu]
mager	magro ['magru]
roh	cru [kru]
saftig	suculento [suku'lẽntu]
sauer	ácido ['asidu]
scharf	picante [pi'kẽntə]
süß	doce ['dosə]
überbacken	gratinado [grɐti'nadu]
zäh	duro ['duru]
zart	tenro ['tẽʀu]

Ementa | Speisekarte

Pequeno almoço | Frühstück

Café [kɐ'fɛ]	**schwarzer Kaffee**
Café com leite [kɐ'fɛ kõ 'leitə]	**Kaffee mit Milch**
Descafeinado [dəʃkɐfɐi'nadu]	**koffeinfreier Kaffee**
Chá com leite/limão [ʃa kõ 'leitə/li'mɐ̃u]	**Tee mit Milch/Zitrone**
Chá de ervas medicinais [ʃa d‿'ɛrvɐʒ mədəsi'naiʃ]	**Kräutertee**
Chocolate quente [ʃuku'latə 'kẽntə]	**Schokolade**
Sumo de fruta ['sumu də 'frutɐ]	**Fruchtsaft**
Ovo quente ['ovo 'kẽntə]	**weiches Ei**
Ovos mexidos ['ɔvuʒ mə'ʃiduʃ]	**Rühreier**
Ovos com bacon ['ɔvuʃ kõ 'beikõ]	**Eier mit Speck**
Pão/pãozinho/pão torrado [pɐ̃u/pɐ̃u'ziɲu/pɐ̃u tu'ʀadu]	**Brot/Brötchen/Toast**
Croissant [krwa'sɐ̃]	**Hörnchen**
Croissant com fiambre [krwa'sɐ̃ kõ 'fjɐ̃mbrə]	**Hörnchen mit Schinken**
Torrada [tu'ʀadə]	**Riesenbuttertoast**
Manteiga [mɐ̃n'teigɐ]	**Butter**
Queijo ['keiʒu]	**Käse**
Carnes frias ['karnəʃ 'friɐʃ]	**Wurstaufschnitt**
Fiambre ['fjɐ̃mbrə]	**gekochter Schinken**
Presunto [prə'zũntu]	**roher Schinken**
Mel [mɛl]	**Honig**
Doce ['dosə]	**Marmelade**

Muesli ['musli]	**Müsli**
Iogurte [jo'gurtə]	**Joghurt**
Fruta ['frutɐ]	**Obst**

## Sopas	## Suppen
Açorda [ɐ'sordɐ]	**Brot- und Knoblauchsuppe**
Caldo verde ['kaldu 'verdə]	**Portugiesische Kohlsuppe**
Canja de galinha ['kẽʒɐ də gɐ'liɲɐ]	**Hühnerbrühe**
Sopa de legumes ['sopɐ də lə'guməʃ]	**Gemüsesuppe**
Sopa de marisco ['sopɐ də mɐ'riʃku]	**Meeresfrüchtesuppe**
Sopa de peixe ['sopɐ də 'peiʃə]	**Fischsuppe**
Sopa de tomate e cebola ['sopɐ də tu'mat‿i sə'bolɐ]	**Tomaten- und Zwiebelsuppe**

## Acepipes	## Vorspeisen
Amêijoas com limão [ɐ'meiʒwɐʃ kõ li'mɐ̃u]	**Herzmuscheln mit Zitrone**
Pão com azeitonas [pɐ̃u kõ ɐzei'tonɐʃ]	**Brot mit Oliven**
Caracóis (Lissabon) [kɐrɐ'kɔiʃ]	**Schnecken**
Melão com presunto [mə'lɐ̃u kõ prə'zũntu]	**Melone mit Schinken**
Salada de atum [sɐ'ladɐ d‿ɐ'tũ]	**Thunfischsalat**

Salada de polvo [sɐ'ladɐ də 'polvu]	**Polypsalat**
Sardinhas em azeite [sɐr'diɲɐz‿ɐ̃i ɐ'zeitə]	**Sardinen in Olivenöl**

Peixe — Fischgerichte

Atum [ɐ'tũ]	**Thunfisch**
Bacalhau com todos [bɐkɐ'ʎau kõ 'toduʃ]	**Stockfisch garniert**
Caldeirada [kaldei'radɐ]	**Fischeintopf**
Carapau [kɐrɐ'pau]	**Stichling**
Ensopado de enguias [ẽsu'padu d‿ẽŋ'giɐʃ]	**Aaleintopf**
Espadarte [ʃpɐ'dartə]	**Sägefisch**
Filetes de cherne [fi'lɛtəʒ də 'ʃɛrnə]	**Silberbarschfilets**
Linguado [liɲ'gwadu]	**Seezunge**
Pargo ['pargu]	**Seebrasse**
Peixe espada ['peiʃə‿'ʃpadɐ]	**Schwertfisch**
Pescada à portuguesa [pəʃ'kad‿a purtu'gezɐ]	**Schellfisch auf portugiesische Art**
Salmão grelhado [sal'mɐ̃u grə'ʎadu]	**gegrillter Lachs**
Sardinhas assadas [sɐr'diɲɐz‿ɐ'sadɐʃ]	**gegrillte Sardinen**
Tamboril [tɐ̃m'buril]	**Seeteufel**
Truta ['trutɐ]	**Forelle**

Mariscos	Meeresfrüchte
Amêijoas ao natural [ɐ'meiʒwez‿ɐu nɐtu'ral]	**Herzmuscheln Natur**
Camarão grelhado [kɐmɐ'rɐ̃u grə'ʎadu]	**gegrillte Krabben**
Cataplana (Algarve) [kɐtɐ'plɐnɐ]	**Pfannengericht aus Muscheln, Fisch bzw. Fleisch, Paprika, Zwiebeln**
Gambas na grelha ['gɐ̃mbɐʒ nɐ 'greʎɐ]	**gegrillte Garnelen**
Lagosta cozida [lɐ'goʃtɐ ku'zidɐ]	**gekochte Languste**
Lavagante [lɐvɐ'gɐ̃ntə]	**Hummer**
Lulas recheadas ['lulɐʃ ʀə'ʃjadɐʃ]	**gefüllter Tintenfisch**
Lulas à sevilhana ['lulɐz‿a səvi'ʎɐnɐ]	**gebackene Tintenfischringe**
Mexilhões de cebolada [məʃi'ʎõiʒ də səbu'ladɐ]	**Miesmuscheln mit Zwiebeln**

Carne	Fleischgerichte
Bife à portuguesa [bif‿a purtu'gezɐ]	**Portugiesisches Rindersteak**
Bife de cebolada ['bifə də səbu'ladɐ]	**Zwiebelsteak**
Cabrito [kɐ'britu]	**Zicklein**
Carne de porco à Alentejana ['karnə də 'porku a ɐlẽntə'ʒɐnɐ]	**Schweinefleisch mit Herzmuscheln**
Churrasco [ʃu'ʀaʃku]	**Fleisch vom Holzkohlengrill**

Costeleta de porco [kuʃtəˈletɐ də ˈporku]	**Schweinekotelett**
Dobrada [duˈbradɐ]	**Kutteln**
Escalope à milanesa [ʃkɐˈlɔp ‿a milɐˈnezɐ]	**paniertes Schnitzel mit Spaghetti und Tomatensauce**
Escalope de vitela [ʃkɐˈlɔpə də viˈtɛlɐ]	**Kalbsschnitzel**
Febras na grelha [ˈfebrɐʒ nɐ ˈgreʎɐ]	**gegrilltes Schweinefleisch**
Iscas [ˈiʃkɐʃ]	**gebratene Leber mit Knoblauch und Salzkartoffeln**
Leitão assado [leiˈtɐ̃u ɐˈsadu]	**Spanferkelbraten**
Língua de vaca [ˈliŋgwɐ də ˈvakɐ]	**Ochsenzunge**
Lombo de carneiro [ˈlõmbu də kɐrˈneiru]	**Hammelrücken**
Perna de vitela [ˈpɛrnɐ də viˈtɛlɐ]	**Kalbskeule**
Pimentões recheados [pimẽnˈtõiʒ ʀəˈʃjaduʃ]	**gefüllte Paprikaschoten**
Porco assado [ˈporku ɐˈsadu]	**Schweinebraten**
Rolinhos de carne [ruˈliɲuʒ də ˈkarnə]	**Rouladen**
Rosbife [ʀoʒˈbifə]	**Roastbeef**
Tripas (Norden) [ˈtripɐʃ]	**Kutteln**

Aves e caça	Geflügel und Wild
Bife de peru ['bifə də pə'ru]	**Truthahnsteak**
Codorniz [kudur'niʃ]	**Wachtel**
Coelho ['kweʎu]	**Kaninchen**
Frango assado ['frẽngu ɐ'sadu]	**gebratenes Hähnchen**
Lebre ['lɛbrə]	**Hase**
Pato ['patu]	**Ente**
Perdiz [pər'diʃ]	**Rebhuhn**

Legumes	Gemüse
Alcachofras [alkɐ'ʃɔfrɐʃ]	**Artischocken**
Alface [al'fasə]	**Kopfsalat**
Batatas [bɐ'tatɐʃ]	**Kartoffeln**
Beringelas fritas [bərĩ'ʒɛlɐʃ 'fritɐʃ]	**gebratene Auberginen**
Cenouras [sə'norɐʃ]	**Karotten**
Cogumelos [kugu'mɛluʃ]	**Pilze**
Ervilhas [ir'viʎɐʃ]	**Erbsen**
Espargos ['ʃparguʃ]	**Spargel**
Feijão-frade [fei'ʒɐ̃u 'fradə]	**Mönchsbohnen**
Feijão verde [fei'ʒɐ̃u 'verdə]	**Schnittbohnen**
Grão-de-bico [grɐ̃u də 'biku]	**Kichererbsen**
Grelos ['greluʃ]	**Weißrübenspross**
Pepinos [pə'pinuʃ]	**Gurken**

Sobremesa — Nachtisch

Arroz doce [ɐ'ʀoʒ 'dosə]	**Milchreis**
Compota de maçã [kõm'pɔtɐ də mɐ'sɐ̃]	**Apfelkompott**
Fruta da época ['frutɐ dɐ 'ɛpukɐ]	**Obst der Saison**
Gelado misto [ʒə'ladu 'miʃtu]	**gemischtes Eis**
Leite creme ['leitə 'krɛmə]	**Milchspeise**
Maçã assada [mɐ'sɐ̃ ɐ'sadɐ]	**Bratapfel**
Mousse de chocolate ['musə də ʃuku'late]	**Schokoladencreme**
Pudim flan [pu'dĩ flɐ̃]	**Karamellpudding**
Queijo da Serra ['keiʒu dɐ 'sɛʀɐ]	**Schafskäse aus der Estrela-Bergkette**
Tarte de amêndoa ['tartə d‿ɐ'mẽndwɐ]	**Mandelkuchen**

Lista de bebidas — Getränkekarte

Licores, Brandies, Aguardentes e Aperitivos

Liköre, Branntweine, Schnäpse und Aperitifs

Aguardente de figos [agwar'dẽntə də 'figuʃ]	**Feigenschnaps**
Bagaço [bɐ'gasu]	**Tresterschnaps**
Ginjinha [ʒĩ'ʒiɲɐ]	**Kirschschnaps**
Licor Beirão [li'kor bei'rɐ̃u]	**Kräuterlikör**
Macieira [mɐ'sjeirɐ]	**Portugiesischer Weinbrand**
Madeira [mɐ'deirɐ]	**Madeirawein**

Medronho [mə'droɲu]	**Baumerdbeerschnaps**
Porto ['portu]	**Portwein**

Vinhos	Weine
Vinho da casa ['viɲu dɐ 'kazɐ]	**Wein des Hauses**
Vinho branco ['viɲu 'brɐ̃ŋku]	**Weißwein**
Vinho tinto ['viɲu 'tĩntu]	**Rotwein**
Vinho rosé ['viɲu ro'ze]	**Roséwein**
Dão [dɐ̃u]	**Wein aus Mittelportugal**
Vinho verde ['viɲu 'verdə]	**leichter Wein mit natürlicher Säure**

Bebidas não alcoólicas	Alkoholfreie Getränke
Água mineral ['agwɐ minə'ral]	**Mineralwasser**
com/sem gás [kõ/sɐ̃i gaʃ]	**mit/ohne Kohlensäure**
Bica ['bikɐ]	**Schwarzer Kaffee** *(klein)*
Café (com leite) [kɐ'fɛ (kõ 'leitə)]	**Kaffee (mit Milch)**
Galão [gɐ'lɐ̃u]	**Milchkaffee im Glas**
Garoto [gɐ'rotu]	**Kleiner Kaffee mit Milch**
Chá com leite/limão [ʃa kõ 'leitə/li'mɐ̃u]	**Tee mit Milch/Zitrone**
Laranjada [lɐrɐ̃'ʒadɐ]	**Orangeade**
Limonada [limu'nadɐ]	**Limonade**
Sumo de laranja ['sumu də lɐ'rɐ̃ʒɐ]	**Orangensaft**

Besichtigungen und Ausflüge

Touristeninformation

Ich hätte gern einen Stadtplan von ...
Queria uma planta de ... [kə'riɐ 'umɐ 'plɐ̃ntɐ də]

Haben Sie einen Veranstaltungskalender für diese Woche?
Tem um programa dos espetáculos desta semana?
[tɐ̃i ũm pru'grɐmɐ duz‿əʃpɛ'takuluʒ 'dɛʃtɐ sə'mɐnɐ]

Gibt es Stadtrundfahrten?
Há excursões para visita à cidade?
[a ʃkur'sõiʃ 'pɐrɐ və'zit‿a si'dadə]

Was kostet denn die Rundfahrt, bitte?
Quanto custa a excursão, por favor?
['kwɐ̃ntu 'kuʃta ʃkur'sɐ̃u pur fɐ'vor]

Sehenswürdigkeiten – Museen

Öffnungszeiten, Führungen, Eintrittskarten

Können Sie mir bitte sagen, welche Sehenswürdigkeiten es hier gibt?
Pode-me dizer o que há aqui de interessante para ver?
['pɔdəmə di'zer u kja ɐ'ki d‿ĩntərə'sɐ̃ntə 'pɐrɐ ver]

Sie müssen unbedingt ... besichtigen/besuchen.
Não pode deixar de visitar/ir ver ...
[nɐ̃u 'pɔdə dei'ʃar də vəzi'tar/ir ver]

Wann ist das Museum geöffnet?
Quando é que o museu está aberto?
['kwɐ̃ndw‿ɛ kju mu'zeu ʃta ɐ'bɛrtu]

Wann beginnt die nächste Führung?
A que horas começa a próxima visita guiada?
[ɐ 'kjɔrɐʃ ku'mɛs‿a 'prɔsimɐ və'zitɐ 'gjadɐ]

Gibt es auch eine Führung in Deutsch?
Há também uma visita guiada em alemão?
[a tɐ̃m'bɐ̃i 'umɐ və'zitɐ 'gjad‿ɐ̃i ɐlə'mɐ̃u]

Darf man hier fotografieren?
Aqui podem-se tirar fotografias?
[ɐ'ki 'pɔdɐ̃isə ti'rar futugrɐ'fiɐʃ]

Zwei Eintrittskarten, bitte!
Duas entradas, faz favor!
['duɐz‿ẽn'tradɐʃ faʃ fɐ'vor]

Zwei Erwachsene und ein Kind.
Dois adultos e uma criança.
[doiz‿ɐ'dultuz‿i 'umɐ krj'ɐ̃sɐ]

Gibt es Ermäßigungen für ...
Há reduções para ... [a rədu'sõiʃ 'pɐrɐ]

... Kinder?
... crianças? [krj'ɐ̃sɐʃ]

... Studenten?
... estudantes universitários? [ʃtu'dɐ̃ntəz‿univərsi'tarjuʃ]

... Senioren?
... a terceira idade? [ɐ tər'seir‿i'dadə]

... Gruppen?
... grupos? ['grupuʃ]

Gibt es einen Katalog zur Ausstellung?
Há um catálogo da exposição?
[a ũ kɐ'talugu dɐ ʃpuzi'sɐ̃u]

Ausflüge

Wo fahren wir los?
Donde partimos? [ˈdõndə pɐrˈtimuʃ]

Wann treffen wir uns?
A que horas nos encontramos? [ɐ ˈkjɔrɐʒ nuz‿ẽnkõnˈtrɐmuʃ]

Kommen wir am/an ... vorbei?
Passamos por ...? [pɐˈsɐmuʃ pur]

Besichtigen wir auch ...?
Vamos visitar também ...? [ˈvɐmuʒ vəziˈtar tẽmˈbɐ̃i]

Wann fahren wir zurück?
A que horas voltamos? [ɐ ˈkjɔrɐʒ volˈtɐmuʃ]

Ausflug	a excursão [ɐ ʃkurˈsɐ̃u]
Aussichtspunkt	miradouro [mirɐˈdoru]
Berg	o monte [ˈmõntə]
Bergdorf	aldeia na serra [alˈdejɐ nɐ ˈsɛʀɐ]
Botanischer Garten	o jardim botânico [u ʒɐrˈdĩm buˈtɐniku]
Felswand	penha escarpada [ˈpɐ̃iɲ‿ʃkɐrˈpadɐ]
Fischerort	vila piscatória [ˈvilɐ piʃkɐˈtɔrjɐ]
Fluss	rio [ˈʀiu]
Flussmündung	a foz [ɐ ˈfɔʃ]
Freilichtmuseum	o museu ao ar livre [u muˈzeu au ar ˈlivrə]
Freizeitpark	o parque de diversões [u ˈparkə də divərˈsõiʃ]
Gebirge	serra [ˈsɛʀɐ], as montanhas [ɐʒ mõnˈtɐɲɐʃ]

Gipfel	o cume [u 'kumə]
Grotte	gruta ['grutɐ]
Hafenanlagen	o cais [u 'kɐiʃ] , as docas [ɐʒ 'dɔkɐʃ]
Hinterland	o interior [u ĩnte'rjor]
Höhle	caverna [kɐ'vɛrnɐ]
Inselrundfahrt	a excursão pela ilha [ɐ ʃkur'sɐ̃u 'pelɐ 'iʎɐ]
Kap	cabo ['kɐbu]
Landschaft	a paisagem [ɐ pai'zaʒɐ̃i]
Lava	lava ['lavɐ]
Leuchtturm	o farol [u fɐ'rɔl]
Markt	mercado [mər'kadu]
Museumsdorf	aldeia-museu [al'dejɐ mu'zeu]
Nationalpark	o parque nacional [u 'parkə nɐsju'nal]
Naturschutzgebiet	reserva natural [ʀə'zɛrvɐ nɐtu'ral]
Pass	desfiladeiro [dəʃfilɐ'deiru]
Quelle	a fonte [ɐ 'fõntə], a nascente [ɐ nɐʃ'sẽntə]
Rundfahrt	a excursão [ɐ ʃkur'sɐ̃u]
Schlucht	barranco [bɐ'ʀɐ̃nku]
See *(Meer)*	o mar [u mar]
(Binnengewässer)	lago ['lagu]
Staudamm	a barragem [ɐ bɐ'ʀaʒɐ̃i]
Steilküste	falésia [fɐ'lɛzjɐ]
Tagesausflug	a excursão/o passeio de um dia [ɐ ʃkur'sɐ̃u/u pɐ'seju d‿ũ 'diɐ]
Tal	o vale [u 'valə]
Tropfsteinhöhle	gruta de estalactites e estalagmites ['grutɐ də‿ʃtɐlɐk'titəz‿i ʃtɐlɐg'mitəʃ]
Umgebung	os arredores [uz‿ɐʀə'dɔrəʃ]
Vogelschutzgebiet	reserva ornitológica [ʀə'zɛrv‿ɔrnitu'lɔʒikɐ]

Vulkan	o vulcão [u vul'kẽu]
Wald	floresta [flu'rɛʃtɐ], mata ['matɐ]
Waldbrand	incêndio florestal [ĩ'sẽndju flurəʃ'tal]
Wallfahrtsort	o lugar de peregrinação/de romaria [u lu'gar də pərəgrinɐ'sẽu/də ʀumɐ'riɐ]
Wasserfall	queda de água ['kɛdɐ d‿'agwɐ]
Wildpark	o parque zoológico [u 'parkə zuu'lɔʒiku]
Zoo	o jardim zoológico [u ʒɐr'dĩ zuu'lɔʒiku]

Strand

Entschuldigen Sie bitte, gibt es hier ein ...
Desculpe, há aqui uma ...
[a ɐ'ki 'umɐ]

Schwimmbad?
piscina?
[pəʃ'sinɐ]

Freibad?
piscina ao ar livre?
[pəʃ'sin‿au ar 'livrə]

Hallenbad?
piscina coberta?
[pəʃ'sinɐ ku'bɛrtɐ]

Ich möchte ... mieten.
Queria alugar ...
[kə'ri‿alu'gar]

einen Liegestuhl
uma cadeira de repouso/de praia.
['umɐ kɐ'deirɐ də rə'pozu/də 'prajɐ]

Sonnenschirm
um guarda-sol.
[ũm 'gwardɐ sɔl]

Was kostet das pro Stunde/Tag?
Quanto se paga por hora/por dia?
['kwɐ̃ntu sə 'pagɐ pur‿'ɔrɐ/pur 'diɐ]

Ist der Strand sandig/steinig?
A praia é de areia/pedregosa?
[ɐ 'prajɐ ɛ d‿ɐ'rejɐ/pədrə'gozɐ]

Gibt es hier Seeigel/Quallen/Algen?
Há aqui ouriços-do-mar/alforrecas/algas?
[a ɐ'ki o'risuʒ du mar/alfu'ʀɛkɐʃ/'algɐʃ]

Ist die Strömung stark?
A corrente é forte?
[ɐ ku'ʀẽnt‿ɛ 'fɔrtə]

Shoppen und Einkaufen

Fragen

Ich suche ...

Werden Sie schon bedient?
Já está a ser atendido/atendida? [ʒa ʃta ɐ ser ɐtẽn'didu/ɐtẽn'didɐ]

Ich möchte ...
Queria ... [kə'riɐ]

Danke, ich sehe mich nur um.
Obrigado/Obrigada, eu quero só ver.
[obri'gadu/obri'gadɐ eu 'kɛru sɔ ver]

Haben Sie ...?
Tem ...? [tɐ̃i]

Darf es sonst noch etwas sein?
Mais alguma coisa? [maiz‿al'gumɐ 'koizɐ]

Handeln und kaufen

Wie viel kostet das?
Quanto custa? ['kwɐ̃ntu 'kuʃtɐ]

Das ist aber teuer!
É caro! [ɛ 'karu]

Geben Sie einen Rabatt?
Faz um desconto? [faz‿ũ dəʃ'kõntu]

Gut, ich nehme es.
Está bem, compro. [ʃta bɐ̃i 'kõmpru]

Nehmen Sie Kreditkarten?
Aceitam cartões de crédito? [ɐ'seitɐ̃u kɐr̥'tõiʒ də 'krɛditu]

Geschäfte

Entschuldigen Sie bitte, wo finde ich ...?
Desculpe, onde encontro...? [dəʃ'kulp‿'õnd‿ẽŋ'kõn'tru]

Antiquitätengeschäft	antiquário [ɐ̃nti'kwarju]
Apotheke	farmácia [fɐr'masjɐ]
Bäckerei	padaria [padɐ'riɐ]
Blumengeschäft	florista [flu'riʃtɐ]
Boutique	a boutique [ɐ bu'tikə]
Buchhandlung	livraria [livrɐ'riɐ]
Computerfachgeschäft	loja de computadores ['lɔʒɐ də kõmputɐ'dorəʃ]
Drogerie	drogaria [drugɐ'riɐ]
Einkaufszentrum	centro comercial ['sẽntru kumərsi'al]
Eisenwarengeschäft	loja de ferragens ['lɔʒɐ də fə'ʀaʒɐ̃iʃ]
Elektrohandlung	loja de artigos elétricos ['lɔʒɐ d‿ɐr'tiguz‿i'lɛtrikuʃ]
Feinkostgeschäft	charcutaria fina [ʃɐrkutɐ'riɐ 'finɐ]
Fischgeschäft	peixaria [peiʃɐ'riɐ]
Flohmarkt	feira da ladra ['feirɐ dɐ 'ladrɐ]
Fotogeschäft	loja de artigos fotográficos ['lɔʒɐ d‿ɐr'tiguʃ futu'grafikuʃ]
Friseur	*(für Damen)* cabeleireiro [kɐbəlei'reiru] *(für Herren)* barbearia [bɐrbjɐ'riɐ]
Handygeschäft	loja de telemóveis (*Br* celulares) ['lɔʒɐ də tɛlɛ'mɔveiʃ (selu'larəs)]
Haushaltswaren	os artigos domésticos [uz‿ɐr'tiguʒ du'mɛʃtikuʃ]
Juwelier	joalharia [ʒwɐʎɐ'riɐ]

Kaufhaus	o grande armazém [u 'grend͜arme'zẽi]
Konditorei	pastelaria [peʃtəle'rie], confeitaria [kõfeite'rie]
Kunsthändler	o comerciante de objetos de arte [u kumərsi'ẽntə d͜ɔb'ʒɛtuʒ d͜'artə]
Lebensmittelgeschäft	mercearia [mərsje'rie]
Lederwarengeschäft	loja de artigos de couro/pele ['lɔʒe d͜er'tiguʒ də 'koru/'pɛlə]
Markt	mercado [mər'kadu]
Metzgerei	talho ['taʎu]; *(Br)* o açougue [u a'sogi]
Obst- und Gemüse-händler	frutaria e hortaliças [frute'rie i orte'liseʃ]
Optiker	o oculista [u ɔku'liʃte]
Parfümerie	perfumaria [pərfume'rie]
Partyservice	a organização de eventos [e orgenize'sẽu d͜i'vẽntuʃ]
Reformhaus	loja de produtos dietéticos ['lɔʒe də pru'dutuʒ dje'tɛtikuʃ]
Reinigung	tinturaria [tĩnture'rie]
Reiseandenken	as lembranças [eʃ lẽm'brẽseʃ]
Reisebüro	agência de viagens [e'ʒẽsje də 'vjaʒẽiʃ]
Schneider/in	o alfaiate [u alfe'jatə], a modista [e mu'diʃte]
Schreibwarengeschäft	papelaria [pepəle'rie]
Schuhgeschäft	sapataria [sepete'rie]
Schuhmacher	sapateiro [sepe'teiru]
Souvenirladen	loja de recordações turísticas ['lɔʒe də rəkurde'sõiʃ tu'riʃtikeʃ]

Spielwarengeschäft	loja de brinquedos ['lɔʒɐ də brĩŋ'keduʃ]
Spirituosengeschäft	loja de bebidas alcoólicas ['lɔʒɐ də bə'bidɐz‿al'kwɔlikɐʃ]
Sportgeschäft	loja de artigos de desporto (*Br* esporte) [('lɔʒɐ d‿)ɐr'tiguʒ də dəʃ'portu (is'pɔrti)]
Supermarkt	supermercado [supɛrmər'kadu]
Tabakladen	tabacaria [tɐbɐkɐ'riɐ]
Trödler	ferro-velho ['fɛʀu 'vɛʎu]
Uhrmacher	relojoeiro [ʀəlu'ʒweiru]
Wäscherei	lavandaria [lɐvẽndɐ'riɐ]
Waschsalon	o salão de lavandaria [u sɐ'lɐ̃u də lɐvẽndɐ'riɐ]
Weinhandlung	o armazém de vinhos [u armɐ'zɐ̃i də 'viɲuʃ]
Wurstwarengeschäft	charcutaria [ʃɐrkutɐ'riɐ]
Zeitungshändler	o vendedor de jornais [u vẽndə'dor də ʒur'naiʃ]

Haushaltswaren

Abfallbeutel	saco do lixo ['saku du 'liʃu]
Alufolie	folha de alumínio ['foʎɐ d‿ɐlu'minju]
Bindfaden	o cordel [u kur'dɛl]
Dosenöffner	o abre-latas [u 'abrə 'latɐʃ]
Draht	o arame [u ɐ'rɐmə]
Flaschenöffner	o abre-cápsulas [u 'abrə 'kapsulɐʃ]
Frischhaltefolie	película transparente [pə'likulɐ trɐ̃nʃpɐ'rẽntə]
Gabel	garfo ['garfu]
Glas	copo ['kɔpu]

Grill	o grelhador [u grəʎɐ'dor]
Grillanzünder	as acendalhas [ɐz‿ɐsẽn'daʎɐʃ]
Grillkohle	o carvão [u kɐr'vɐ̃u]
Haushaltswaren	os artigos domésticos [uz‿ɐr'tiguʒ du'mɛʃtikuʃ]
Kerzen	as velas [ɐʒ 'vɛlɐʃ]
Korkenzieher	o saca-rolhas [u 'sakɐ 'ʀoʎɐʃ]
Kühlelement	o acumulador térmico [u ɐkumulɐ'dor 'tɛrmiku]
Kühltasche	mala térmica ['malɐ 'tɛrmikɐ]
Löffel	a colher [ɐ ku'ʎɛr]
Messer	faca ['fakɐ]
Nadel	agulha [ɐ'guʎɐ]
Papierservietten	os guardanapos de papel [uʒ gwɐrdɐ'napuʒ də pɐ'pɛl]
Plastikbecher	copo de plástico ['kɔpu də 'plaʃtiku]
Plastikbeutel	saquinho de plástico [sɐ'kiɲu də 'plaʃtiku]
Sicherheitsnadel	o alfinete de segurança [u alfi'netə də səgu'rẽnsɐ]
Schere	tesoura [tə'zorɐ]
Taschenmesser	o canivete [u kɐni'vɛtə]
Thermosflasche®	o termos [u 'tɛrmuʃ]
Wäscheklammern	as molas para a roupa [ɐʒ 'mɔlɐʃ 'pɐra 'ʀopɐ]
Wäscheleine	corda para estender roupa ['kɔrdɐ 'pɐrɐ ʃtẽn'der 'ʀopɐ]

Lebensmittel

Was darf es sein?
O que deseja? [u kə də'zeʒɐ]

Geben Sie mir bitte ...
Dê-me, faz favor, ... ['demə faʃ fɐ'vor]

ein Kilo ...
um quilo de ... [ũ 'kilu də]

10 Scheiben ...
10 fatias de ... [dɛʃ fɐ'tiɐʒ də]

ein Stück von ...
um bocado de ... [ũ bu'kadu də]

eine Packung ...
uma embalagem de ... [um‿ẽmbɐ'laʒẽi də]

ein Glas ...
um frasco de [ũ 'fraʃku də]

eine Dose ...
uma lata de ... ['umɐ 'latɐ də]

eine Flasche ...
uma garrafa de ... ['umɐ gɐ'ʀafɐ də]

eine Einkaufstüte.
um saco. [ũ 'saku]

Bitte schneiden Sie es in Scheiben.
Faz favor, corte às fatias. [faʃ fɐ'vor 'kɔrt‿aʃ fɐ'tiɐʃ]

Darf es auch etwas mehr sein?
Pode ser um pouco mais? ['pɔdə ser‿ũm 'poku maiʃ]

Darf es noch etwas sein?
Mais alguma coisa? [maiz‿al'gumɐ 'koizɐ]

Dürfte ich vielleicht etwas hiervon probieren?
Posso provar um pouco disto?
['pɔsu pru'var‿ũm 'poku 'diʃtu]

Danke, das ist alles.
Obrigado/Obrigada, é tudo.
[obri'gadu/obri'gadɐ ɛ 'tudu]

Farben

blau	azul [ɐ'zul]
braun	castanho [kɐʃ'tɐɲu] (*Br*) marrom [ma'ʀõ]
einfarbig	só de uma cor [sɔ d‿'umɐ kor]
farbig	de cor [də kor]
gelb	amarelo [ɐmɐ'rɛlu]
goldfarben	dourado [do'radu]
grau	cinzento [sĩ'zẽntu] (*Br*) cinza ['sĩzɐ]
grün	verde ['verdə]
orange	cor-de-laranja [kor də lɐ'rẽʒɐ]
rosa	cor-de-rosa [kor də 'ʀɔzɐ]
rot	vermelho [vər'meʎu], encarnado [ə̃ŋkɐr'nadu]
schwarz	preto ['pretu], negro ['negru]
silberfarben	prateado [prɐ'tjadu]
türkis	turquesa [tur'kezɐ]
weiß	branco ['brɐ̃ŋku]

Für alle Fälle

Gesundheit

In der Apotheke

Könnten Sie mir bitte sagen, wo die nächste Apotheke (mit Nachtdienst) ist?
Pode-me dizer onde é a farmácia (de serviço) mais próxima?
['pɔdəmə di'zer 'ond‿ɛ ɐ fɐr'masjɐ (də sər'visu) maiʃ 'prɔsimɐ]

Könnten Sie mir bitte etwas gegen ... geben?
Pode-me dar qualquer coisa para ..., faz favor?
['pɔdəmə dar kwal'kɛr 'koizɐ 'pɐrɐ ... faʃ fɐ'vor]

Dieses Mittel ist verschreibungspflichtig.
Este medicamento só pode ser vendido com receita médica.
['eʃtə mədikɐ'mẽntu sɔ 'pɔdə ser vẽn'didu kõ rə'seitɐ 'mɛdikɐ]

Abführmittel *(rezeptpflichtig!)*	o laxativo [u lɐʃɐ'tivu]
Aspirin	aspirina [ɐʃpi'rinɐ]
Augentropfen	as gotas oftálmicas [ɐʒ 'gotɐz‿ɔf'talmikɐʃ]
Beruhigungsmittel	o calmante [u kal'mẽntə]
Brandsalbe	pomada para queimaduras [pu'madɐ 'pɐrɐ keimɐ'durɐʃ]
Desinfektionsmittel	o desinfetante [u dəzĩfɛ'tẽntə]
Elastikbinde	ligadura elástica [ligɐ'dur‿i'laʃtikɐ]
Fieberthermometer	termómetro (ô) [tər'mɔmətru]
Halstabletten	os comprimidos para a garganta [uʃ kõmpri'miduʃ 'pɐr‿a gɐr'gẽntɐ]
Hustensaft	o xarope para a tosse [u ʃɐ'rɔpə 'pɐr‿a 'tɔsə]
Läuse	piolhos [pi'oʎuʃ]

Mittel gegen Insektenstiche	produto contra picadas de insetos [pruˈdutu ˈkõntrɐ piˈkadɐʒ d‿ĩnˈsɛtuʃ]

Beipackzettel

Composição	**Zusammensetzung**
Indicações terapêuticas	**Anwendungsgebiete**
Contraindicações	**Gegenanzeigen**
Efeitos secundários	**Nebenwirkungen**
Interações medicamentosas	**Wechselwirkungen**

Posologia: / Dosierungsanleitung:

Posologia:	Dosierungsanleitung:
tomar 1 x/várias vezes por dia ...	**1 x/mehrmals täglich ... einnehmen**
... um comprimido	**1 Tablette**
... vinte gotas	**20 Tropfen**
... uma medida	**1 Messbecher**
antes das refeições	**vor dem Essen**
depois das refeições	**nach dem Essen**
em jejum	**auf nüchternen Magen**
engolir sem trincar, com um pouco de líquido	**unzerkaut mit etwas Flüssigkeit einnehmen**
desfazer num pouco de água	**in etwas Wasser auflösen**
deixar desfazer na boca	**im Mund zergehen lassen**
uso externo	**äußerlich**
aplicar em camada fina sobre a pele e friccionar	**dünn auf die Haut auftragen und einreiben**

latentes	**Säuglinge**
crianças (até aos ... anos)	**Kleinkinder (bis zu ... Jahren)**
crianças em idade escolar	**Schulkinder**
jovens	**Jugendliche**
adultos	**Erwachsene**
Mantenha fora do alcance das crianças!	**Für Kinder unzugänglich aufbewahren!**

Insulin	insulina [ĩsu'linɐ]
Jod(tinktur)	tintura de iodo [tĩn'turɐ d‿'jodu]
Kamillentinktur	tintura de camomila [tĩn'turɐ də kɐmu'milɐ]
Kondom	preservativo [prəzərvɐ'tivu]
Kopfschmerztabletten	os comprimidos para a dor de cabeça [uʃ kõmpri'miduʃ 'pɐr‿a dor də kɐ'besɐ]
Kreislaufmittel	remédio para a circulação [ʀə'mɛdju 'pɐr‿a sirkulɐ'sɐ̃u]
Medikament	medicamento [mədikɐ'mẽntu]
Mittel	remédio [ʀə'mɛdju]
Mullbinde	a gaze [ɐ 'gazə]
Ohrentropfen	as gotas para os ouvidos [ɐʒ 'gotɐʃ 'pɐr‿uz‿o'viduʃ]
Pflaster	adesivo [ɐdə'zivu]
Puder	(o pó de) talco [(u pɔ də) 'talku]
Rezept	receita [ʀə'seitɐ]
Salbe	pomada [pu'madɐ]
Schlaftabletten	os soníferos [uʃ su'nifəruʃ]
Schmerztabletten	os comprimidos contra as dores [uʃ kõmpri'miduʃ 'kõntraʒ 'dorəʃ]

Sonnenbrandsalbe	pomada para queimaduras do sol [pu'madɐ 'pɐrɐ keimɐ'durɐʒ du sɔl]
Tablette	comprimido [kõmpri'midu]
Tropfen	as gotas [ɐʒ 'gotɐʃ]
Vitamintabletten	(comprimidos de) vitaminas [kõmpri'miduʒ də vitɐ'minɐʃ]
Watte	o algodão hidrófilo [u algu'dɐ̃u i'drɔfilu]
Zäpfchen	supositório [supuzi'tɔrju]

Beschwerden

Was für Beschwerden haben Sie?
De que se queixa? [də kə sə 'keiʃɐ]

Ich habe Fieber.
Tenho febre. ['teɲu 'fɛbrə]

Mir ist oft schlecht/übel.
Sinto-me mal com frequência. ['sĩntumə mal kõ frə'kwẽsjɐ]

Mir ist oft schwindlig.
Tenho vertigens com frequência. [teɲu vər'tiʒɐ̃iʃ kõ frə'kwẽsjɐ]

Ich bin ohnmächtig geworden.
Desmaiei. [dəʃmɐ'jei]

Ich bin stark erkältet.
Estou muito constipado (*Br* resfriado).
[ʃto 'mũintu kõʃti'padu (ʀes'frjadu)]

Ich habe Kopfschmerzen/Halsschmerzen.
Dói-me a cabeça/a garganta. ['dɔim‿ɐ kɐ'besɐ/‿ɐ gɐr'gɐ̃ntɐ]

Ich habe Husten.
Tenho tosse ['teɲu 'tɔsə]

Ich bin ...
Fui ... [fui]

gestochen worden.
picado. [pi'kadu]

gebissen worden.
mordido. [mur'didu]

Ich habe mir den Magen verdorben.
Comi qualquer coisa que me faz mal.
[ku'mi kwal'kɛr 'koizɐ kə mə feʒ mal]

Ich habe ...
Tenho ... ['teɲu]

Durchfall.
diarreia. [djɐ'ʀɛjɐ]

Verstopfung.
prisão de ventre. [pri'zɐ̃u də 'vẽntrə]

Ich vertrage das Essen/die Hitze nicht.
Não me dou bem com a comida/o calor.
[nɐ̃u mə do bɐ̃i kõ ɐ ku'midɐ/u kɐ'lor]

Ich habe mich verletzt.
Feri-me. [fə'rimə]

Ich bin gestürzt.
Caí. [kɐ'i]

Können Sie mir bitte etwas gegen ... geben/verschreiben?
Pode-me dar/receitar qualquer coisa para ..., faz favor.
['pɔdəmə dar/ʀəsei'tar kwal'kɛr 'koizɐ 'pɐrɐ faʃ fɐ'vor]

Normalerweise nehme ich ...
Normalmente tomo ... [nɔrmal'mẽntə 'tomu]

Ich habe einen hohen/niedrigen Blutdruck.
Tenho a tensão arterial (*Br* pressão sanguínea) alta/baixa. [teɲ‿ɐ tẽ'sɐ̃u ɐrtə'rjal (pre'sɐ̃u sẽŋ'ginjɐ) 'altɐ/'baiʃɐ]

Ich bin Diabetiker.
Sou diabético. [so djɐ'bɛtiku]

Ich bin schwanger.
Estou grávida. [ʃto 'gravidɐ]

Ich hatte vor kurzem ...
Tive há pouco tempo ... ['tiv‿a 'poku 'tẽmpu]

Arztbesuch

Könnten Sie mir einen/eine... empfehlen?
Pode-me indicar um/uma ... ['pɔdəm‿ĩndi'kar‿ũm/'umɐ]

Arzt/Ärztin
médico/médica ['mɛdiku/'mɛdikɐ]

Augenarzt
oftalmologista? [ɔftalmulu'ʒiʃtɐ]

Frauenarzt
ginecologista? [ʒinəkulu'ʒiʃtɐ]

Hals-Nasen-Ohren-Arzt
otorrinolaringologista? [ɔtoʀinolɐrĩŋgulu'ʒiʃtɐ]

Hautarzt
dermatologista? [dɛrmɐtulu'ʒiʃtɐ]

Kinderarzt
pediatra? [pə'djatrɐ]

Praktischen Arzt
médico de clínica geral? ['mɛdiku də 'klinikɐ ʒə'ral]

Urologen
urologista? [urulu'ʒiʃtɐ]

Zahnarzt
dentista? [dẽn'tiʃtɐ]

Wo ist ihre/seine Praxis?
Onde é o consultório? ['õnd‿ɛ u kõsul'tɔrju]

Untersuchung

Was kann ich für Sie tun?
Em que posso ajudá-lo? [ɐ̃i kə 'pɔsu ɐʒu'dalu]

Wo tut es weh?
Onde é que lhe dói? ['õnd‿ɛ kə ʎə dɔi]

Ich habe hier Schmerzen.
Dói-me aqui. ['dɔim‿ɐ'ki]

Bitte, machen Sie sich/Ihren Arm frei.
Dispa-se/Ponha o braço a descoberto, faz favor.
['diʃpɐsə/'poɲɐ u 'brasu ɐ dəʃku'bɛrtu faʃ fɐ'vor]

Bitte tief einatmen. Atem anhalten.
Respire fundo. Contenha a respiração.
[ʀəʃ'pirə 'fũndu. kõn'teɲ‿a ʀəʃpirɐ'sɐ̃u]

Ich brauche eine Blut-/Urinprobe.
É preciso uma análise de sangue/urina.
[ɛ prə'sizu um‿a'nalizə də 'sɐ̃ŋgə/u'rinɐ]

Sie müssen geröntgt werden.
Tem que tirar uma radiografia. [tɐ̃i ke ti'rar‿'umɐ ʀadjugrɐ'fiɐ]

Sie müssen operiert werden.
Tem de ser operado/operada. [tɐ̃i də ser‿opə'radu/‿opə'radɐ]

Sie sollten ein paar Tage Bettruhe halten.
Deve ficar uns dias de cama. ['dɛvə fi'kar‿ũʒ 'diɐʒ də 'kɐmɐ]

Es ist nichts Ernstes.
Não é nada de grave. [nɐ̃u ɛ 'nadɐ də 'gravə]

Haben Sie einen Impfschein?
Tem um certificado de vacina? [tɐ̃i ũ sərtəfi'kadu də vɐ'sinɐ]

Ich bin gegen ... geimpft.
Estou vacinado/vacinada contra ...
[ʃto vɐsi'nadu/vɐsi'nadɐ 'kõntrɐ]

Beim Zahnarzt

Ich habe (starke) Zahnschmerzen.
Tenho uma (grande) dor de dentes.
['teɲ‿'umɐ ('grɐ̃ndə) dor də 'dẽntəʃ]

Dieser Zahn (oben/unten/vorn/hinten) tut weh.
Dói-me este dente (em cima/em baixo/à frente/atrás).
['dɔim‿'eʃtə 'dẽntə (ɐ̃i 'simɐ/ɐ̃i 'baiʃu/a 'frẽntə/ɐ'traʃ)]

Ich habe eine Füllung verloren.
Caíu-me um chumbo. [kɐ'ium‿ũ 'ʃũmbu]

Mir ist ein Zahn abgebrochen.
Partiu-se-me um dente. [pɐr'tiusəm‿ũ 'dẽntə]

Ich behandle ihn nur provisorisch.
Vou-lhe fazer só um tratamento provisório.
['voʎə fɐ'zer sɔ ũ trɐtɐ'mẽntu pruvi'zɔrju]

Geben Sie mir bitte eine Spritze.
Por favor, dê-me uma injeção. [pur fɐ'vor 'dem‿'um‿ĩʒɛ'sɐ̃u]

Geben Sie mir bitte keine Spritze.
Por favor, não me dê injeção.
[pur fɐ'vor nɐ̃u mə de ĩʒɛ'sɐ̃u]

Backenzahn	o dente molar [u 'dẽntə mu'lar]
Brücke	a ponte [ɐ 'põntə]
Kiefer	maxila [ma'ksilɐ]
Krone	coroa [ku'roɐ]
Loch	buraco [bu'raku]
Plombe	chumbo ['ʃũmbu]
Prothese	a prótese [ɐ 'prɔtəzə]
Schneidezahn	o dente incisivo [u 'dẽntə ĩnsi'zivu]
Weisheitszahn	o dente do siso [u 'dẽntə du 'sizu]
Zahn	o dente [u 'dẽntə]
Zahnfleisch	gengiva [ʒẽ'ʒivɐ]
Zahnschmerzen	a dor de dentes [ɐ dor də 'dẽntəʃ]
ziehen	arrancar [ɐʀẽŋ'kar]

Bank

Können Sie mir bitte sagen, wo hier eine Bank ist?
Pode-me dizer onde há aqui um banco?
['pɔdəmə di'zer 'õnd‿a ɐ'ki ũ 'bɐ̃ŋku]

Darf ich bitte ... sehen?
Pode-me mostrar ..., faz favor? ['pɔdəmə muʃ'trar‿... faʃ fɐ'vor]

Ihren Ausweis
o seu bilhete (*Br* a sua carteira) de identidade
[u seu bə'ʎetə (a 'sua kar'terɐ) d‿idẽnti'dadə]

Ihren Pass
o seu passaporte [u seu pasɐ'pɔrtə]

Würden Sie bitte hier unterschreiben?
Assine aqui, faz favor. [ɐ'sin‿ɐ'ki faʃ fɐ'vor]

Der Geldautomat akzeptiert meine Karte nicht.
A máquina do multibanco não aceita o meu cartão.
[ɐ 'makinɐ du multi'bɐ̃ŋku nɐ̃u ɐ'seitɐ u meu kɐr'tɐ̃u]

Der Geldautomat gibt meine Karte nicht mehr heraus.
A máquina do multibanco não me devolve o meu cartão.
[ɐ 'makinɐ du multi'bɐ̃ŋku nɐ̃u mə də'vɔlv‿u meu kɐr'tɐ̃u]

auszahlen	pagar [pɐ'gar]
Bank	banco ['bɐ̃ŋku]
Bankkarte	o cartão multibanco [u kɐr'tɐ̃u multi'bɐ̃ŋku]
bar	a dinheiro [ɐ də'ɲeiru], a pronto [ɐ 'prõntu]
Bargeld	dinheiro numerário [də'ɲeiru numə'rarju]
Bearbeitungsgebühr	a comissão [ɐ kumi'sɐ̃u]

Betrag	importância [ĩmpur'tẽsjɐ], quantia [kwẽn'tiɐ]
Cent	cêntimo ['sẽntimu]
Chipkarte	o cartão de identificação eletrónica [u kɐr'tɐ̃u d‿idẽntəfikɐ'sɐ̃u ilɛ'trɔnikɐ]
Devisen	as divisas [ɐʒ də'vizɐʃ]
Euro	euro ['euru]
Formular	impresso [ĩm'prɛsu]
Geheimzahl	código secreto ['kɔdigu sə'krɛtu]
Geld	dinheiro [də'ɲeiru]
Geldautomat	multibanco [multi'bɐ̃ŋku]
Geldschein	nota ['nɔtɐ]
Geldwechsel	câmbio ['kɐ̃mbju]
Kleingeld	dinheiro miúdo [də'ɲeiru 'mjudu], troco ['troku]
Konto	conta ['kõntɐ]
Kreditkarte	o cartão de crédito [u kɐr'tɐ̃u də 'krɛditu]
Ladeterminal	multibanco para carregar [multi'bɐ̃ŋku 'pɐrɐ kɐʀə'gar]
Münze	moeda ['mwɛdɐ]
Quittung	recibo [ʀə'sibu]
Reisescheck	o traveller [u 'trɐvəlɛr]
Scheck	o cheque [u 'ʃɛkə]
einen Scheck ausstellen	passar um cheque [pɐ'sar‿ũ 'ʃɛkə]

Schweizer Franken	franco suíço ['frẽŋku 'swisu]
Überweisung	transferência [trẽʃfə'rẽsjɐ]
umtauschen	trocar [tru'kar]
Unterschrift	assinatura [ɐsinɐ'turɐ]
Währung	moeda ['mwɛdɐ]
Wechselkurs	(taxa) de câmbio [('taʃɐ də) 'ka~mbju]
Zahlung	pagamento [pɐgɐ'mẽntu]

Internetcafé

Wo gibt es in der Nähe ein Internetcafé?
Onde há aqui um internet café? ['õnd‿a ɐ'ki ũ ĩntɐr'nɛtə kɐ'fɛ]

Wie viel kostet eine Stunde?/Viertelstunde?
Quanto custa uma hora?/um quarto de hora?
['kwẽntu 'kuʃt‿'umɐ 'ɔrɐ/ũ 'kwartu d‿'ɔra]

Ich möchte eine E-Mail senden.
Queria mandar um e-mail. [kə'riɐ mẽn'dar ũ i'meil]

Kann ich von hier ein Fax versenden?
Posso mandar um fax daqui? ['pɔsu mẽn'dar ũ faks dɐ'ki]

Kann ich eine Seite ausdrucken?
Posso imprimir uma página? ['pɔsu ĩmprə'mir 'umɐ 'paʒinɐ]

Bei mir klappt die Verbindung nicht.
Não consigo ligação. [nɐ̃u kõ'sigu ligɐ'sɐ̃u]

Ich habe Probleme mit dem Computer.
Tenho problemas com o computador.
['teɲu pru'blemɐʃ kõ u kõmputɐ'dor]

Polizei

Könnten Sie mir bitte sagen, wo das nächste Polizeirevier ist?
Pode-me dizer onde é a esquadra da polícia mais próxima?
[ˈpɔdəmə diˈzer ˈõnd‿ɛ ɐ ˈʃkwadrɐ dɐ puˈlisjɐ maiʃ ˈprɔsimɐ]

Ich möchte ... anzeigen.
Quero participar ... [ˈkɛru pɐrtəsiˈpar‿...]

einen Diebstahl
um roubo. [ũ ˈʀobu]

einen Überfall
um assalto. [ũ ɐˈsaltu]

Mir ist ... gestohlen worden.
Roubaram-me ... [ʀoˈbarɐ̃um‿...]

die Handtasche
a mala de mão (*Br* a bolsa). [‿ɐ ˈmalɐ də maˈ̃u (a ˈbolsɐ)]

die Brieftasche
a carteira. [‿ɐ kɐrˈteirɐ]

mein Fotoapparat
a máquina fotográfica. [‿a ˈmakinɐ futuˈgrafikɐ]

mein Auto/mein Fahrrad
o carro/a bicicleta. [‿u ˈkaʀu/‿ɐ bəsiˈklɛtɐ]

Mein Auto ist aufgebrochen worden.
Arrombaram-me a porta do carro.
[ɐʀõmˈbarɐ̃um‿ɐ ˈpɔrtɐ du ˈkaʀu]

Aus meinem Auto ist ... gestohlen worden.
Roubaram-me do carro ... [ʀoˈbarɐ̃umə du ˈkaʀu]

Mein Sohn/Meine Tochter ist verschwunden.
O meu filho/A minha filha desapareceu.
[u meu 'fiʎu/ɐ 'miɲɐ 'fiʎɐ dəzɐpɐrə'seu]

Dieser Mann belästigt mich.
Este homem está-me a importunar. ['eʃtj‿'ɔmɐ̃i 'ʃtam‿ɐ ĩmpurtu'nar]

Können Sie mir bitte helfen?
Pode-me ajudar, por favor? ['pɔdəm‿ɐʒu'dar pur fɐ'vor]

Wann genau ist das passiert?
A que horas exatas é que isso aconteceu?
[ɐ 'kjɔrɐʒ‿i'zatɐz‿ɛ kə 'isu ɐkõntə'seu]

Ihren Namen und Ihre Anschrift, bitte.
O seu nome e endereço, por favor.
[u seu 'nom‿i ẽndə'resu pur fɐ'vor]

Wenden Sie sich bitte an das deutsche/österreichische/ Schweizer Konsulat.
Dirija-se, faz favor, ao consulado alemão/austríaco/suíço.
[di'riʒɐsə faʃ fɐ'vor‿ɐu kõsu'ladu ɐlə'mɐ̃u/auʃ'triɐku/'swisu]

anzeigen	participar [pɐrtəsi'par]
aufbrechen	arrombar [ʀɐʀõm'bar]
Autoradio	rádio de automóvel ['ʀadju d‿autu'mɔvɛl]
belästigen	importunar [ĩmpurtu'nar]
beschlagnahmen	confiscar [kõnfiʃ'kar]
Brieftasche	carteira [kɐr'teirɐ]
Dieb	o ladrão [u lɐ'drɐ̃u]
Diebstahl	roubo ['ʀobu]
Gefängnis	a prisão [ɐ pri'zɐ̃u]
Geldbörse	o porta-moedas [u 'pɔrtɐ 'mwɛdɐʃ]
Gericht	o tribunal [u tribu'nal]
Kfz-Schein	o livrete do carro [u li'vretə du 'kaʀu]

Kreditkarte	o cartão de crédito [u kɐr'tɐ̃u də 'krɛditu]
Papiere	os documentos [uʒ duku'mẽntuʃ]
Personalausweis	o bilhete (*Br* a carteira) de identidade [u bə'ʎetə (a kar'terɐ) d‿idẽnti'dadə]
Polizei	polícia [pu'lisjɐ]
Polizeiwagen	carro da polícia ['kaʀu dɐ pu'lisjɐ]
Polizist/in	o polícia/a mulher polícia [u pu'lisjɐ/ɐ mu'ʎɛr pu'lisjɐ]
Rauschgift	droga ['drɔgɐ]; *(Br)* os entorpecentes [uz‿ẽntorpe'sẽntis]
Rechtsanwalt	advogado [ɐdvu'gadu]
Reisepass	o passaporte [u pasɐ'pɔrtə]
Richter	o juiz [u ʒu'iʃ]
Scheckkarte	o cartão eurocheque [u kɐr'tɐ̃u eurɔ'ʃɛkə]
Schlüssel	a chave [ɐ 'ʃavə]
Schmuggel	contrabando [kõntrɐ'bɐ̃ndu]
Schuld	culpa ['kulpɐ]
sexuelle Belästigung	o assédio sexual [u ɐ'sɛdju sɛksu'al]
Taschendieb	o carteirista [u kɐrtei'riʃtɐ]
Überfall	assalto [ɐ'saltu], a agressão [a‿agrə'sɐ̃u]
Untersuchungshaft	a prisão preventiva [ɐ pri'zɐ̃u prəvẽn'tivɐ]
Verbrechen	o crime [u 'krimə]
Vergewaltigung	a violação [ɐ vjulɐ'sɐ̃u]
verhaften	prender [prẽn'der]
verlieren	perder [pər'der]
Zeuge	testemunha [təʃtə'muɲɐ]
zusammenschlagen	espancar [ʃpɐ̃ŋ'kar]

Post

Können Sie mir bitte sagen, wo ... ist?
Pode-me dizer onde é ... ['pɔdəmə di'zer 'õnd‿ɛ]

die nächste Post?
o correio mais próximo? [u ku'ʀeju maiʃ 'prɔsimu]

der nächste Briefkasten?
a caixa de correio mais próxima?
[ɐ 'kaiʃɐ də ku'ʀeju maiʃ 'prɔsimɐ]

Was kostet ein Brief/eine Postkarte ...
Quanto custa uma carta/um postal ...
['kwẽntu 'kuʃtɐ 'umɐ 'kartɐ/ũm puʃ'tal]

nach Deutschland?
para a Alemanha? ['pɐr‿alə'mɐɲɐ]

nach Österreich?
para a Áustria? ['pɐr‿a‿'auʃtrjɐ]

in die Schweiz?
para a Suíça? ['pɐr‿a 'swisɐ]

Drei Briefmarken zu ... Euro, bitte!
Três selos de ... euros, faz favor. [treʃ 'seluʒ də ... 'euruʃ faʃ fɐ'vor]

Diesen Brief bitte per ...
Queria mandar esta carta ... [kə'riɐ mẽn'dar‿'ɛʃtɐ 'kartɐ]

Luftpost.
por avião. [pur‿ɐvi'ɐ̃u]

Express.
por expresso. [pur 'ʃprɛsu]

Einschreiben.
registada (*Br* registrada). [rəʒiʃ'tadɐ (reʒiʃ'tradɐ)]

Wie lange braucht ein Brief nach Deutschland?
Quanto tempo leva uma carta até à Alemanha?
['kwẽntu 'tẽmpu 'lɛvɐ umɐ 'kartɐ a'tɛ‿alə'mɐɲɐ]

Haben Sie Sondermarken?
Tem selos comemorativos?
[tɐ̃i 'seluʃ kumɘmurɐ'tivuʃ]

Absender	o remetente [u ʀəmə'tẽntə]
Adresse	endereço [ẽndə'resu]
ausfüllen	preencher [prjẽ'ʃer]
Brief	carta ['kartɐ]
Briefkasten	caixa do correio ['kaiʃɐ du ku'ʀeju]
Briefmarke	selo ['selu]
Briefmarkenautomat	o distribuidor automático de selos [u dəʃtribwi'dor‿autu'matiku də 'seluʃ]
Eilbrief	carta por expresso ['kartɐ pur 'ʃprɛsu]
Einschreibebrief	carta registada ['kartɐ ʀəʒiʃ'tadɐ]
Empfänger	destinatário [dəʃtinɐ'tarju]
Fax	o fax [u faks]
Faxgerät	o fax [u faks]
Formular	impresso [ĩm'prɛsu]
frankieren	franquiar [frɐ̃ŋ'kjar]
Gebühr	taxa ['taʃɐ]
Gewicht	peso ['pezu]
Leerung	recolha [ʀə'koʎɐ]
mit Luftpost	por avião [pur‿ɐvi'ɐ̃u]
nachsenden	remeter [ʀəmə'ter]
Päckchen	encomenda postal pequena [ẽŋku'mẽndɐ puʃ'tal pə'kenɐ]
Paket	encomenda postal [ẽŋku'mẽndɐ puʃ'tal]

Paketkarte	guia de encomenda postal ['giɐ d͜ẽŋku'mẽndɐ puʃ'tal]
Porto	o porte [u 'pɔrtə], franquia [frɐ̃ŋ'kiɐ]
Post	correio [ku'ʀeju]
Postkarte	o postal [u puʃ'tal]
postlagernd	posta restante ['pɔʃtɐ ʀəʃ'tẽntə]
Postleitzahl	código postal ['kɔdigu puʃ'tal]
Schnellpost	correio azul [ku'ʀeju ɐ'zul]
Sondermarke	selo comemorativo ['selu kuməmurɐ'tivu]
Vordruck	impresso [ĩm'prɛsu]
Wertangabe	a declaração de valor [ɐ dəklɐrɐ'sɐ̃u də vɐ'lor]
Zollerklärung	a declaração para a alfândega [ɐ dəklɐrɐ'sɐ̃u 'pɐr͜ al'fɐ̃ndəgɐ]

Toilette und Bad

Wo ist bitte die Toilette?
Por favor, onde é a casa de banho/*(Br)* o banheiro?
[pur fɐ'vor õnd‿ɛ ɐ 'kasɐ də 'bɐɲu/u ba'ɲeru]

Dürfte ich wohl bei Ihnen die Toilette benutzen?
Posso usar a sua casa de banho/*(Br)* seu banheiro?
['pɔsu u'zar ɐ 'suɐ 'kasɐ də 'bɐɲu/seu ba'ɲeru]

Würden Sie mir bitte den Schlüssel für die Toiletten geben?
Podia dar-me a chave da casa de banho/*(Br)* do banheiro?
[pu'diɐ 'darm‿ɐ 'ʃavə dɐ 'kasɐ de 'bɐɲu/du ba'ɲeru]

Damen	senhoras [sə'ɲorɐʃ]
Herren	homens ['ɔmẽiʃ]

Wörterbuch Portugiesisch - Deutsch

A

a [ɐ] zu *(Richtung)*
à direita [a di'reitɐ] rechts
à esquerda [a 'ʃkerdɐ] links
à frente [a 'frẽntə] vorn
à noite [a 'noitə] abends
a Portugal [ɐ/'pɐrɐ purtu'gal] nach Portugal
à pressão [a prə'sɐ̃u] vom Fass
à prova de água [a 'prɔvɐ d‿'agwɐ] wasserdicht
à tarde [a 'tardə] abends
o abacate [u ɐbɐ'katə] Avocado
o abacaxi *(Br)* [u‿abakaʃi] Ananas
abadia [ɐbɐ'diɐ] Abtei
abafado [ɐbɐ'fadu] schwül
abcesso [ɐb'sɛsu] Abszess
o abdómen [u ɐb'dɔmẽ] Unterleib
abelha [ɐ'beʎɐ] Biene
aberto [ɐ'bɛrtu] auf, offen, geöffnet
abóbada [ɐ'bɔbɐdɐ] Gewölbe
abóbora [ɐ'bɔburɐ] Kürbis
aboborinha *(Br)* [abɔ'briɲɐ] Zucchini
aborrecido [ɐbuʀə'sidu] langweilig
aborto [ɐ'bortu] Fehlgeburt
o abre-cápsulas [u 'abrə 'kapsulɐʃ] Flaschenöffner
o abre-latas [u 'abrə 'latɐʃ] Dosenöffner
abreviatura [ɐbrəvjɐ'turɐ] Abkürzung
abril [ɐ'bril] April
abrir [ɐ'brir] öffnen
absolutamente *adv* [ɐbsulutɐ'mẽntə] unbedingt
acabar [ɐkɐ'bar] aufhören
o açafrão [u ɐsɐ'frɐ̃u] Safran
acalmar-se [ɐkal'marsə] s. beruhigen
acampar [ɐkẽm'par] zelten
aceitar [ɐsei'tar] zusagen *(Einladung)*
o acelerador [u ɐsələrɐ'dor] Gaspedal
o acelerador manual [u ɐsələrɐ'dor mɐnu'al] Handgas *(Auto)*
as acendalhas [ɐz‿ɐsẽn'daʎɐʃ] Grillanzünder
acender [ɐsẽn'der] anzünden, Licht einschalten
a acessibilidade [asəsibili'dadə] Zugänglichkeit
acesso sem degraus [ɐ'sɛsu sɐ̃i də'grauʃ] stufenloser Zugang
acetona [ɐsə'tonɐ] Nagellackentferner
achar [ɐ'ʃar] finden, meinen
o acidente [u ɐsi'dẽntə] Unfall
ácido ['asidu] sauer

acompanhar [ɐkõmpɐ'ɲar] begleiten
acordado [ɐkur'dadu] wach
acordar [ɐkur'dar] aufwachen, wecken
o açougue *(Br)* [u a'sogi] Metzgerei
acreditar [ɐkrədi'tar] glauben
acrescentar [ɐkrəʃsẽn'tar] hinzufügen
o açúcar [u ɐ'sukar] Zucker
o acumulador [u ɐkumulɐ'dor] Akku
o acumulador térmico [u ɐkumulɐ'dor 'tɛrmiku] Kühlelement
acupun(c)tura [ɐkupũn'turɐ] Akupunktur
o adaptador [u ɐdɐptɐ'dor] Adapter
adesivo [ɐdə'zivu] Pflaster
adiar [ɐ'djar] verschieben *(zeitlich)*
adicional [ɐdəsju'nal] zusätzlich
a administração [ɐ ɐdməniʃtrɐ'sɐ̃u] Verwaltung
admirar-se (de) [ɐdmi'rarsə (də)] s. wundern (über)
o adoçante [u ɐdu'sẽntə] Süßstoff
adulta [ɐ'dultɐ], **adulto** [ɐ'dultu] Erwachsene(r)
advogado/advogada [ɐdvu'gadu/ ɐdvu'gadɐ] Rechtsanwalt/ anwältin
aeróbica [ɐɛ'rɔbikɐ] Aerobic
aeromoça *(Br)* [aɛro'mosɐ] Steward/ess
aeroporto [ɐɛro'portu] Flughafen
afirmar [ɐfir'mar] behaupten
agência [ɐ'ʒẽsjɐ] Agentur
agência de viagens [ɐ'ʒẽsjɐ də 'viaʒɐ̃iʃ] Reisebüro
agenda eletrónica de bolso [ɐ'ʒẽnd‿ilɛ'trɔnikɐ də 'bolsu] Notebook
agora [ɐ'gɔrɐ] jetzt
agosto [ɐ'goʃtu] August
agradar [ɐgrɐ'dar] gefallen
agradável [ɐgrɐ'davɛl] angenehm
agradecer [ɐgrɐdə'ser] danken
a agressão [a‿agrə'sɐ̃u] Überfall
água ['agwɐ] Wasser
água de refrigeração ['agwɐ də ʀəfriʒərɐ'sɐ̃u] Kühlwasser
água fria ['agwɐ 'friɐ] kaltes Wasser
água mineral ['agwɐ minə'ral] Mineralwasser
água potável ['agwɐ pu'tavɛl] Trinkwasser
água quente ['agwɐ 'kẽntə] warmes Wasser
aguaceiro [agwɐ'seiru] Regenschauer
a água-forte [ɐ 'agwɐ 'fɔrtə] Radierung
aguarela [agwɐ'rɛlɐ] Aquarell
agulha [ɐ'guʎɐ] Nadel
aí [ɐ'i] da *(Ort)*, dort
ainda [ɐ'ĩndɐ] noch
ainda não [ɐ'ĩndɐ nɐ̃u] noch nicht
aipo ['aipu] Sellerie
ajuda [ɐ'ʒudɐ] Hilfe
ajudar alg [ɐʒu'dar‿al'gɐ̃i] jdm helfen
ala ['alɐ] (Gebäude)Flügel
as alcachofras [ɐz‿alkɐʃɔfrɐʃ] Artischocken

aldeamento turístico [aldjɐ'mẽntu tu'riʃtiku] Ferienanlage
aldeia [al'dejɐ] Dorf
aldeia na serra [al'dejɐ nɐ 'sɛʀɐ] Bergdorf
alegre [ɐ'lɛgrə] lustig
além de [a'lẽi də] außer
além disso [a'lẽi 'disu] außerdem
Alemanha [ɐlə'mɐɲɐ] Deutschland
alemão [ɐlə'mɐ̃u] deutsch
o alemão [u ɐlə'mɐ̃u], **a alemã** [ɐ ɐlə'mɐ̃] der/die Deutsche
alergia [ɐlər'ʒiɐ] Allergie
a alface [ɐ al'fasə] Kopfsalat
o alfaiate [u alfɐ'jatə] Schneider/in
alfândega [al'fɐ̃ndəgɐ] Zoll
o alfinete de segurança [u alfi'netə də səgu'rɐ̃nsɐ] Sicherheitsnadel
alforreca [alfu'ʀɛkɐ] Qualle
algo ['algu] etwas
o algodão [u algu'dɐ̃u] Baumwolle
o algodão hidrófilo [u algu'dɐ̃u i'drɔfilu] Watte
alguém [al'gẽi] jemand
alguma coisa [al'gumɐ 'koizɐ] etwas
algumas [al'gumɐʃ] einige
alguns [al'gũʃ] einige
alho ['aʎu] Knoblauch
alho porro ['aʎu 'poʀu] Lauch
ali [ɐ'li] dort
almoço [al'mosu] Mittagessen
almofada [almu'fadɐ] Kopfkissen
almofada de criança para o automóvel [almu'fadɐ də krj'ɐ̃sɐ perˬu autu'mɔvɛl] Kindersitzkissen *(fürs Auto)*
alojamento [ɐluʒɐ'mẽntu] Unterkunft
a alta tensão [ɐ 'altɐ tẽ'sɐ̃u] Hochspannung
o altar [u al'tar] Altar
o alternador [altərnɐ'dor] Lichtmaschine
o altifalante [u altifɐ'lɐ̃ntə] Lautsprecher
alto ['altu] hoch, laut
alto! ['altu] halt!
altura [al'turɐ] Höhe
alugar [ɐlu'gar] (ver)mieten
amanhã [amɐ'ɲɐ̃] morgen
amanhã de manhã/amanhã à noite [amɐ'ɲɐ̃ də mɐ'ɲɐ̃/amɐ'ɲɐ̃ a 'noitə] morgen früh/morgen Abend
amar [ɐ'mar] lieben
amarelo [ɐmɐ'rɛlu] gelb
amargo [ɐ'margu] bitter
amável [ɐ'mavɛl] freundlich, liebenswürdig
ambas ['ɐ̃mbɐʃ] beide
o (meio) ambiente [u ('meju) ɐ̃m'bjẽntə] Umwelt
ambos ['ɐ̃mbuʃ] beide
ambulância [ɐ̃mbu'lɐ̃sjɐ] Krankenwagen
as ameixas [ɐzˬɐ'meiʃɐʃ] Pflaumen
as amêndoas [ɐzˬɐmẽndwɐʃ] Mandeln *(Frucht)*
os amendoins [uzˬɐmẽndu'ĩnʃ] Erdnüsse
as amígdalas [ɐzˬɐ'migdɐlɐʃ] Mandeln *(med)*

a amigdalite [a‿amigdɐ'litə] Mandelentzündung
o amigo [u ɐ'migu], **a amiga** [ɐ ɐ'migɐ] Freund/in
o amor [u ɐ'mor] Liebe
as amoras [ɐz‿ɐ'mɔrɐʃ] Brombeeren
o ananás [u ɐnɐ'naʃ] Ananas
anca ['ɐ̃nkɐ] Hüfte
o andar [u ɐ̃n'dar] Etage, Stock(werk)
andar a cavalo [ɐ̃n'dar‿ɐ kɐ'valu] reiten
andar de bicicleta [ɐ̃n'dar də bəsi'klɛtɐ] Rad fahren
andar de canoa [ɐ̃n'dar də kɐ'noɐ] paddeln
andar de esqui [ɐ̃n'dar də ʃki] Ski laufen
andarilho [ɐ̃ndɐ'riʎu] Rollator
o andebol [u ɐ̃ndə'bɔl] Handball
anedota [ɐnə'dɔtɐ] Witz
o anel [u ɐ'nɛl] Ring
anestesia [ɐnəʃtə'ziɐ] Narkose
anfiteatro [ɐ̃fi'tjatru] Amphitheater
angina [ɐ̃'ʒinɐ] Angina
os animais domésticos [uz‿ɐni'maiʒ du'mɛʃtikuʃ] Haustiere
o animal [u ɐni'mal] Tier
aniversário [ɐnivər'sarju] Geburtstag
ano ['ɐnu] Jahr
Ano Novo ['ɐnu 'novu] Neujahr
o anorak [u ɐnɔ'rak] Anorak
anotar [ɐnu'tar] aufschreiben
anteontem [ɐ̃n'tjõntɐ̃i] vorgestern
antes ['ɐ̃ntəʃ] früher, eher, vorher
antes de ['ɐ̃ntəʒ də] (be)vor
antibiótico [ɐ̃nti'bjɔtiku] Antibiotikum
antigamente [ɐ̃ntigɐ'mẽntə] früher, damals
antigo [ɐ̃n'tigu] alt, antik
antiquário [ɐ̃nti'kwarju] Antiquitätengeschäft
anual *adj* [ɐ'nwal] jährlich
anualmente *adv* [ɐnwal'mẽntə] jährlich
anular a reserva [ɐnu'lar‿ɐ ʀə'zɛrvɐ] stornieren *(Zimmer)*
ao contrário [au kõn'trarju] umgekehrt
ao lado de [ɐu 'ladu də] neben
ao meio-dia [ɐu 'meju 'diɐ] mittags
ao mesmo tempo *adv* [au 'meʒmu 'tẽmpu] gleichzeitig
ao nível do chão [au 'nivɛl du ʃɐ̃u] ebenerdig
ao norte de [ɐu 'nɔrtə də] nördlich von
ao sul de [ɐu sul də] südlich von
apanhar [ɐpɐ'ɲar] fangen
aparelho [ɐpɐ'reʎu] Apparat
aparelho de oxigénio [ɐpɐ'reʎu d‿ɔksi'ʒɛnju] Sauerstoffgerät
apartamento [ɐpɐrtɐ'mẽntu] Apartment, Wohnung
apelido [ɐpə'lidu] Familienname
apenas [ɐ'penɐʃ] kaum
a apendicite [apẽndə'sitə] Blinddarmentzündung
apesar disso [ɐpə'zar 'disu] trotzdem

o apetite [u ɐpə'titə] Appetit
aplauso [ɐ'plauzu] Beifall
(o ataque de) apoplexia [(u ɐ'takə d͜) ɐpoplɛ'ksiɐ] Schlaganfall
apoplexia cerebral [ɐpoplɛ'ksiɐ sərə'bral] Gehirnschlag
aprender [ɐprẽn'der] lernen
apresentar alg a alg [ɐprəzẽn'tar͜ al'gẽi ɐ al'gẽi] jdn mit jdm bekannt machen
apressado [ɐprə'sadu] eilig
apressar-se [ɐprə'sarsə] s. beeilen
aproximadamente [ɐprɔsimadɐ'mẽntə] ungefähr
o aqua-jogging [u 'akwɐ 'dʒɔgiŋ] Aqua-Jogging
o aquecedor de biberão [u ɐkɛsə'dor də bibə'rẽu] Fläschchenwärmer
aquecimento [ɐkɛsi'mẽntu] Heizung
aquecimento central [ɐkɛsi'mẽntu sẽn'tral] Zentralheizung
aquela [ɐ'kɛlɐ], **aquele** [ɐ'kelə] jene(r, -s)
aqui [ɐ'ki] hier
o ar [u ar] Luft
o ar condicionado [u ar kõndəsju'nadu] Klimaanlage
o arame [u ɐ'rɐmə] Draht
arco ['arku] Bogen
arder [ɐr'der] brennen
área de repouso ['arjɐ də ʀə'pozu] Rastplatz
área de serviço ['arjɐ də sər'visu] Raststätte
arena [ɐ'renɐ] Arena
o arenque [u ɐ'rẽŋkə] Hering *(Fisch)*
armário [ɐr'marju] Schrank
o armazém de vinhos [u armɐ'zẽi də 'viɲuʃ] Weinhandlung
arqueologia [ɐrkjulu'ʒiɐ] Archäologie
arquiteto [ɐrki'tɛtu] Architekt
arquitetura [ɐrkitɛ'turɐ] Architektur
arranjar [ɐʀẽ'ʒar] besorgen
arranjar as sobrancelhas [ɐʀẽ'ʒar ɐʃ subrẽ'seljɐʃ] Augenbrauen zupfen
arrombar [ɐʀõm'bar] aufbrechen
o arroz [u ɐ'ʀoʃ] Reis
a arte [ɐ 'artə] Kunst
a arte nova [ɐ 'artə 'nɔvɐ] Jugendstil
artesanato [ɐrtəzɐ'natu] Kunstgewerbe
as artes gráficas [ɐʃ 'artəʒ 'grafikɐʃ] Grafik
a articulação [a͜artikulɐ'sẽu] Gelenk
artigos de cabedal (*Br* de couro) [ɐr'tiguʒ də kɐbə'dal (di 'koru)] Lederwaren
artigos de desporto (*Br* esporte) [ɐr'tiguʒ də dəʃ'portu (is'pɔrti)] Sportartikel
os artigos de drogaria [uz͜ɐr'tiguʒ də drugɐ'riɐ] Drogerieartikel
os artigos de papelaria [uz͜ɐr'tiguʒ də pɐpəlɐ'riɐ] Schreibwaren
os artigos domésticos [uz͜ɐr'tiguʒ du'mɛʃtikuʃ] Haushaltswaren
a árvore [ɐ 'arvurə] Baum

às vezes [aʒ ˈvezəʃ] manchmal
às/à/ao [aʃ/a/au] um *(Zeitangabe)*
asa delta [ˈazɐ ˈdɛltɐ] Drachenfliegen
asma [ˈaʒmɐ] Asthma
o aspirador [u ɐʃpirɐˈdor] Staubsauger
aspirina [ɐʃpiˈrinɐ] Aspirin®
assado [ɐˈsadu] gar, gebacken, gebraten
assalto [ɐˈsaltu] Überfall
assédio sexual [ɐˈsɛdju sɛksuˈal] sexuelle Belästigung
assento [ɐˈsẽntu] Sitz
assento de automóvel para criança [ɐˈsẽntu d͜autuˈmɔvɛl ˈpɐrɐ krjˈɐ̃sɐ] Kindersitz *(fürs Auto)*
assento para criança [ɐˈsẽntu ˈpɐrɐ krjˈɐ̃sɐ] Kindersitz
assento para o duche [ɐˈsẽntu ˈpɐr͜u ˈduʃə] Duschsitz
assinar [ɐsiˈnar] unterschreiben
assinatura [ɐsinɐˈturɐ] Unterschrift
a associação [ɐ ɐsusjɐˈsɐ̃u] Verein
a associação de deficientes [ɐ ɐsusjɐˈsɐ̃u də dəfəsiˈẽntəʃ] Behindertenverband
assunto [ɐˈsũntu] (Gesprächs-) Gegenstand
assustar [ɐsuʃˈtar] erschrecken
atalho [ɐˈtaʎu] Abkürzung *(Weg)*
os atacadores [uz͜ɐtɐkɐˈdorəʃ] Schnürsenkel
o ataque cardíaco [u ɐˈtakə kɐrˈdiɐku] Herzanfall
até [ɐˈtɛ] bis
até agora [ɐˈtɛ ɐˈgɔrɐ] bis jetzt
a atenção [ɐ ɐtẽˈsɐ̃u] Achtung
o atendedor de chamadas [u ɐtendəˈdor də ʃɐˈmadɐʃ] Anrufbeantworter
atender [ɐtẽnˈder] abnehmen
a aterragem [ɐ ɐtəˈʀaʒɐ̃i] Landung
a aterrissagem *(Br)* [a͜ateʀiˈsaʒɐ̃i] Landung
atestado [ɐtəʃˈtadu] Attest, Bescheinigung
Atlântico [ɐˈtlɐ̃ntiku] Atlantik
atletismo [ɐtlɛˈtiʒmu] Leichtathletik
ato [ˈatu] Akt
o ator/a atriz (de cinema) [u aˈtor/ɐ aˈtriʒ (də siˈnemɐ)] (Film-)Schauspieler/in
atracar em [ɐtrɐˈkar͜ɐ̃i] anlegen in
atrás [ɐˈtraʃ] hinten
atrás de [ɐˈtraʒ də] hinter
atraso [ɐˈtrazu] Verspätung
através de [ɐtrɐˈvɛʒ də] quer durch
o atum [u ɐˈtũ] Thunfisch
o auscultador [u auʃkultɐˈdor] Kopfhörer
o auscultador [u ɐuʃkultɐˈdor] Hörer
ausente [auˈzẽntə] fort
Áustria [ˈauʃtrjɐ] Österreich
austríaco [auʃˈtriɐku], **austríaca** [auʃˈtriɐkɐ] Österreicher/in
autêntico [auˈtẽntiku] echt
autocaravana [autɔkɐrɐˈvɐnɐ] Wohnmobil

autocarro [auto'kaʀu] Bus, Stadtbus
autocarro do aeroporto [auto'kaʀu du ɐɛro'portu] Flughafenbus
autoclismo [autɔ'kliʒmu] Wasserspülung
autoestrada ['auto 'ʃtradɐ] Autobahn
automático [autu'matiku] automatisch
o automóvel [u autu'mɔvɛl] Auto
as autoridades [ɐz‿auturi'dadəʃ] Behörde
autosserviço ['auto sər'visu] Selbstbedienung
auxílio para subir [au'silju 'pɐrɐ su'bir] Einstiegshilfe
avaria [ɐvɐ'riɐ] Panne
as avelãs [ɐz‿ɐvə'lɐ̃ʃ] Haselnüsse
o avisador de incêndios [u ɐvizɐ'dor d‿ĩ'sẽndjuʃ] Feuermelder
avisar [ɐvi'zar] benachrichtigen
a avó [ɐ ɐ'vɔ] Großmutter
o avô [u ɐ'vo] Großvater
o azeite [u ɐ'zeitə] Olivenöl
as azeitonas [ɐz‿ɐzei'tonɐʃ] Oliven
azia [ɐ'ziɐ] Sodbrennen
azul [ɐ'zul] blau
azul claro/verde claro [ɐ zul 'klaru/'verdə 'klaru] hellblau/ hellgrün
azul escuro/verde escuro [ɐ'zul 'ʃkuru/'verdə 'ʃkuru] dunkelblau/dunkelgrün

B

o/a babysitter [u/ɐ 'beibi'sitɐr] Babysitter
o babysitting [u 'beibi'sitiŋ] Kinderbetreuung
o badminton [u bɛd'mĩnton] Badminton
a bagagem [ɐ bɐ'gaʒɐ̃i] Gepäck
baía [bɐ'iɐ] Bucht
bailado [bai'ladu] Ballett
bailarino/bailarina [bailɐ'rinu/ bailɐ'rinɐ] Tänzer/in
o baile [u 'bailə] Ball *(Fest)*
bairro ['baiʀu] Stadtteil
bairro periférico ['baiʀu pəri'fɛriku] Vorort
baixo ['baiʃu] leise, nieder, niedrig
o balão de ar quente [u bɐ'lɐ̃u d‿ar 'kẽntə] Heißluftballon
o balcão da bagagem [u bal'kɐ̃u dɐ bɐ'gaʒɐ̃i] Gepäckschalter
baliza [bɐ'lizɐ] Tor *(Pfosten)*
o ballet (*Br* balé) [u ba'lɛ] Ballett
as bananas [ɐʒ bɐ'nɐnɐʃ] Bananen
banco ['bɐ̃ŋku] Bank *(Geldinstitut, Sitz ~)*
a band [ɐ 'bɛnd] Band
o bangaló (ô) [u bɐ̃ŋgɐ'lɔ] Bungalow
banheira [bɐ'ɲeirɐ] Badewanne
banheiro *(Br)* [ba'ɲeru] Badezimmer, Toilette
banheiro [bɐ'ɲeiru] Bademeister
banho aromático ['bɐɲu ɐru'matiku] Aromabad

banho de feno ['bɐɲu də 'fenu] Heu-Bad
banho terapêutico ['bɐɲu tərɐ'peutiku] Heilbad
o bar [u bar] Bar
barato [bɐ'ratu] billig
barba ['barbɐ] Bart
as barbatanas [ɐʒ bɐrbɐ'tɐnɐʃ] Schwimmflossen
barbearia [bɐrbjɐ'riɐ] Friseur *(für Herren)*
barco a remos ['barku ɐ 'ʀemuʃ] Ruderboot
barco à vela ['barku a 'vɛlɐ] Segelboot
barco de pedais ['barku də pə'daiʃ] Tretboot
barco insuflável ['barku ĩsu'flavɛl] Schlauchboot
barco salva-vidas ['barku 'salvɐ 'vidɐʃ] Rettungsboot
barra de chocolate ['baʀɐ də ʃuku'latə] Schokoriegel
barraca (de praia) [bɐ'ʀakɐ (də 'prajɐ)] Strandzelt *(Nordportugal)*
barranco [bɐ'ʀɐ̃nku] Schlucht
barriga [bɐ'ʀigɐ] Bauch
barro ['baʀu] Ton *(Material)*
barroco [bɐ'ʀoku] Barock
os barros [uʒ 'baʀuʃ] Töpferwaren
barulho [bɐ'ruʎu] Lärm
o basquetebol [u baʃkɛtə'bɔl] Basketball
bastante [bɐʃ'tɐ̃ntə] genug, ziemlich
as batatas [ɐʒ bɐ'tatɐʃ] Kartoffeln
batedeira [bɐtə'deirɐ] Mixer
o batedor de claras [u bɐtə'dor də 'klarɐʃ] Schneebesen
o batente [u bɐ'tẽntə] Flügel *(Fenster)*
o batom [u ba'tõ] Lippenstift
o bebé [u bɛ'bɛ] Baby
beber [bə'ber] trinken
bebida [bə'bidɐ] Getränk
bege ['bɛʒə] beige
beijar [bei'ʒar] küssen
beijo ['beiʒu] Kuss
o beliche [u bə'liʃə] Etagenbett
bem *adv* [bɐ̃i] gut
bem cozido [bɐ̃i ku'zidu] gar
bem passado [bɐ̃i pɐ'sadu] durchgebraten
bem-vindo [bɐ̃i vĩndu] willkommen!
o benjamim *(Br)* [u bẽʒa'mĩ] Zwischenstecker
as beringelas [ɐʒ bərĩ'ʒɛlɐʃ] Auberginen
bexiga [bə'ʃigɐ] Blase *(Harnblase)*
o biberão [u bibə'rɐ̃u] Saugflasche
o biberão de água (ou chá) [u bibə'rɐ̃u d‿'agwɐ (o ʃa)] Trinkflasche
bicicleta [bəsi'klɛtɐ] Fahrrad
bicicleta de corrida [bəsi'klɛtɐ də ku'ʀidɐ] Rennrad
bicicleta de montanha [bəsi'klɛtɐ də mõn'tɐɲɐ] Mountainbike
bicicleta todo-terreno [bəsi'klɛtɐ 'todu tə'ʀenu] Trekkingrad
o bidão de água [u bi'dɐ̃u d‿'agwɐ] Wasserkanister

o bidão de gasolina [u bi'dẽu də gɐzu'linɐ] Benzinkanister
o bigode [u bi'gɔdə] Schnurrbart
bijutaria [biʒutɐ'riɐ] Modeschmuck
o bilhete [u bə'ʎetə] Eintrittskarte, Fahrkarte, Fahrschein
o bilhete de ida e volta [u bə'ʎetə d‿'idɐ i 'vɔltɐ] Rückfahrkarte
o bilhete de identidade [u bə'ʎetə d‿idẽnti'dadə] Personalausweis
o bilhete diário [u bə'ʎetə di'arju] Tageskarte
o bilhete múltiplo [u bə'ʎetə 'multiplu] Mehrfahrtenkarte
bilheteira [bəʎə'teirɐ] Fahrkartenschalter, Kasse
bilheteria *(Br)* [biʎete'riɐ] Fahrkartenschalter, Kasse
o biquíni [u bi'kini] Bikini
bizantino [bizẽn'tinu] byzantinisch
o blazer [u 'bleizɐ] Blazer
bloco ['blɔku] Block
os blues [uʒ blus] Blues
blusa ['bluzɐ] Bluse
a boate *(Br)* [ɐ 'bwati] Nachtklub
boca ['bokɐ] Mund
bocado [bu'kadu] Stück
o body [u 'bɔdi] Body
boia ['bɔjɐ] Schwimmring
bóia salva-vidas ['bɔjɐ 'salvɐ 'vidɐʃ] Rettungsring
bola ['bɔlɐ] Ball
as bolachas [ɐʒ bu'laʃɐʃ] Kekse
bola de futebol ['bɔlɐ də futə'bɔl] Fußball *(Ball)*
o boletim meteorológico [u bulə'tĩ mətjuru'lɔʒiku] Wetterbericht
bolha ['boʎɐ] Hautblase
bolo ['bolu] Kuchen
os bolos [uʒ 'boluʃ] Gebäck *(kleine Kuchen)*
bom *adj* [bõ] gut
o bom conselho [u bõ kõn'seʎu] Tipp
bomba de ar ['bõmbɐ d‿ar] Luftpumpe
bomba para gasolina ['bõmbɐ 'perɐ gɐzu'linɐ] Benzinpumpe
os bombeiros [uʒ bõm'beiruʃ] Feuerwehr
o bonde *(Br)* [u 'bõndi] Straßenbahn
o boné [u bɔ'nɛ] Mütze
bonito [bu'nitu] hübsch
bordado [bur'dadu] Stickerei
a borreliose [ɐ buʀəli'ozə] Borreliose
o botão [u bu'tẽu] Knopf
as botas [ɐʒ 'bɔtɐʃ] Stiefel
botija de gás [bu'tiʒɐ də gaʃ] Gasflasche
a boutique [ɐ bu'tikə] Boutique
o bowling [u 'bɔliŋ] Bowling
as braçadeiras de natação [ɐʒ brɐsɐ'deirɐʒ də nɐtɐ'sẽu] Schwimmflügel
braço ['brasu] Arm
o Braille [u 'brailə] Braille
branco ['brẽŋku] weiß
bravo ['bravu] wild
breve ['brɛvə] kurz *(kurzgefasst)*
brincadeira [brĩŋkɐ'deirɐ] Spaß *(Scherz)*
brincar [brĩŋ'kar] spielen

os brincos [uʒ ˈbrĩŋkuʃ] Ohrringe
os brinquedos [uʒ brĩnˈkeduʃ] Spielsachen
os brônquios [uʒ ˈbrõŋkjus] Bronchien
o broche [u ˈbrɔʃə] Brosche
a bronquite [ɐ brõŋˈkitə] Bronchitis
o bronze [u ˈbrõzə] Bronze
o bufete de saladas [u buˈfetə də sɐˈladɐʃ] Salatbüfett
o bufete do café da manhã *(Br)* [u buˈfetə du kaˈfɛ da maˈɲẽ] Frühstücksbüfett
o bufete do pequeno almoço [u buˈfetə du pəˈken‿alˈmosu] Frühstücksbüfett
o bungeejumping [u bẽndʒi-ˈdʒẽmpiŋ] Bungeejumping
buraco [buˈraku] Loch
bússola [ˈbusulɐ] Kompass
buzina [buˈzinɐ] Hupe
o bypass [u baiˈpas] Bypass

C

cabeça [kɐˈbesɐ] Kopf
cabeleira [kɐbəˈleirɐ] Perücke
cabeleireiro [kɐbəleiˈreiru] Friseur *(für Damen)*
cabelo [kɐˈbelu] Haar
cabelo seco [kɐˈbelu ˈseku] trockenes Haar
cabina telefónica (ô) [kaˈbinɐ tələˈfɔnikɐ] Telefonzelle
cabo de carregamento [ˈkabu də kɐʀəgɐˈmẽntu] Ladekabel
cabo de ligação [ˈkabu də ligɐˈsẽu] Starthilfekabel
cabo de reboque [ˈkabu də ʀəˈbɔkə] Abschleppseil
o cachecol [u kaʃəˈkɔl] Schal
cacifo [kɐˈsifu] Schließfach
cacilheiro [kɐsiˈʎeiru] Fähre *(in Lissabon)*
cada *adj* [ˈkɐdɐ] jeder
cada um *prn* [ˈkɐdɐ ũ] jeder
cadeira [kɐˈdeirɐ] Stuhl
cadeira concha para bebé [kɐˈdeirɐ ˈkõʃɐ ˈperɐ bɛˈbɛ] Babyschale *(fürs Auto)*
cadeira de braços [kɐˈdeirɐ də ˈbrasuʃ] Sessel
cadeira de rodas [kɐˈdeirɐ də ˈrɔdɐʃ] Rollstuhl
cadeira de rodas de transporte [kɐˈdeirɐ də ˈrɔdɐʃ də trẽʃˈpɔrtə] Bordrollstuhl
cadeira de rodas desdobrável [kɐˈdeirɐ də ˈrɔdɐʃ dəʒduˈbravɛl] Faltrollstuhl
cadeira de rodas elétrica [kɐˈdeirɐ də ˈrɔdez‿iˈlɛtrikɐ] Elektrorollstuhl
caderno para colorir [kɐˈdɛrnu ˈperɐ kuluˈrir] Malbuch
o café [u kɐˈfɛ] Café, Kaffee
o café da manhã *(Br)* [u kaˈfɛ da mɐˈɲẽ] Frühstück
cãibra [ˈkẽibrɐ] Krampf
cair [kɐˈir] fallen, stürzen
o cais [u ˈkaiʃ] Kai
caixa de areia [ˈkaiʃɐ d‿ɐrejɐ] Sandkasten
caixa de música [ˈkaiʃɐ də ˈmuzikɐ] Spieldose
Caixa de Previdência [ˈkaiʃɐ də prəviˈdẽsjɐ] Krankenkasse

caixa de remendos ['kaiʃɐ də rə'menduʃ] Flickzeug
caixa de velocidades ['kaiʃɐ də vəlusi'dadəʃ] Getriebe
caixa de velocidades automática ['kaiʃɐ də vəlusi'dadəz‿autu 'matikɐ] Automatik(getriebe)
caixa do correio ['kaiʃɐ du ku'ʀeju] Briefkasten
o caixote [u kai'ʃɔtə] Kiste
os calafrios [uʃ kɐlɐ'friuʃ] Schüttelfrost
calça de malha justa ['kalsɐ də 'maʎɐ 'ʒuʃtɐ] Leggins
o calção [u kal'sɐ̃u] Shorts
o calção de banho [u kal'sɐ̃u də 'bɐɲu] Badehose
as calças [ɐʃ 'kalsɐʃ] Hose
as calças de ganga [ɐʃ 'kalsɐʒ də 'gɐ̃ngɐ] Jeans
as calças de treino [ɐʃ 'kalsɐʒ də 'treinu] Jogginghose
calculadora de bolso [kalkulɐ'dorɐ də 'bolsu] Taschenrechner
calcular [kalku'lar] berechnen
cálculo renal ['kalkulu ʀə'nal] Nierenstein
calma ['kalmɐ] Flaute, Ruhe
o calmante [u kal'mɐ̃ntə] Beruhigungsmittel
calmo ['kalmu] ruhig
o calor [u kɐ'lor] Hitze
cama ['kɐmɐ] Bett
cama de criança ['kɐmɐ də krj'ɐ̃sɐ] Kinderbett
câmara de ar ['kɐmɐrɐ d‿ar] Schlauch *(Reifen)*
câmara de vídeo ['kɐmɐrɐ də 'vidju] Videokamera
Câmara Municipal ['kɐmɐrɐ munisi'pal] Rathaus
câmara-de-ar ['kɐmɐrɐ d‿ar] Schlauch
os camarões [uʃ kɐmɐ'rõiʃ] Krabben
o camarote [u kɐmɐ'rɔtə] Kabine, Loge
o camarote equipado para cadeira de rodas [u kɐmɐ'rɔt‿iki'padu 'perɐ kɐ'deirɐ də 'rɔdɐʃ] Rollstuhlkabine *(Schiff)*
câmbio ['kɐ̃mbju] Geldwechsel
o camcorder [u kɐ̃m'kɔrdɐ] Camcorder
caminhar [kɐmi'ɲar] wandern
caminho [kɐ'miɲu] Weg
camioneta [kamju'nɛtɐ] Überlandbus
camisa [kɐ'mizɐ] Hemd
camiseta *(Br)* [kami'zetɐ] Unterhemd
camisola [kɐmi'zɔlɐ] Pullover
camisola interior [kɐmi'zɔlɐ ĩntə'rjor] Unterhemd
campainha [kɐ̃mpɐ'iɲɐ] Klingel
campanário [kɐ̃mpɐ'narju] Kirchturm
o camping *(Br)* [u 'kɐ̃mpiŋ] Campingplatz
o campismo (*Br* o camping) [u kɐ̃m'piʒmu (u 'kɐ̃mpiŋ)] Camping
campo ['kɐ̃mpu] Feld
campo de futebol ['kɐ̃mpu də futə'bɔl] Fußballplatz
cana de pesca ['kɐnɐ də 'pɛʃkɐ] Angel
o canal [u kɐ'nal] Kanal

a canção [ɐ kɐ̃'sɐ̃u] Lied
cancelar [kɐ̃sə'lar] stornieren *(Fahr-, Flugkarten)*
o câncer *(Br)* [u 'kɐ̃sɛr] Krebs
cancro ['kɐ̃ŋkru] Krebs
candeeiro [kɐ̃n'djeiru] Lampe
candeeiro de mesa-de-cabeceira [kɐ̃n'djeiru də 'mezɐ də kɐbə'seirɐ] Nachttischlampe
canela [kɐ'nɛlɐ] Schienbein
o canivete [u kɐni'vɛtə] Taschenmesser
canoa [kɐ'noɐ] Kanu, Paddelboot
cansado [kɐ̃'sadu] müde
cantar [kɐ̃n'tar] singen
canto ['kɐ̃ntu] innere Ecke
o cantor/a cantora [u kɐ̃n'tor/ ɐ kɐ̃n'torɐ] Sänger/in
o cão [u kɐ̃u] Hund
o cão de cegos [u kɐ̃u də 'sɛguʃ] Blindenhund
o capacete [u kɐpɐ'setə] Sturzhelm
o capacete de bicicleta [u kɐpɐ'setə də bəsi'klɛtɐ] Fahrradhelm
capela [kɐ'pɛlɐ] Kapelle
a capital [ɐ kɐpi'tal] Hauptstadt
o capot [u ka'po] Motorhaube
cara ['karɐ] Gesicht
os caracóis [uʃ kɐrɐ'kɔiʃ] Locken; Schnecken
caravana [kɐrɐ'vɐnɐ] Wohnwagen
cardápio *(Br)* [kar'dapju] Speisekarte
carimbo [kɐ'rĩmbu] Stempel
carinhoso [kɐri'ɲozu] zärtlich
o Carnaval [u kɐrnɐ'val] Karneval
a carne [ɐ 'karnə] Fleisch
a carne de borrego [ɐ 'karnə də bu'ʀegu] Lammfleisch
a carne de carneiro [ɐ 'karnə də kɐr'neiru] Hammelfleisch
a carne de porco [ɐ 'karnə də 'porku] Schweinefleisch
a carne de vaca [ɐ 'karnə də 'vakɐ] Rindfleisch
a carne de vitela [ɐ 'karnə də vi'tɛlɐ] Kalbfleisch
a carne picada [ɐ 'karnə pi'kadɐ] Hackfleisch
as carnes frias [ɐʃ 'karnəʃ 'friɐʃ] Aufschnitt
caro ['karu] lieb, teuer
carraça [kɐ'ʀasɐ] Zecke
o carregador de baterias [u kɐʀəgɐ'dor də bɐtə'riɐʃ] Ladegerät
carro ['kaʀu] Auto
carro da polícia ['kaʀu dɐ pu'lisjɐ] Polizeiwagen
carro de bagagem ['kaʀu də bɐ'gaʒɐ̃i] Gepäckwagen
carro de reboque ['kaʀu də ʀə'bɔkə] Abschleppwagen
a carruagem de salão [ɐ kɐʀu'aʒɐ̃i də sɐ'lɐ̃u] Großraumwagen
a carruagem transitável para cadeira de rodas [ɐ kɐʀu'aʒɐ̃i trɐ̃zi'tavɛl 'pɐrɐ kɐ'deirɐ də 'ʀɔdɐʃ] rollstuhlgängiger Wagen *(Zug)*
carta (*Br* carteira) de condução ['kartɐ (kar'terɐ) də kõndu'sɐ̃u] Führerschein
carta ['kartɐ] Brief

carta de marinheiro ['kartɐ də mɐri'ɲeiru] Bootsführerschein
carta por expresso ['kartɐ pur 'ʃprɛsu] Eilbrief
carta regist(r)ada ['kartɐ ʀəʒiʃ't(r)adɐ] Einschreibebrief
carta verde ['kartɐ 'verdə] grüne Versicherungskarte
o cartão de campista [u kɐr'tɐ̃u də kɐ̃m'piʃtɐ] Campingausweis
o cartão de crédito [u kɐr'tɐ̃u də 'krɛditu] Kreditkarte
o cartão de deficiente [u kɐr'tɐ̃u də dəfəsi'ẽntə] Behindertenausweis
o cartão de embarque [u kɐr'tɐ̃u d‿ẽm'barkə] Bordkarte
o cartão de identificação eletrónica [u kɐr'tɐ̃u d‿idẽntəfikɐ'sɐ̃u ilɛ'trɔnikɐ] Chipkarte
o cartão de memória [u kɐr'tɐ̃u də mə'mɔrjɐ] Speicherkarte
o cartão telefónico [u kɐr'tɐ̃u tələ'fɔniku] Telefonkarte
o cartaz [u kɐr'taʃ] Plakat
a carteira de identidade *(Br)* [a kar'terɐ d‿idẽnti'dadə] Personalausweis
carteira [kɐr'teirɐ] Brieftasche, Geldbeutel *(für Männer)*, Handtasche
carteira de condução *(Br)* ['kartɐ (kar'terɐ) də kõndu'sɐ̃u] Führerschein
o carteirista [u kɐrtei'riʃtɐ] Taschendieb
cartucho [kɐr'tuʃu] kleine Tüte
cartucho de gás [kɐr'tuʃu də gaʃ] Gaskartusche
o carvão [u kɐr'vɐ̃u] Grillkohle
casa ['kazɐ] Haus, Wohnung
casa de banho ['kazɐ də 'bɐɲu] Badezimmer, Toilette
casa de banho para deficientes ['kasɐ də 'bɐɲu 'pɐrɐ dəfəsi'ẽntəʃ] Behindertentoilette
casa de câmbio ['kazɐ də 'kɐ̃mbju] Wechselstube
casa de férias ['kazɐ də 'fɛrjɐʃ] Ferienhaus
casa de música ['kazɐ də 'muzikɐ] Musikgeschäft
casa flutuante ['kasɐ flutu'ẽntə] Hausboot
casaco (curto) de cabedal (*Br* **de couro)** [kɐ'zaku ('kurtu) də kɐbə'dal (di 'koru)] Lederjacke
casaco [kɐ'zaku] Jacke
casaco comprido [kɐ'zaku kõm'pridu] Damenmantel
casaco de malha [kɐ'zaku də 'maʎɐ] Strickjacke
casado [kɐ'zadu] verheiratet
casamento [kɐzɐ'mẽntu] Hochzeit *(Feier)*
a casa-museu [ɐ 'kazɐ mu'zeu] Gedenkstätte
casar(-se) [kɐ'zar(sə)] heiraten
casino [kɐ'zinu] Spielkasino
caspa ['kaʃpɐ] Schuppen
castanho [kɐʃ'tɐɲu] braun
castelo [kɐʃ'tɛlu] Burg, Schloss
castelo de areia [kɐʃ'tɛlu d‿ɐrejɐ] Sandburg
castigo [kɐʃ'tigu] Strafe

a catedral [ɐ kɐtə'dral] Dom, Kathedrale
a caução [ɐ kau'sɐ̃u] Kaution
causar [kau'zar] verursachen
cavala [kɐ'valɐ] Makrele
cavalo [kɐ'valu] Pferd
caverna [kɐ'vɛrnɐ] Höhle
o CD [u se'de] CD
o CD vazio [u se'de vɐ'ziu] Rohling
as cebolas [ɐʃ sə'boleʃ] Zwiebeln
cedo ['sedu] früh
cega/cego ['sɛgɐ/'sɛgu] Blinde/r
cego ['sɛgu] blind
o celular *(Br)* [u selu'lar] Handy
cemitério [səmi'tɛrju] Friedhof
as cenouras [ɐʃ sə'noreʃ] Karotten
centímetro [sẽn'timətru] Zentimeter
central [sẽn'tral] zentral
centro ['sẽntru] Zentrum
centro comercial ['sẽntru kumərsi'al] Einkaufszentrum
centro da cidade ['sẽntru dɐ si'dadə] Stadtzentrum
centro de manutenção física ['sẽntru də mɐnutẽ'sɐ̃u 'fizikɐ] Fitnesscenter
centro histórico ['sẽntru 'ʃtɔriku] Altstadt
centro social de cuidados ['sẽntru susi'al də kui'daduʃ] Sozialstation
cerâmica [sə'rɐmikɐ] Keramik
cerca de ['serkɐ də] etwa
cerca do meio-dia ['serkɐ du 'meju 'diɐ] gegen Mittag
cérebro ['sɛrəbru] Gehirn
as cerejas [ɐʃ sə'reʒɐʃ] Kirschen
certificado [sərtəfi'kadu] Bescheinigung
certificado de vacina [sərtəfi'kadu də vɐ'sinɐ] Impfpass
certificar [sərtəfi'kar] bescheinigen
certo ['sɛrtu] richtig
cerveja [sər'veʒɐ] Bier
cerveja sem álcool [sər'veʒɐ sɐ̃i 'alkwɔl] alkoholfreies Bier
cesto ['seʃtu] Korb
o céu [u sɛu] Himmel
o chá [u ʃa] Tee
o chá de macela [u ʃa də mɐ'sɛlɐ] Kamillentee
chamada [ʃɐ'madɐ] Anruf
chamada a pagar no destino [ʃɐ'mada pɐ'gar nu dəʃ'tinu] R-Gespräch
chamada com pré-aviso [ʃɐ'madɐ kõm prɛ ɐ'vizu] Voranmeldung *(tele)*
chamada internacional [ʃɐ'mad͜ĩntərnɐsju'nal] Auslandsgespräch
chamada interurbana [ʃɐ'mad͜ĩntɛrur'bɐnɐ] Ferngespräch
chamada local [ʃɐ'madɐ lu'kal] Ortsgespräch
chamar-se [ʃɐ'marsə] heißen
o champanhe [u ʃɐ̃m'pɐɲə] Champagner
o champô [u ʃɐ̃m'po] Shampoo
o champu [u ʃɐ̃m'pu] Shampoo
o chão [u ʃɐ̃u] Fußboden
o chapéu [u ʃɐ'pɛu] Hut

o chapéu para o sol [u ʃɐ'pɛu 'pɐrɐ u sɔl] Sonnenhut
charcutaria fina [ʃɐrkutɐ'riɐ 'finɐ] Feinkostgeschäft
charuto [ʃɐ'rutu] Zigarre
a chave [ɐ 'ʃavə] Schlüssel
a chave de ignição [ɐ 'ʃavə d‿igni'sɐ̃u] Zündschlüssel
chávena ['ʃavənɐ] Tasse
o chefe [u 'ʃɛfə] Chef
o/a chefe de orquestra [u/ɐ 'ʃɛfə d‿or'kɛʃtrə] Dirigent/in
chegada [ʃə'gadɐ] Ankunft
chegar [ʃə'gar] ankommen
cheio ['ʃeju] voll
cheirar [ʃei'rar] riechen
cheirar mal [ʃei'rar mal] stinken
cheiro ['ʃeiru] Geruch
o chiclete [u ʃi'klɛtə] Kaugummi
o chocolate [u ʃuku'latə] Schokolade
os chocos [uʃ ʃɔkuʃ] Tintenfisch
o choque [u 'ʃɔkə] Zusammenstoß
chorar [ʃu'rar] weinen
a choupana-refúgio [ɐ ʃo'pɐnɐ rə'fuʒju] Schutzhütte
chouriço [ʃo'risu] Wurst *(Dauerwurst)*
chumbo ['ʃũmbu] Plombe
chupeta [ʃu'petɐ] Schnuller
chuva ['ʃuvɐ] Regen
chuvoso [ʃu'vozu] regnerisch
ciática ['sjatikɐ] Ischias
a cicatriz [ɐ sikɐ'triʃ] Narbe
ciclismo [si'kliʒmu] Radsport
o cidadão da UE [u sidɐ'dɐ̃u dɐ uɛ] EU-Bürger
a cidade [ɐ si'dadə] Stadt
cigarrilha [sigɐ'ʀiʎɐ] Zigarillo
cigarro [si'gaʀu] Zigarette
o cinema [u si'nemɐ] Kino
cinta para motociclista ['sĩntɐ 'pɐrɐ mɔtusi'kliʃtɐ] Nierengurt
cinto ['sĩntu] Gürtel
cinto de segurança ['sĩntu də səgu'rɐ̃sɐ] Sicherheitsgurt
cinza *(Br)* ['sĩzɐ] grau
cinzeiro [sĩ'zeiru] Aschenbecher
cinzento [sĩ'zẽntu] grau
circo ['sirku] Zirkus
circuito de marcha [sir'kuito də 'marʃɐ] Wanderweg
a circunvalação [ɐ sirkũnvɐlɐ'sɐ̃u] Umgehungsstraße
o cirurgião/a cirurgiã [u sirur'ʒjɐ̃u/ɐ sirur'ʒjɐ̃] Chirurg/in
cisto ['siʃtu] Zyste
claramente *adv* [klarɐ'mẽntə] deutlich
claro *adj* ['klaru] deutlich, klar
a classe [ɐ 'klasə] Klasse
classicismo [klɐsi'siʒmu] Klassizismus
clássico ['klasiku] Klassiker
claustro ['klauʃtru] Kreuzgang
clavícula [klɐ'vikulɐ] Schlüsselbein
o/a cliente [u/ɐ kli'ẽntə] Kunde/Kundin
o clima [u 'klimɐ] Klima
o clube [u 'klubə] Clubhaus, Verein
o clube de golfe [u 'klubə də 'gɔlfə] Golfclub
o clube nocturno [u 'klubə no'turnu] Nachtklub

o coador [u kuɐ'dor] Küchensieb
o cobertor [u kubər'tor] wollene Bettdecke
cobra ['kɔbrɐ] Schlange
coco ['koku] Kokosnuss
código de acesso ['kɔdigu d‿ɐ'sɛsu] Türcode
código postal ['kɔdigu puʃ'tal] Postleitzahl
código secreto ['kɔdigu sə'krɛtu] Geheimzahl
coelho ['kweʎu] Kaninchen
o cofre [u 'kɔfrə] Safe
cogumelo [kugu'mɛlu] Pilz *(Essen)*
coisa ['koizɐ] Ding, Sache
o colar [u ku'lar] Kette
colcha ['kolʃɐ] Bettdecke
o colchão [u kol'ʃɐ̃u] Matratze
o colchão insuflável [u kol'ʃɐ̃u ĩsu'flavɛl] Luftmatratze
colecionar [kulɛsju'nar] sammeln
o/a colega [u/ɐ ku'lɛgɐ] Kollege/Kollegin
cólera ['kɔlərɐ] Cholera
o colete [u ku'letə] Weste
o colete de salvação [u ku'letə də salvɐ'sɐ̃u] Schwimmweste
a colher [ɐ ku'ʎɛr] Löffel
a colher de café [ɐ ku'ʎɛr də kɐ'fɛ] Kaffeelöffel
a colher de chá [ɐ ku'ʎɛr də ʃa] Teelöffel
a colher de pau [ɐ ku'ʎɛr də pau] Rührlöffel
cólica ['kɔlikɐ] Kolik
colina [ku'linɐ] Hügel
o collant [u 'kɔlɐ̃] Strumpfhose
o colorau [u kulu'rau] Paprika
coluna [ku'lunɐ] Säule
coluna vertebral [ku'lunɐ vərtə'bral] Wirbelsäule
com [kõ] mit
com certeza *adv* [kõ sər'tezɐ] bestimmt , sicher
com cuidado [kõ kui'dadu] vorsichtig
com defeito auditivo [kõ də'feitu‿audi'tivu] hörgeschädigt
com muito gosto [kõ 'mũintu 'goʃtu] gern
com necessidade de auxílio [kõ nəsəsi'dad‿au'silju] pflegebedürftig
com poucas calorias [kõ 'pokɐʃ kɐlu'riɐʃ] kalorienarm
o comandante [u kumɐ̃n'dɐ̃ntə] Kapitän
combinar [kõmbi'nar] vereinbaren
comboio (o trem) rápido suburbano [kõm'bɔju (u trẽi) 'ʀapidu subur'bɐnu] S-Bahn®
comboio [kõm'bɔju] Zug
comboio para transporte de automóveis [kõm'bɔju 'pɐrɐ trɐ̃ʃ'pɔrtə d‿autu'mɔveiʃ] Autoreisezug
comboio suburbano [kõm'bɔju subur'bɐnu] Nahverkehrszug
começar [kumə'sar] anfangen
começo [ku'mesu] Anfang
comédia [ku'mɛdjɐ] Komödie
comer [ku'mer] essen
o comerciante de objetos de arte [u kumərsi'ɐ̃ntə d‿ɔb'ʒɛtuʒ d‿artə] Kunsthändler

comestível [kuməʃ'tivɛl] essbar
comida [ku'midɐ] Essen, Verpflegung
comida para bebés [ku'midɐ 'pɐrɐ bɛ'bɛʃ] Babynahrung
os cominhos [uʃ ku'miɲuʃ] Kümmel
a comissão [ɐ kumi'sɐ̃u] Bearbeitungsgebühr
comissário [kumi'sarju] Steward/ess
como ['komu] da *(Grund)*, wie
cómoda muda-fraldas ['kɔmudɐ 'mudɐ 'fraldɐʃ] Wickeltisch
cómodo ['kɔmudu] bequem
companheiro/companheira de brincar [kõmpɐ'ɲeiru/ kõmpɐ'ɲeirɐ də brĩn'kar] Spielkamerad/in
companhia de aviação [kõmpɐ'ɲiɐ d͜ɐvjɐ'sɐ̃u] Fluggesellschaft
compartimento [kõmpɐrti'mẽntu] Abteil
compartimento para fumadores [kõmpɐrti'mẽntu 'pɐrɐ fumɐ'dorəʃ] Raucherabteil
compartimento para não-fumadores [kõmpɐrti'mẽntu 'pɐrɐ nɐ̃u fumɐ'dorəʃ] Nichtraucherabteil
a competição [ɐ kõmpəti'sɐ̃u] Wettkampf
completo [kõm'plɛtu] *(voll)* besetzt
compor-se de [kõm'porsə də] bestehen aus
o compositor/a compositora [u kõmpuzi'tor/ɐ kõmpuzi'torɐ] Komponist/in
comprar [kõm'prar] kaufen
compreender [kõmprjẽn'der] verstehen
comprido [kõm'pridu] lang
comprimido [kõmpri'midu] Tablette
os comprimidos contra as dores [uʃ kõmpri'miduʃ 'kõntraʒ 'dorəʃ] Schmerztabletten
os comprimidos para a dor de cabeça [uʃ kõmpri'miduʃ 'pɐra dor də kɐ'besɐ] Kopfschmerztabletten
os comprimidos para a garganta [uʃ kõmpri'miduʃ 'pɐra gɐr'gɐ̃ntɐ] Halstabletten
comum *adj* [ku'mũ] gemeinsam
a comunicação [ɐ kumunikɐ'sɐ̃u] Mitteilung
concerto [kõ'sertu] Konzert
concerto sinfónico (ô) [kõ'sertu sĩ'fɔniku] Sinfoniekonzert
concha ['kõʃɐ] Schöpfkelle
concha ['kõʃɐ] Muschel
condimento [kõndi'mẽntu] Gewürz
o condutor [u kõndu'tor], **a condutora** [ɐ kõndu'torɐ] Fahrer/in
conduzir [kõndu'zir] Auto fahren, lenken
a conexão *(Br)* [a konɛ'ksɐ̃u] Anschluss
confeitaria [kõfeitɐ'riɐ] Konditorei
confiança [kõ'fjɐ̃sɐ] Vertrauen
confirmar [kõfir'mar] bestätigen
confiscar [kõnfiʃ'kar] beschlagnahmen

confortável [kõfur'tavɛl] bequem, gemütlich
confundir [kõfũn'dir] verwechseln
conhecer [kuɲə'ser] kennen (lernen)
conhecido [kuɲə'sidu] bekannt
o conhecido [u kuɲə'sidu], **a conhecida** [ɐ kuɲə'sidɐ] der/die Bekannte
a conjuntivite [ɐ kõnʒũnti'vitə] Bindehautentzündung
conjunto [kõ'ʒũntu] Band
as conservas [ɐʃ kõ'sɛrvɐʃ] Konserven
considerar [kõsidə'rar] beachten
Consoada [kõŋ'swada] Heiliger Abend
a constipação [ɐ kõʃtipa'sɐ̃u] Erkältung; Schnupfen
a construção [ɐ kõʃtru'sɐ̃u] Bauwerk
consulado [kõsu'ladu] Konsulat
(as horas de) consulta [(ɐz 'ɔrɐʒ də) kõ'sultɐ] Sprechstunde
consumo de água [kõ'sumu d‿'agwɐ] Wasserverbrauch
conta ['kõntɐ] Konto, Rechnung *(im Restaurant, etc.)*
contagioso [kõntɐ'ʒjozu] ansteckend
o conta-quilómetros [u 'kõntɐ ki'lɔmətruʃ] Tachometer
contar [kõn'tar] erzählen
contacto [kõn'taktu] Kontakt
contente (com) [kõn'tẽntə (kõ)] erfreut (über)
contente [kõn'tẽntə] froh
o contentor de lixo [u kõntẽn'tor də 'liʃu] Mülltonne
contra ['kõntrɐ] gegen *(wider)*
contrabando [kõntrɐ'bɐ̃ndu] Schmuggel
as contraindicações [ɐʃ 'kõntr‿ĩŋdikɐ'sõiʃ] Gegenanzeigen
contra vontade ['kõntrɐ võn'tadə] nicht gern
contrário [kõn'trarju] Gegenteil
contrato [kõn'tratu] Vertrag
o controle de passaportes [u kõn'trolə də pasɐ'pɔrtəʃ] Passkontrolle
o controle de segurança [u kõn'trɔlə də səgu'rɐ̃sɐ] Sicherheitskontrolle
a contusão [ɐ kõntu'zɐ̃u] Prellung
convento [kõ'vẽntu] Kloster
conversa [kõ'vɛrsɐ] Gespräch, Unterhaltung
conversar [kõvər'sar] s. unterhalten
o convés [u kõ'vɛʃ] Deck
convidado [kõvi'dadu] Gast *(eingeladener)*
convidar [kõvi'dar] einladen
cópia ['kɔpjɐ] Kopie
copo ['kɔpu] Glas
copo de água ['kɔpu d‿'agwɐ] Wasserglas
copo de vinho ['kɔpu də 'viɲu] Weinglas
o coração [u kurɐ'sɐ̃u] Herz
coradas [kɔ'radɐʃ] geröstet *(Kartoffeln)*
corda ['kɔrdɐ] Seil

corda para estender roupa ['kɔrdɐ 'perɐ ʃtẽn'der 'ʀopɐ] Wäscheleine
o cordel [u kur'dɛl] Bindfaden
cor-de-laranja [kor də lɐ'rẽʒɐ] orange
cor-de-rosa [kor də 'ʀɔzɐ] rosa
cordial *adj* [kurdj'al] herzlich
cordialmente *adv* [kurdjal'mẽntə] herzlich
a corgete [ɐ kur'ʒɛtə] Zucchini
coro ['koru] Chor
coroa [ku'roɐ] Krone
corpo ['korpu] Körper
Corpo de Deus ['korpu də deuʃ] Fronleichnam
o corredor [u kuʀə'dor] Gang *(Flur)*
correio [ku'ʀeju] Post
a corrente [ɐ ku'ʀẽntə] Kette, Strom *(el)*
correr [ku'ʀer] laufen, rennen
correto [ku'ʀɛtu] fair
corrida [ku'ʀidɐ] Rennen
o corrimão [u kuʀi'mɐ̃u] Handlauf
cortar as pontas [kur'tar ɐʃ 'põntɐʃ] Spitzen schneiden
o corte em escadinha [u 'kɔrt‿ɐ̃i ʃkɐ'diɲɐ] Stufenschnitt
cortejo [kur'teʒu] Umzug
coser [ku'zer] nähen
costa ['kɔʃtɐ] Küste, Ufer *(Meer)*
as costas [ɐʃ 'kɔʃtɐʃ] Rücken
costeleta [kuʃtə'letɐ] Kotelett
as cotonetes [ɐʃ kotu'nɛtəʃ] Wattestäbchen
a couchette [ɐ ku'ʃɛtə] Liegewagen
a couve [ɐ 'kovə] Kohl
a couve-flor [ɐ 'kovə flor] Blumenkohl
o couvert [u ku'vɛr] Gedeck
cozido [ku'zidu] gekocht, gegart
cozinha [ku'ziɲɐ] Kochen, Küche
cozinhar [kuzə'ɲar] kochen
cozinheiro [kuzə'ɲeiru] Koch
a credencial [ɐ krə'dẽsjal] Krankenschein
o creme [u 'krɛmə] Creme
o creme para as mãos [u 'krɛmə 'per‿aʒ mɐ̃uʃ] Handcreme
o creme para o sol [u 'krɛmə 'perɐ u sɔl] Sonnencreme
criada de quarto [krj'adɐ də 'kwartu] Zimmermädchen
criança [krj'ɐ̃sɐ] Kind
as crianças até aos ... anos [ɐʃ krj'ɐ̃sɐz‿ɐ'tɛ auʃ... 'ɐnuʃ] Kleinkinder (bis zu ... Jahren)
crianças em idade escolar [krj'ɐ̃sɐz‿ɐ̃i i'dad‿ʃku'lar] Schulkinder
criativo [krjɐ'tivu] kreativ
o crime [u 'krimə] Verbrechen
o cristal [u kriʃ'tal] Kristall
cristianismo [kriʃtjɐ'niʒmu] Christentum
cru [kru] roh
a cruz [ɐ kruʃ] Kreuz
cruzamento [kruzɐ'mẽntu] Kreuzung
cruzeiro [kru'zeiru] Kreuzfahrt
cruzeiro à vela [kru'zeir‿a 'vɛlɐ] Segeltörn
cruzeta [kru'zetɐ] Kleiderbügel
cueca de homem ['kwɛkɐ d‿'ɔmɐ̃i] (Herren)Unterhose

cueca de senhora ['kwɛkɐ də sə'ɲorə] Slip, (Damen)-Unterhose
cuidado! [kui'dadu] Vorsicht!
culpa ['kulpɐ] Schuld
cultura [kul'turɐ] Kultur
o cume [u 'kumə] Gipfel
cumprimentar [kũmprimẽn'tar] begrüßen
cumprir [kũm'prir] (Versprechen) halten
cunhada [ku'ɲadɐ] Schwägerin
cunhado [ku'ɲadu] Schwager
cúpula ['kupulɐ] Kuppel
curioso [ku'rjozu] neugierig
curso ['kursu] Kurs
curso de línguas ['kursu də 'lĩŋgwɐʃ] Sprachkurs
curso de natação ['kursu də netɐ'sɐ̃u] Schwimmkurs
a curta-metragem [ɐ 'kurtɐ mə'traʒɐ̃i] Kurzfilm
curto ['kurtu] kurz *(räumlich)*
a curto prazo [ɐ 'kurtu 'prazu] kurzfristig
curto-circuito ['kurtu sir'kuitu] Kurzschluss
curva ['kurvɐ] Kurve
custar [kuʃ'tar] kosten

D

D. ['donɐ] Frau *(Anrede, vor Namen)*
os dados pessoais [uʒ 'daduʃ pə'swaiʃ] Personalien
os damascos [uʒ dɐ'maʃkuʃ] Aprikosen
dançar [dɐ̃'sar] tanzen
danificar [dɐnəfi'kar] beschädigen
dano ['dɐnu] Schaden
dar [dar] geben
dar pontos [dar 'põntuʃ] nähen
data ['datɐ] Datum, Termin
data de nascimento ['datɐ də nɐʃsi'mẽntu] Geburtsdatum
de [də] ab, aus, von
de antemão [d‿ɐ̃ntə'mɐ̃u] im Voraus
de cor [də kor] farbig
de fabrico caseiro [də fɐ'briku kɐ'zeiru] hausgemacht
de hora a hora [d‿'ɔra 'ɔrɐ] stündlich *(jede Stunde)*
de mais [də maiʃ] zu sehr, zu viel
de maneira nenhuma [də mɐ'neirɐ nə'ɲumɐ] gar nicht
de manhã [də mɐ'ɲɐ̃] am Vormittag, morgens, vormittags
de noite [də 'noitə] nachts
de novo [də 'novu] wieder
de outra forma *adv* [d‿'otrɐ 'fɔrmɐ] anders
de passagem [də pɐ'saʒɐ̃i] auf der Durchreise
de repente [də ʀə'pẽntə] plötzlich
de tarde [də 'tardə] nachmittags
de vez em quando [də vez‿ɐ̃i 'kwẽndu] von Zeit zu Zeit
debaixo de [də'baiʃu də] unter
decidir [dəsi'dir] beschließen, entscheiden
a declaração de valor [ɐ dəklɐrɐ'sɐ̃u də vɐ'lor] Wertangabe

a declaração para a alfândega [ɐ dəklɐrɐ'sɐ̃u 'pɐra al'fɐ̃ndəgɐ] Zollerklärung
dedo ['dedu] Finger
dedo do pé ['dedu du pɛ] Zehe
defeito [də'feitu] Fehler *(den man hat)*
deficiência física [dəfəsi'ẽsjɐ 'fizikɐ] Körperbehinderung
a/o deficiente [ɐ/u dəfəsi'ẽntə] Schwerbehinderte/r
deficiente visual [dəfəsi'ẽntə vizu'al] sehbehindert
o/a deficiente visual [u/ɐ dəfəsi'ẽntə vizu'al] Sehbehinderte/r
definitivamente *adv* [dəfənitivɐ'mẽntə] endgültig
definitivo *adj* [dəfəni'tivu] endgültig
defumado [dəfu'madu] geräuchert
o degrau [u də'grau] Stufe
deitar-se [dei'tarsə] s. hinlegen
deixar [dei'ʃar] verlassen, lassen
dela ['dɛlɐ] ihr
delas ['dɛlɐʃ] ihr
deles *pl* ['deləʃ] ihr
delgado [dɛl'gadu] dünn, fein, schlank
delicado [dəli'kadu] fein, höflich
delicioso [dəli'sjozu] lecker
demasiado [dəmɐ'zjadu] zu *(mit adj)*
o dente [u 'dẽntə] Zahn
o dente do siso [u 'dẽntə du 'sizu] Weisheitszahn
dentro ['dẽntru] innen
dentro de uma semana ['dẽntru d‿'umɐ sə'mɐnɐ] in einer Woche
depois [də'poiʃ] danach, dann
depois de [də'poiʒ də] nach *(zeitlich)*
depois de amanhã [də'poiʒ d‿amɐ'ɲɐ̃] übermorgen
depositar [dəpuzi'tar] hinterlegen
depósito [də'pɔzitu] Flaschenpfand, Tank
depósito de bagagens [də'pɔzitu də bɐ'gaʒɐ̃iʃ] Gepäckaufbewahrung
depressa *adv* [də'prɛsɐ] schnell
desagradável [dəzɐgrɐ'davɛl] unangenehm
descansar [dəʃkɐ̃'sar] s. ausruhen, erholen
descanso [dəʃ'kɐ̃su] Ruhe
descarado [dəʃkɐ'radu] unverschämt
descarga *(Br)* [dəʃ'kargə] Wasserspülung
descer [dəʃ'ser] aussteigen
descobrir [dəʃku'brir] entdecken
desconhecido [dəʃkuɲə'sidu] fremd, unbekannt
desconto [dəʃ'kõntu] Rabatt
desconto para crianças [dəʃ'kõntu 'pɐrɐ krj'ɐ̃sɐʃ] Kinderermäßigung
descrever [dəʃkrə'ver] beschreiben
desculpa [dəʃ'kulpɐ] Entschuldigung
desculpar-se [dəʃkul'parsə] s. entschuldigen

desde *prp* ['deʒdə] ab
desde *prp* ['deʒdə] seit
desde que *conj* ['deʒdə kə] seit
desejar [dəzə'ʒar] wünschen
desempregado [dəsẽmprə'gadu] arbeitslos
desenhar [dəzə'ɲar] zeichnen
desenhar nus [dəzə'ɲar nuʃ] Aktzeichnen
desenho [də'zeɲu] Zeichnung
os desenhos animados [uʒ də'seɲuz‿ɐni'maduʃ] Zeichentrickfilm
desentoxicar [dəzẽntɔʃi'kar] entschlacken, entgiften
desenvolver [dəzẽnvol'ver] entwickeln
desfiladeiro [dəʃfilɐ'deiru] Gebirgspass
desfrutar de [dəʃfru'tar də] genießen
desiludido [dəzilu'didu] enttäuscht
o desinfetante [u dəzĩfɛ'tẽntə] Desinfektionsmittel
desinfetar [dəzĩfɛ'tar] desinfizieren
desmaio [dəʒ'maju] Ohnmacht
o desodorizante [u dəzoduri'zɐntə] Deo(dorant)
despedir-se [dəʃpə'dirsə] s. verabschieden
o despertador [u dəʃpərtɐ'dor] Wecker
as despesas [ɐʒ dəʃ'pezɐʃ] Unkosten
as despesas extraordinárias [ɐʒ dəʃ'pezez‿əʃtrɐordi'narjɐʃ] Nebenkosten
desporto [dəʃ'portu] Sport
o/a desportista [u/ɐ dəʃpur'tiʃtɐ] Sportler/in
destinatário [dəʃtinɐ'tarju] Empfänger
destino [dəʃ'tinu] Reiseziel
desvio [dəʒ'viu] Umleitung, Umweg
o detergente [u dətər'ʒẽntə] Putzmittel
o detergente para a louça [u dətər'ʒẽntə 'pɐra 'losɐ] Spülmittel
o detergente para a roupa [u dətər'ʒẽntə 'pɐra 'ʀopɐ] Waschmittel
determinado *adj* [dətərmi'nadu] bestimmt
Deus ['deuʃ] Gott
devagar *adv* [dəvɐ'gar] langsam
dever [də'ver] sollen
devolver [dəvol'ver] zurückbringen, zurückgeben
dezembro [də'zẽmbru] Dezember
o dia [u 'diɐ] Tag
o dia da chegada [u 'diɐ dɐ ʃə'gadɐ] Anreisetag
o dia útil [u 'diɐ 'util] Werktag
a diabetes [ɐ djɐ'bɛtəʃ] Diabetes
diabético [djɐ'bɛtiku] Diabetiker
diagnóstico [djɐg'nɔʃtiku] Diagnose
diante de ['djẽntə də] vor *(räumlich)*
diapositivo [u djɐpuzi'tivu] Dia
diarreia [djɐ'ʀejɐ] Durchfall
dieta ['djɛtɐ] Diät, Schonkost
dieta terapêutica [di'ɛtɐ tərɐ'peutikɐ] Heilfasten

diferente *adj* [difə'rẽntə] anders
difícil [di'fisil] schwer, schwierig
a dificuldade de respirar [ɐ dəfikul'dadə də ʀəʃpi'rar] Atembeschwerden
difteria [diftə'riɐ] Diphtherie
a digestão [ɐ diʒəʃ'tɐ̃u] Verdauung
o digitalizador [u diʒitɐlizɐ'dor] Scanner
dínamo ['dinɐmu] Lichtmaschine
dinastia [dinɐʃ'tiɐ] Dynastie
a dinheiro [ɐ də'ɲeiru] bar
dinheiro [də'ɲeiru] Geld
dinheiro miúdo [də'ɲeiru 'mjudu] Kleingeld
dinheiro numerário [də'ɲeiru numə'rarju] Bargeld
a direção [ɐ dirɛ'sɐ̃u] Direktion, Richtung
a direção artística [ɐ di'rɛsɐ̃u ɐr'tiʃtikɐ] Regie
a direção do vento [ɐ di'rɛsɐ̃u du 'vẽntu] Windrichtung
direita *adj* [di'reitɐ]**, direito** [di'reitu] rechte(r, -s)
a direito [ɐ di'reitu] geradeaus
direito *adj* [di'reitu] gerade
direito *subs* [di'reitu] Recht
os direitos alfandegários [uʒ di'reituz‿alfẽndə'garjuʃ] Zollgebühren
direto [di'rɛtu] direkt
o diretor/a diretora [u dirɛ'tor/ ɐ dirɛ'torɐ] Leiter/in
discar *(Br)* [dis'kar] wählen *(tele)*
discoteca [diʃku'tɛkɐ] Diskothek
o disparador [u dəʃpɐrɐ'dor] Auslöser
o disparador automático [u dəʃpɐrɐ'dor‿autu'matiku] Selbstauslöser
dispneia [diʃ'pnejɐ] Atembeschwerden
dispositivo de alarme [dəʃpuzi'tivu d‿ɐ'larmə] Alarmanlage
distância [dəʃ'tɐ̃sjɐ] Entfernung
distante [dəʃ'tɐ̃ntə] weit (entfernt)
a distensão [ɐ dəʃtẽ'sɐ̃u] Zerrung
distinto [dəʃ'tĩntu] fein, vornehm
o distribuidor automático de selos [u dəʃtribwi'dor‿autu'matiku də 'seluʃ] Briefmarkenautomat
divertido [divər'tidu] lustig, erheiternd
divertimento [divərti'mẽntu] Unterhaltung, Vergnügen
divertir-se [divər'tirsə] s. amüsieren
dívida ['dividɐ] Schuld *(Geld)*
a divisão [divi'zɐ̃u] Raum *(einer Wohnung)*
as divisas [ɐʒ də'vizɐʃ] Devisen
dizer [di'zer] sagen
do que [du kə] als *(bei Vergleich)*
doce ['dosə] lieblich, süß
o doce [u 'dosə] Marmelade
os doces [uʒ 'dosəʃ] Süßigkeiten
documentário [dukumẽn'tarju] Dokumentarfilm
os documentos [uʒ duku'mẽntuʃ] Papiere
doença ['dwẽsɐ] Krankheit
doença infantil [dw'ẽs‿ĩfẽn'til] Kinderkrankheit

doente ['dwẽntə] krank
doer [dwer] schmerzen, wehtun
domicílio [dumi'silju] Wohnort
domingo [du'mĩŋgu] Sonntag
dono ['donu], **dona** ['donɐ] Besitzer/in *(Geschäft)*
dono/dona da casa ['donu/'donɐ dɐ 'kazɐ] Gastgeber/in
as dores [ɐʒ 'dorəʃ] Schmerzen
as dores de cabeça [ɐʒ dorəʒ də kɐ'besɐ] Kopfschmerzen
as dores de dentes [ɐʒ dorəʒ də 'dẽntəʃ] Zahnschmerzen
as dores de estômago [ɐʒ dorəʒ də 'ʃtomɐgu] Magenschmerzen
as dores de garganta [ɐʒ 'dorəʒ də gɐr'gẽntɐ] Halsschmerzen
as dores nas costas [ɐʒ dorəʒ nɐʃ 'kɔʃtɐʃ] Rückenschmerzen
dormida [dur'midɐ] Übernachtung
dormir [dur'mir] schlafen
a dose [ɐ 'dɔzə] Portion
dourado [do'radu] goldfarben
o drama [u 'drɐmɐ] Drama
a drenagem linfática [ɐ drə'naʒẽi lĩn'fatikɐ] Lymphdrainage
drogaria [drugɐ'riɐ] Drogerie
a ducha *(Br)* [a 'duʃɐ] Dusche
o duche [u 'duʃə] Dusche
duplo ['duplu] doppelt
durante o dia [du'rẽnt‿u 'diɐ] tagsüber
durante *prp* [du'rẽntə] während
durar [du'rar] dauern
duro ['duru] hart, zäh

E

e [i] und
o eczema [u ek'zemɐ] Ausschlag
edifício [idə'fisju] Bauwerk, Gebäude
ela *pers prn f sing* ['ɛlɐ] sie
elas *f pl* ['ɛlɐʃ] sie *(männlich)*
elástico para o cabelo [i'laʃtiku 'pɐrɐ u kɐ'belu] Haargummi
ele ['elə] er
elegante [ilə'gẽntə] schlank
eles *m pl* ['eləʃ] sie *männl.*
a eletricidade [ɐ ilɛtrəsi'dadə] Strom *(el)*
elétrico [i'lɛtriku] elektrisch, Straßenbahn
o elevador [u iləvɐ'dor] Aufzug, Fahrstuhl
em [ɐ̃i] an, auf, in
em baixo [ɐ̃i 'baiʃu] unten
em boa condição física [ɐ̃i 'boɐ kõndi'sɐ̃u 'fizikɐ] fit
em breve [ɐ̃i 'brɛvə] bald
em casa [ɐ̃i 'kazɐ] daheim
em cima [ɐ̃i 'simɐ] oben
em comum *adv* [ɐ̃i ku'mũ] gemeinsam
em frente (de) [ɐ̃i 'frẽntə (də)] gegenüber
em frente [ɐ̃i 'frẽntə] geradeaus
em jejum [ɐ̃i ʒə'ʒũ] nüchtern
em média *adv* [ɐ̃i 'mɛdjɐ] durchschnittlich
em parte nenhuma [ɐ̃i 'partə nə'ɲumɐ] nirgends
em português [ɐ̃i purtu'geʃ] auf Portugiesisch

em primeiro lugar [ẽi pri'meiru lu'gar] zuerst
em último lugar [ẽi 'ultimu lu'gar] zuletzt
em vez de [ẽi veʒ də] anstatt
em volta de [ẽi 'vɔltɐ də] um, herum
embaixada [ẽmbai'ʃadɐ] Botschaft *(dipl. Vertretung)*
a embalagem [ɐ ẽmbɐ'laʒẽi] Verpackung
embora [ẽm'bɔrɐ] obwohl
a embraiagem [ɐ ẽmbrɐ'jaʒẽi] Kupplung
embriagado [ẽmbrjɐ'gadu] betrunken
embrulhar [ẽmbru'ʎar] einpacken
ementa [i'mẽntɐ] Menü, Speisekarte
emergência [imər'ʒẽsjɐ] Notfall
empatado [ẽmpɐ'tadu] unentschieden
empregado [ẽmprə'gadu] Ober
empregado/empregada [ẽmprə'gadu/ẽmprə'gadɐ] Kellner/in, Angestellter/ Angestellte
emprego [ẽm'pregu] Arbeit *(Anstellung)*
empresa [ẽm'prezɐ] Firma
emprestar [ẽmprəʃ'tar] jdm etw leihen
encantador [ẽŋkẽntɐ'dor] bezaubernd, entzückend
encarnado [əŋkɐr'nadu] rot
a encenação [ɐ ẽnsənɐ'sɐ̃u] Inszenierung
a encenação [ɐ ẽsənɐ'sɐ̃u] Regie
encharcado [ẽʃɐr'kadu] nass, durchnässt
encomenda postal [ẽŋku'mẽndɐ puʃ'tal] Paket
encomenda postal pequena [ẽŋku'mẽndɐ puʃ'tal pə'kenɐ] Päckchen
encontrar [ẽŋkõn'trar] begegnen
encontrar [ẽŋkõn'trar] treffen
encontrar-se [ẽŋkõn'trarsə] s. befinden, liegen
encontro [ẽŋ'kõntru] Verabredung
endereço [ẽndə'resu] Adresse
endívia [ẽn'diviɐ] Chicoree
o enfarte de miocárdio [u ẽ'fartə də mjɔ'kardju] Herzinfarkt
enfermeira [ẽfər'meirɐ] Krankenschwester
enfermeiro [ẽfər'meiru] Krankenpfleger
enganar-se [ẽŋgɐ'narsə] s. täuschen
enganar-se na conta [ẽŋgɐ'narsə nɐ 'kõntɐ] s. verrechnen
engano [ẽn'gɐnu] Betrug
engarrafamento [ẽŋgɐʀɐfɐ'mẽntu] Stau
enguia [ẽŋ'giɐ] Aal
enjoo [ẽ'ʒou] Übelkeit
enquanto *conj* [ẽŋ'kwɐ̃ntu] während
ensinar [ẽsi'nar] unterrichten *(Schule)*
então [ẽn'tɐ̃u] also, dann
entrada [ẽn'tradɐ] Einfahrt, Eingang, Einreise, Eintritt, Vorspeise
entrar [ẽn'trar] hereinkommen

entre ['ẽntrə] unter, zwischen
entre! ['ẽntrə] herein!
entrega da bagagem [ẽn'trɛgɐ dɐ bɐ'gaʒẽi] Gepäckausgabe
entrega das chaves [ẽn'trɛgɐ dɐʃ 'ʃavəʃ] Schlüsselübergabe
entregar [ẽntrə'gar] abgeben
entusiasmado (com) [ẽntuzjɐʒ'madu (kõ)] begeistert (von)
o envelope [u ẽvə'lɔpə] Briefumschlag
envenenamento [ẽvənənɐ'mẽntu] Vergiftung
enxaqueca [ẽʃɐ'kɛkɐ] Migräne
epilepsia [ipilɛp'sjɐ] Epilepsie
época ['ɛpukɐ] Epoche
época de defeso ['ɛpukɐ də də'fezu] Schonzeiten
equipa [i'kipɐ] Mannschaft
equipado para cadeira de rodas [iki'padu 'pɐrɐ kɐ'deirɐ də 'rɔdɐʃ] rollstuhlgerecht
equipado para deficientes [iki'padu 'pɐrɐ dəfəsi'ẽntəʃ] behindertengerecht
equipamento de mergulhador [ikipɐ'mẽntu də mərguʎɐ'dor] Taucherausrüstung
equipamento elevador [ikipɐ'mẽntu iləvɐ'dor] Hublift
a equipe *(Br)* [a i'kipi] Mannschaft
errado [i'ʀadu] falsch
erro ['eʀu] Fehler, Irrtum
as ervas aromáticas [az‿'ɛrvɐz ɐru'matikɐʃ] Kräuter
as ervilhas [ɐz‿ir'viʎɐʃ] Erbsen
escada ['ʃkadɐ] Treppe
escala ['ʃkalɐ] Zwischenlandung
o escape [u 'ʃkapə] Auspuff
escarpado [ʃkɐr'padu] steil *(Berg)*
as escavações [ɐz‿əʃkɐvɐ'sõiʃ] Ausgrabungen
escola ['ʃkɔlɐ] Schule
escola de equitação [ʃ'kɔlɐ d‿ikitɐ'sɐ̃u] Reitschule
escolha ['ʃkoʎɐ] Auswahl
escolher [ʃku'ʎer] aussuchen, wählen
escova ['ʃkovɐ] Bürste
escova de calçado ['ʃkovɐ də kal'sadu] Schuhbürste
escova de dentes ['ʃkovɐ də 'dẽntəʃ] Zahnbürste
escova para a louça ['ʃkovɐ 'pɐra 'losɐ] Spülbürste
escrever [ʃkrə'ver] schreiben
escritório [ʃkri'tɔrju] Büro
o escultor [u ʃkul'tor] Bildhauer
escultura [ʃkul'turɐ] Plastik, Skulptur
escuro ['ʃkuru] dunkel
escutar alg [ʃku'tar al'gẽi] jdm zuhören
esferográfica [ʃfɛrɔ'grafikɐ] Kugelschreiber
o esfregão para a louça [u ʃfrə'gɐ̃u 'pɐra 'losɐ] Spültuch
esgotado [ʒgu'tadu] erschöpft
esófago [i'zɔfɐgu] Speiseröhre
espaço ['ʃpasu] Raum
o espadarte [u ʃpɐ'dartə] Schwertfisch
o espanador [u ʃpɐnɐ'dor] Wischmopp
espancar [ʃpẽŋ'kar] zusammenschlagen

Espanha [ˈʃpɐɲɐ] Spanien
espanhol [ʃpɐˈɲɔl] spanisch
o espanhol [u ʃpɐˈɲɔl], **a espanhola** [ɐ ʃpɐˈɲɔlɐ] Spanier/in
os espargos [uz‿əʃˈparguʃ] Spargel
espasmo [ˈʃpaʒmu] Krampf
especial [ʃpəˈsjal] extra
especial *adj* [ʃpəˈsjal] speziell
a especialidade [ɐ ʃpəsjɐliˈdadə] Spezialität
especialmente [ʃpəsjalˈmẽntə] besonders
especialmente *adv* [ʃpəsjalˈmẽntə] speziell
a espécie [ɐ ˈʃpɛsjə] Sorte
o espectador [u ʃpɛktɐˈdor] Zuschauer
espelho [ˈʃpeʎu] Spiegel
esperar [ʃpəˈrar] erwarten
esperto [ˈʃpɛrtu] klug
o/a especialista [u/ɐ ʃpəsjɐˈliʃtɐ] Facharzt/ärztin
espetáculo [ʃpɛˈtakulu] Show, Vorstellung
espetáculo de folclore [ʃpɛˈtakulu də fɔlˈklɔrə] Folkloreabend
espia da tenda [ˈʃpiɐ dɐ ˈtẽndɐ] Zeltschnur
os espinafres [uz‿əʃpiˈnafrəʃ] Spinat
espinha [ˈʃpiɲɐ] Gräte
espirrar [ʃpiˈʀar] niesen
esplêndido [ˈʃplẽndidu] herrlich
esporte *(Br)* [isˈpɔrti] Sport
espuma de barbear [ˈʃpumɐ də bɐrˈbjar] Rasierschaum
esquecer(-se de) [ʃkɛˈser(sə də)] vergessen
esquerda [ˈʃkerdɐ], **esquerdo** [ˈʃkerdu] linke(r, -s)
o esqui [u ʃki] Ski
o esqui aquático [u ʃki ɐkwˈatiku] Wasserski
esquina [ˈʃkinɐ] äußere Ecke
essa [ˈɛsɐ], **esse** [ˈesə] diese(r, -s)
esta [ˈɛʃtɐ], **este** [ˈeʃtə] diese(r, -s)
a esta hora [ɐ ˈɛʃtɐ ˈɔrɐ] um diese Zeit
estaca [ʃˈtakɐ] Hering *(Zelt)*
a estação [ɐ ʃtɐˈsɐ̃u] Bahnhof, Saison, Station
a estação alta [ɐ ʃtɐˈsɐ̃u ˈaltɐ] Hauptsaison
a estação baixa [ɐ ʃtɐˈsɐ̃u ˈbaiʃɐ] Vor-, Nachsaison
a estação central [ɐ ʃtɐˈsɐ̃u sẽnˈtral] Hauptbahnhof
a estação do ano [ɐ ʃtɐˈsɐ̃u du ˈɐnu] Jahreszeit
a estação rodoviária [ɐ ʃtɐˈsɐ̃u ʀɔdɔˈvjarjɐ] Busbahnhof
estacionamento para deficientes [ʃtɐsjunɐˈmẽntu ˈpɐrɐ dəfəsiˈẽntəʃ] Behindertenparkplatz
estacionar [ʃtɐsjuˈnar] parken
estádio [ʃˈtadju] Stadion
estado [ˈʃtadu] Staat, Zustand
estar [ʃtar] sein, stehen
estar deitado [ʃtar deiˈtadu] liegen *(ausgestreckt sein)*
estar em pé [ʃtar‿ɐ̃i pɛ] stehen
estar enjoado [ʃtar ẽˈʒwadu] seekrank sein

estar gelado [ʃtar ʒə'ladu] frieren
estar habituado a [ʃtar ɐbi'twadu ɐ] gewohnt sein
estar presente [ʃtar prə'zẽntə] da sein
estar sentado [ʃtar sẽn'tadu] sitzen
estátua ['ʃtatwɐ] Statue
estilo ['ʃtilu] Stil
estômago ['ʃtomɐgu] Magen
estrada ['ʃtradɐ] Landstraße
estrada principal ['ʃradɐ prĩsi'pal] Hauptlandstraße
estragado [ʃtrɐ'gadu] kaputt, verdorben
estrangeiro [ʃtrɐ̃'ʒeiru] Ausland, ausländisch, fremd
estrangeiro/estrangeira [ʃtrɐ̃'ʒeiru/ʃtrɐ̃'ʒeirɐ] Ausländer/in
estreia ['ʃtrejɐ] Premiere
estreito ['ʃtreitu] eng, schmal
estrela ['ʃtrelɐ] Stern
estudar [ʃtu'dar] studieren
estúdio ['ʃtudju] Studio
estufado [ʃtu'fadu] gedämpft, gedünstet, geschmort
eu [eu] ich
euro ['euru] Euro
Europa [eu'rɔpɐ] Europa
europeu [euru'peu] europäisch
europeu [euru'peu], **europeia** [euru'pejɐ] Europäer/in
a evacuação [ɐ ivɐkwɐ'sɐ̃u] Stuhlgang
evento [i'vẽntu] Veranstaltung
o exame [u i'zɐmə] Untersuchung, Prüfung
exato [i'zatu] genau
excelente [ʃsə'lẽntə] ausgezeichnet
exceto [ʃ'sɛtu] außer
a excursão [ɐ ʃkur'sɐ̃u] Ausflug, Rundfahrt, Tour
a excursão a terra [ɐ ʃkur'sɐ̃u ɐ 'tɛʀɐ] Landausflug
a excursão pela ilha [ɐ ʃkur'sɐ̃u 'pelɐ 'iʎɐ] Inselrundfahrt
a excursão/passeio de um dia [ɐ ʃkur'sɐ̃u/pɐ'seju d͜ũ 'diɐ] Tagesausflug
exemplo [i'zẽmplu] Beispiel
a exposição [ɐ ʃpuzi'sɐ̃u] Ausstellung
expressamente [ʃprɛsɐ'mẽntə] ausdrücklich
a expressão [ɐ ʃprə'sɐ̃u] Ausdruck
expressionismo [ʃprəsju'niʒmu] Expressionismus
a extensão [ɐ ʃtẽ'sɐ̃u] Verlängerungsschnur
a extensão múltipla [ɐ ʃtẽ'sɐ̃u 'multiplɐ] Zwischenstecker
o extintor de incêndios [u ʃtĩn'tor d͜ĩ'sẽndjuʃ] Feuerlöscher
extra ['eiʃtrɐ] extra

F

fábrica ['fabrikɐ] Fabrik
faca ['fakɐ] Messer
fachada [fɐ'ʃadɐ] Fassade
fácil ['fasil] leicht, einfach
falar [fɐ'lar] reden, sprechen
falha ['faʎɐ] Defekt
faltar [fal'tar] fehlen
família [fɐ'miljɐ] Familie

famoso [fɐ'mozu] berühmt
fango ['fẽngu] Fango
farinha [fɐ'riɲɐ] Mehl
farmácia [fɐr'masjɐ] Apotheke
o farol [u fɐ'rɔl] Leuchtturm, Scheinwerfer
farto ['fartu] satt
fatia [fɐ'tiɐ] Scheibe
fatigante [fɐti'gẽntə] anstrengend
fato ['fatu] Anzug
fato de banho ['fatu də 'bɐɲu] Badeanzug
fato de neoprene ['fatu də neo'prenə] Neoprenanzug
o fator de proteção solar [u fa'tor də prutɛ'sẽu su'lar] Lichtschutzfaktor
fatura [fa'turɐ] Rechnung
o fax [u faks] Fax, Faxgerät
fazer [fɐ'zer] machen, herstellen, tun
fazer bicha/fila [fɐ'zer 'biʃɐ/'filɐ] Schlange stehen
fazer comichão [fɐ'zer kumi'ʃẽu] jucken
fazer compras [fɐ'zer kõm'prɐʃ] einkaufen
fazer fila *(Br)* [fa'zer 'filɐ] Schlange stehen
fazer jogging [fɐ'zer 'dʒɔgiŋ] joggen
fazer marchas [fɐ'zer 'marʃɐʃ] wandern
fazer música [fɐ'zer 'muzikɐ] musizieren
fazer o check-in [fɐ'zer‿u ʃɛ'kin] einchecken
fazer o penso [fɐ'zer‿u 'pẽsu] verbinden
fazer surf [fɐ'zer sɐrf] surfen
fazer uma mise [fɐ'zer‿'umɐ 'mizə] legen *(Friseur)*
fazer uma rinçage [fɐ'zer‿'umɐ ʀẽ'saʒẽi] tönen
fazer windsurf [fɐ'zer 'wĩndsɐrf] Windsurfen, windsurfen
a febre [ɐ 'fɛbrə] Fieber
a febre dos fenos [ɐ 'fɛbrə duʃ 'fenuʃ] Heuschnupfen
fechado [fə'ʃadu] geschlossen, zu
fechadura [fəʃɐ'durɐ] Schloss *(Tür)*
fechar à chave [fə'ʃar‿a 'ʃavə] abschließen, verschließen
o feijão [u fei'ʒẽu] Bohnen
o feijão verde [u fei'ʒẽu 'verdə] grüne Bohnen
feio [feiu] hässlich
feira ['feirɐ] Jahrmarkt, Messe, Ausstellung
feira da ladra ['feirɐ dɐ 'ladrɐ] Flohmarkt
feito à mão ['feitu‿a mẽu] handgemacht
felicitar [fələsi'tar] gratulieren
feliz [fə'liʃ] glücklich
as férias [ɐʃ 'fɛrjɐʃ] Ferien, Urlaub
ferida [fə'ridɐ] Verletzung, Wunde
o ferido [u fə'ridu]**, a ferida** [ɐ fə'ridɐ] der/die Verletzte
ferir [fə'rir] verletzen
ferramenta [fəʀɐ'mẽntɐ] Werkzeug

ferro de engomar [ˈfɛʀu dˌẽŋguˈmar] Bügeleisen
ferro-velho [ˈfɛʀu ˈvɛʎu] Trödler
o ferry-boat [u ˈfɛʀi bot] Fähre
o fervedor elétrico[RR], **eléctrico**[ALT] [u fərvəˈdor iˈlɛtriku] Wasserkocher
ferver [fərˈver] Wasser kochen
fervido [fərˈvidu] gekocht *(Flüssigkeiten)*
festa [ˈfɛʃtɐ] Fest, Party
o festival [u fəʃtiˈval] Festival
fevereiro [fəvəˈreiru] Februar
as fezes [ɐʃ ˈfɛzəʃ] Stuhlgang
ficar [fiˈkar] bleiben
ficar a saber [fiˈkarˌɐ sɐˈber] erfahren
ficar bem [fiˈkar bẽi] passen *(Kleidung)*
ficar com [fiˈkar kõ] behalten
ficar satisfeito com [fiˈkar sɐtəʃˈfeitu kõ] s. freuen über
ficha [ˈfiʃɐ] Stecker
fígado [ˈfigɐdu] Leber
os figos [uʃ ˈfiguʃ] Feigen
filha [ˈfiʎɐ] Tochter
filho [ˈfiʎu] Sohn
o filme [u ˈfilmə] Film
o filme a preto e branco [u ˈfilmˌɐ ˈpretˌi ˈbrẽŋku] Schwarzweißfilm
o filme de ação [u ˈfilmə dˌasẽu] Actionfilm
o filme de cow-boys [u ˈfilmə də kɔˈbɔiʃ] Western
o filme policial [u ˈfilmə pulisiˈal] Thriller
filtro de café [ˈfiltru də kɐˈfɛ] Kaffeefilter
o fim [u fĩ] Ende
finalmente [finalˈmẽntə] endlich
fino [ˈfinu] fein *(dünn)*
fio [ˈfiu] Kette *(fein)*
firma [ˈfirmɐ] Firma
o fixador [u fiksɐˈdor] Haarfestiger
o flash [u flɛʃ] Blitzgerät
flatulência [flɐtuˈlẽsjɐ] Blähungen
os flocos de aveia [uʃ ˈflɔkuʒ dˌɐˈveiɐ] Haferflocken
a flor [ɐ flor] Blume
floresta [fluˈrɛʃtɐ] Wald
florista [fluˈriʃtɐ] Blumengeschäft
o fogão [u fuˈgẽu] Herd, Kocher
o fogão a gás [u fuˈgẽu ɐ gaʃ] Gasherd, Gaskocher
o fogão elétrico [u fuˈgẽu iˈlɛtriku] Elektroherd
fogo [ˈfogu] Feuer
fogo de artifício [ˈfogu dˌɐrtəˈfisju] Feuerwerk
o folclore [u fɔlˈklɔrə] Folklore
folha [ˈfoʎɐ] Blatt
folha de alumínio [ˈfoʎɐ dˌɐluˈminju] Alufolie
a fonte [ɐ ˈfõntə] Brunnen, Quelle
fora [ˈfɔrɐ] außen, fort
fora da validade [ˈfɔrɐ dɐ vɐliˈdadə] abgelaufen
fora de [ˈfɔrɐ də] außerhalb
fora de jogo [ˈfɔrɐ də ˈʒogu] abseits
fora do vulgar [ˈfɔrɐ du vulˈgar] außergewöhnlich
forma [ˈfɔrmɐ] Form

formato ao alto [fur'mat‿au 'altu] Hochformat
formato horizontal [fur'mat‿orizõn'tal] Querformat
forno ['fornu] Backofen
fortaleza [furtɐ'lezɐ] Festung
forte ['fɔrtə] stark
fósforo ['fɔʃfuru] Streichholz
fotografia [futugrɐ'fiɐ] Bild, Fotografie, Fotografieren
fotómetro (ô) [fu'tɔmətru] Belichtungsmesser
a foz [ɐ fɔʃ] Mündung
fraco ['fraku] schwach
as fraldas [ɐʃ 'fraldɐʃ] Windeln
França ['frɐ̃sɐ] Frankreich
francês [frɐ̃'seʃ] französisch
o francês [u frɐ̃'seʃ] Franzose
a francesa [ɐ frɐ̃'sezɐ] Französin
franco suíço ['frɐ̃ŋku 'swisu] Schweizer Franken
frango ['frɐ̃ŋgu] Hähnchen
franja ['frɐ̃ʒɐ] Pony
franquia [frɐ̃ŋ'kiɐ] Porto
franquiar [frɐ̃ŋ'kjar] frankieren
a frase [ɐ 'frazə] Satz
fratura [fra'turɐ] Bruch, Knochenbruch
freio *(Br)* ['freju] Bremse
freio de emergência *(Br)* ['freju d‿imər'ʒẽsjɐ] Notbremse
o freio de mão *(Br)* [u ('freju) də mɐ̃u] Handbremse
fresco ['freʃku] frisch, kühl
frigideira [friʒi'deirɐ] Pfanne
frigorífico [frigu'rifiku] Kühlschrank
frio ['friu] kalt
frito ['fritu] gebraten
o frontão [u frõn'tɐ̃u] Giebel
fronteira [frõn'teirɐ] Grenze
fruta ['frutɐ] Obst
frutaria e hortaliças [frutɐ'riɐ i ortɐ'lisɐʃ] Obst- und Gemüsehändler
fumado [fu'madu] geräuchert
o fumador [u fumɐ'dor] Raucher
fumar [fu'mar] rauchen
funcho ['fũʃu] Fenchel
funcionar [fũsju'nar] funktionieren
fundo ['fũndu] tief
furioso [fu'rjozu] wütend
furo ['furu] Platten
o fusível [u fu'zivɛl] Sicherung *(el)*
o futebol [u futə'bɔl] Fußball(spiel)
futuro [fu'turu] Zukunft, zukünftig

G

gabardina [gɐbar'dinɐ] Regenmantel
gaivota [gai'vɔtɐ] Möwe
galeria [gɐlə'riɐ] Galerie
as galochas [ɐʒ gɐ'lɔʃɐʃ] Gummistiefel
as gambas [ɐʒ 'gɐ̃mbɐʃ] Garnelen
gancho ['gɐ̃nʃu] Haken
os ganchos para o cabelo [uʃ 'gɐ̃nʃuʃ 'pɐrɐ u kɐ'belu] Haarklammern
ganhar [ga'ɲar] gewinnen
ganho ['gaɲu] Gewinn
a garagem [ɐ gɐ'raʒɐ̃i] Garage
garantia [gɐrɐ̃n'tiɐ] Garantie

o garçom/a garçonete *(Br)* [u gar'sõ/a garso'nɛti] Kellner/in
a gare [ɐ 'garə] Bahnsteig
garfo ['garfu] Gabel
garganta [gɐr'gɐ̃ntɐ] Hals, Kehle
garrafa [gɐ'ʀafɐ] Flasche
gastar [gɐʃ'tar] ausgeben
gato ['gatu] Katze
a gaze [ɐ 'gazə] Mullbinde
geada ['ʒjadɐ] Frost
o gel de banho [u ʒɛl də 'bɐɲu] Duschgel
o gel para o cabelo [u ʒɛl 'perɐ u kɐ'belu] Haargel
geladeira *(Br)* [ʒela'derɐ] Kühlschrank
gelado [ʒə'ladu] Speiseeis
gelo ['ʒelu] Eis
gengiva [ʒẽ'ʒivɐ] Zahnfleisch
a gente [ɐ 'ʒẽntə] Leute
gentil [ʒẽn'til] liebenswürdig
ginástica [ʒi'naʃtikɐ] Gymnastik
ginástica com música de jazz [ʒi'naʃtikɐ kõ 'muzikɐ də dʒɛz] Jazzgymnastik
o gol *(Br)* [u gol] Tor(schuss)
goleiro *(Br)* [go'leru] Torwart
o golfe [u 'gɔlfə] Golf
golo ['golu] Tor(schuss)
o golpe [u 'gɔlpə] Schnittwunde
gordo ['gordu] dick, fett
gorjeta [gur'ʒetɐ] Trinkgeld
gostar de [guʃ'tar də] mögen, gern haben
gosto ['goʃtu] Geschmack
as gotas [ɐʒ 'gotɐʃ] Tropfen
as gotas oftálmicas [ɐʒ 'gotɐz‿ɔf'talmikɐʃ] Augentropfen
as gotas para os ouvidos [ɐʒ 'gotɐʃ 'perɐ uz‿o'viduʃ] Ohrentropfen
gótico ['gɔtiku] Gotik
governo [gu'vernu] Regierung
graça ['grasɐ] Witz
o grama [u 'grɐmɐ] Gramm
grande ['grɐ̃ndə] groß
grande área ['grɐ̃nd‿'ariɐ] Strafraum
o grande armazém [u 'grɐnd‿armɐ'zɐ̃i] Kaufhaus
o grão [u grɐ̃u] Kichererbsen
gratinado [grɐti'nadu] überbacken
gratuito [grɐ'tuitu] gratis, kostenlos
gravata [grɐ'vatɐ] Krawatte
a gravidez [ɐ grɐvi'deʃ] Schwangerschaft
gravura em madeira [grɐ'vur‿ɐ̃i mɐ'deirɐ] Holzschnitt
graxa ['graʃɐ] Schuhcreme
grego ['gregu] griechisch
o grelhador [u grəʎɐ'dor] Grill
a gripe [ɐ 'gripə] Grippe
gritar [gri'tar] schreien
grupo ['grupu] Gruppe
grupo de teatro ['grupu də 'tjatru] Theatergruppe
grupo de turistas ['grupu də tu'riʃtɐʃ] Reisegesellschaft
grupo sanguíneo ['grupu sɐ̃ŋ'g(w)inju] Blutgruppe
gruta ['grutɐ] Grotte
o guarda-chuva [u 'gwardɐ 'ʃuvɐ] Schirm
guardanapo [gwɐrdɐ'napu] Serviette

guardar [gwɐr'dar] aufbewahren, behalten
os guardanapos de papel [uʒ gwɐrdɐ'napuʒ də pɐ'pɛl] Papierservietten
o guarda-redes [u 'gwardɐ 'ʀedəʃ] Torwart
o/a guia [u/ɐ 'giɐ] (Fremden)-führer/in
o guia de campismo [u 'giɐ də kẽm'piʒmu] Campingführer
o guia turístico [u 'giɐ tu'riʃtiku] Reiseführer

H

há [a] es gibt, vor
o/a habitante [u ɐbi'tẽntə/ ɐ ɐbi'tẽntə] Einwohner/in
há dez minutos [a dɛʒ mi'nutuʃ] vor zehn Minuten
habitual [ɐbi'twal] gewöhnlich, üblich
o hall [u ɔl] Empfangshalle
as havaianas [ɐz‿ɐvai'ɐnɐʃ] Flipflops
hemorragia [emuʀɐ'ʒiɐ] Blutung
hemorragia nasal [emuʀɐ'ʒiɐ nɐ'zal] Nasenbluten
hérnia inguinal ['ɛrnjɐ ĩŋgi'nal] Leistenbruch
o herpes [u 'ɛrpəʃ] Herpes
o hidrofoil [u idrɔ'fɔil] Tragflügelboot
história ['ʃtɔrjɐ] Geschichte
hoje ['oʒə] heute
hoje de manhã/hoje à noite ['oʒə də mɐ'ɲɐ̃/oʒ‿a 'noitə] heute Morgen/heute Abend
o homem [u 'ɔmɐ̃i] Mann, Mensch
homens ['ɔmɐ̃iʃ] Herren
o hóquei sobre o gelo [u 'ɔkei 'sobr‿u 'ʒelu] Eishockey
hora ['ɔrɐ] Stunde
hora de chegada ['ɔrɐ də ʃə'gadɐ] Ankunftszeit
hora de partida ['ɔrɐ də pɐr'tidɐ] Abfahrtszeit
horário [o'rarju] Fahrplan
horário de abertura [o'rarju d‿ɐbər'turɐ] Öffnungszeiten
as horas da visita [ɐz‿'ɔrɐʒ dɐ və'zitɐ] Besuchszeit
o hóspede [u 'ɔʃpədə] (Logier) Gast
a hospedeira [ɔʃpə'deirɐ] Stewardess
o hospital [u oʃpi'tal] Krankenhaus
a hospitalidade [ɐ oʃpitɐli'dadə] Gastfreundschaft
o hovercraft [u ovər'kraft] Luftkissenboot
húmido ['umidu] feucht

I

a idade [ɐ i'dadə] Alter
a Idade Média [ɐ i'dadə 'mɛdjɐ] Mittelalter
ideia [i'dejɐ] Idee
a ignição [ɐ igni'sɐ̃u] Zündung
igreja [i'greʒɐ] Kirche
igual *adj* [i'gwal] gleich
ilha ['iʎɐ] Insel
as imediações [ɐz‿imədjɐ'sõiʃ] Umgebung

imediatamente [imədjatɐ'mẽntə] sofort
impedido [ĩmpə'didu] besetzt
impedir [ĩmpə'dir] hindern
o imperador/a imperatriz [u ĩmpərɐ'dor/ɐ ĩmpərɐ'triʃ] Kaiser/in
o impermeável [u ĩmpər'mjavɛl] Regenmantel
importância [ĩmpur'tẽsjɐ] Bedeutung, Wichtigkeit
importante [ĩmpur'tẽntə] wichtig
importunar [ĩmpurtu'nar] belästigen
impossível [ĩmpu'sivɛl] unmöglich
a impressão [ɐ imprə'sɐ̃u] Gefühl, Eindruck
impressionante [ĩmprəsju'nẽntə] beeindruckend
impressionismo [ĩmprəsju'niʒmu] Impressionismus
impresso [ĩm'prɛsu] Formular, Vordruck
impressora [ĩmprə'sorɐ] Drucker
improvável *adj* [ĩmpru'vavɛl] unwahrscheinlich
inadequado [inɐdə'kwadu] ungeeignet
inchaço [ĩ'ʃasu] Schwellung
inchado [ĩ'ʃadu] dick, geschwollen
o incidente [u ĩsi'dẽntə] Zwischenfall
incluído [ĩŋ'klwidu] inbegriffen
incomodar [ĩŋkumu'dar] stören
incrível [ĩŋ'krivɛl] unglaublich
a inde(m)nização [ɐ ĩndə(m)nizɐ'sɐ̃u] Schadenersatz
inde(m)nizar [ĩndə(m)ni'zar] (Schaden) ersetzen
a indicação [ɐ ĩndikɐ'sɐ̃u] Angabe
indicativo [ĩndikɐ'tivu] Vorwahlnummer
a indigestão [ɐ ĩndiʒəʃ'tɐ̃u] Verdauungsstörung
o indutor magnético [u ĩndu'tor mɐg'nɛtiku] Induktionsschleife
a infecção [ɐ ĩfɛ'sɐ̃u] Infektion
infelizmente [ĩfəliʒ'mẽntə] leider
a inflamação [ɐ ĩflɐmɐ'sɐ̃u] Entzündung
inflamável [ĩflɐ'mavɛl] feuergefährlich
a informação [ɐ ĩfurmɐ'sɐ̃u] Auskunft
informar [ĩfur'mar] informieren, unterrichten
a infusão [ɐ ĩfu'zɐ̃u] Infusion
inglês [ĩŋ'gleʃ] englisch
íngreme ['ĩŋgrəmə] steil *(Straße)*
a injeção [ɐ ĩʒɛ'sɐ̃u] Spritze
inquietar-se [ĩnkjɛ'tarsə] s. beunruhigen
a inscrição [ɐ ĩʃkri'sɐ̃u] Inschrift
inseto [ĩ'sɛtu] Insekt
a insolação [ɐ ĩsulɐ'sɐ̃u] Sonnenstich
insónia (ô) [ĩ'sɔnjɐ] Schlaflosigkeit
as instalações sanitárias [ɐz ĩʃtɐlɐ'sõiʃ sɐni'tarjɐʃ] Sanitäreinrichtungen
instantâneo [ĩʃtɐ̃n'tɐnju] Schnappschuss
instável [ĩʃ'tavɛl] wechselhaft

a instrução [ɐ ĩnʃtrusɐ̃u] Ausbildung
insulina [ĩsu'linɐ] Insulin
insuportável [ĩsupur'tavɛl] unerträglich
inteiramente *adv* [ĩnteirɐ'mẽntə] ganz
inteiro [ĩn'teiru] ganz, vollständig
a intensidade do vento [ɐ ĩntẽsi'dadə du 'vẽntu] Windstärke
interessante [ĩntərə'sẽntə] interessant
interessar-se (por) [ĩntərə'sarsə (pur)] s. interessieren (für)
o interfone para bebés [u ĩntər'fɔnə 'pɐrɐ bɛ'bɛʃ] Babyfon®
o interior [u ĩnte'rjor] Hinterland
internacional [ĩntərnɐsju'nal] international
o interrail [u ĩntə'ʀɐil] Interrail
interromper [ĩntəʀõm'per] unterbrechen
o interruptor [u ĩntəʀup'tor] Lichtschalter
intervalo [ĩntər'valu] Pause
intestino [ĩntəʃ'tinu] Darm
a intoxicação [ɐ ĩntɔksikɐ'sɐ̃u] Vergiftung
a intoxicação alimentar [ɐ ĩntɔksikɐ'sɐ̃u ɐlimẽn'tar] Lebensmittelvergiftung
inverno [ĩ'vɛrnu] Winter
invulgar [ĩvul'gar] ungewöhnlich
(tintura de) iodo [(tĩn'turɐ d‿)'jodu] Jod(tinktur)
o ioga [u i'ɔgɐ] Yoga
o iogurte [u jo'gurtə] Joghurt
IP (itinerário principal) [i'pe (itənə'rarju prĩsi'pal)] Schnellstraße
iPod® [i'pɔdə] iPod®
ir [ir] fahren, gehen
ir a pé [ir‿ɐ pɛ] zu Fuß gehen
ir buscar [ir buʃ'kar] abholen
ir para a cama [ir 'pɐra 'kɐmɐ] zu Bett gehen
ir viajar [ir vjɐ'ʒar] verreisen
a irmã [ɐ ir'mɐ̃] Schwester
o irmão [u ir'mɐ̃u] Bruder
ir-se embora [irs‿ẽm'bɔrɐ] weggehen
itinerário [itinə'rarju] Route

J

já [ʒa] bereits, gleich, sofort, schon
já que [ʒa kə] da *(Grund)*
janeiro [ʒɐ'neiru] Januar
janela [ʒɐ'nɛlɐ] Fenster
o jantar [u ʒẽn'tar] Abendessen
o jardim [u ʒɐr'dĩ] Garten
o jardim botânico [u ʒɐr'dĩ bu'tɐniku] Botanischer Garten
o jardim zoológico [u ʒɐr'dĩ zuu'lɔʒiku] Zoo
jarra ['ʒaʀɐ] Vase
jarro ['ʒaʀu] Karaffe
o jazz [u dʒɛz] Jazz
joalharia [ʒwɐʎɐ'riɐ] Juwelier
joelho ['ʒweʎu] Knie
jogar [ʒu'gar] spielen
jogo ['ʒogu] Spiel
jogo a pares ['ʒogu ɐ 'parəʃ] Doppel

jogo de futebol ['ʒogu də futə'bɔl] Fußballspiel
jogo individual ['ʒog‿ĩndəvi'dwal] Einzel
as joias [ɐʒ 'ʒɔjɐʃ] Schmuck
o jornal [u ʒur'nal] Zeitung
a/o jovem [ɐ/u 'ʒɔvẽi] Jugendliche(r)
o juiz/a juíza [u ʒu'iʃ/ɐ ʒu'izɐ] Richter/in
julho ['ʒuʎu] Juli
junho ['ʒuɲu] Juni
juntamente [ʒũntɐ'mẽntə] zusammen
junto de ['ʒũntu də] neben
juntos ['ʒũntuʃ] gemeinsam , zusammen
justamente [ʒuʃtɐ'mẽntə] gerade *(zeitlich)*

K

o ketchup [u kɛ'tʃɐp] Ketchup
a kitchenette [ɐ kitʃi'nɛtə] Kochnische
o kiwi [u 'kivi] Kiwi

L

a lã [ɐ lɐ̃] Wolle
lá [la] da, dort
lá dentro [la 'dẽntru] drin, drinnen
lá fora [la 'fɔrɐ] draußen
lábio ['labju] Lippe
o lactente [u lɐk'tẽntə] Säugling
lado ['ladu] Seite
o ladrão [u lɐ'drɐ̃u] Dieb
lago ['lagu] See *(Binnengewässer)*
lamentar [lɐmẽn'tar] bedauern
lâmina de barba ['lɐminɐ də 'barbɐ] Rasierklinge
lâmpada ['lɐ̃mpɐdɐ] Glühbirne
lancha ['lɐ̃ʃɐ] Motorboot
o lápis de cor [u 'lapiʒ də kor] Farbstift
as laranjas [ɐʒ lɐ'rɐ̃ʒɐʃ] Apfelsinen
largo ['largu] breit, weit *(Gegenteil von eng)*
largura [lɐr'gurɐ] Breite
largura da porta [lɐr'gurɐ dɐ 'pɔrtɐ] Türbreite
a lata *(Br)* **de gasolina** [a 'latɐ də gɐzu'linɐ] Benzinkanister
lata ['latɐ] Dose
os lavabos [uʒ lɐ'vabuʃ] Waschraum
lavado [lɐ'vadu] frisch *(Wäsche)*
o lava-louça [u 'lavɐ 'losɐ] Geschirrspülbecken
lavandaria [lɐvẽndɐ'riɐ] Wäscherei
lavar [lɐ'var] waschen
lavatório [lɐvɐ'tɔrju] Handwaschbecken, Waschbecken
o laxativo [u lɐʃɐ'tivu] Abführmittel
as legendas [ɐʒ lə'ʒẽndɐʃ] Untertitel
os legumes [uʒ lə'gumәʃ] Gemüse
leitaria [leitɐ'riɐ] Milchgeschäft
o leite [u 'leitə] Milch

o leite magro [u ˈleitə ˈmagru] fettarme Milch
o leitor de CDs [u leiˈtor də seˈdeʃ] CD-Spieler
o leitor de CDs portátil [u leiˈtor də seˈdeʃ purˈtatil] tragbarer CD-Spieler
o leitor de MP3/iPod® [u leiˈtor də ˈɛmə pe treʃ/iˈpɔdə] MP3Player/iPod®
lembrança [lẽmˈbrẽsɐ] Mitbringsel
as lembranças [ɐʃ lẽmˈbrẽsɐʃ] Reiseandenken
lenço do pescoço [ˈlẽsu du pəʃˈkosu] Halstuch
os lenços de papel [uʒ ˈlẽsuʒ də pɐˈpɛl] Papiertaschentücher
a lente [a ˈlẽntə] Linse
as lentilhas [ɐʒ lẽnˈtiʎɐʃ] Linsen
lento *adj* [ˈlẽntu] langsam
ler [ler] lesen
o leste [u ˈlɛʃtə] Osten
a leste de [ɐ ˈlɛʃtə də] östlich von
letra [ˈletrɐ] (Hand)Schrift
levantar-se [ləvẽnˈtarsə] aufstehen
levar [ləˈvar] Zeit brauchen, wegbringen, mitnehmen, tragen
leve [ˈlɛvə] leicht *(Gewicht)*
lhes *dat* [ʎəʃ] euch
licença de pesca [liˈsẽsɐ də ˈpɛʃkɐ] Angelschein
a ligação [ɐ ligɐˈsẽu] Verbindung *(Zug, tele)*
a ligação [ɐ ligɐˈsẽu] Anschluss
ligadura [ligɐˈdurɐ] Verband
ligadura elástica [ligɐˈdur‿iˈlaʃtikɐ] Elastikbinde
ligar [liˈgar] einschalten, verbinden
lilás [liˈlaʃ] lila
os limões [uʒ liˈmõiʃ] Zitronen
limonada [limuˈnadɐ] Limonade
o limpa-para-brisas [u ˈlĩmpɐ ˈparɐ ˈbrizɐʃ] Scheibenwischer
limpar [lĩmˈpar] putzen
limpar [lĩmˈpar] reinigen
limpar a seco [lĩmˈpar‿ɐ ˈseku] chemisch reinigen
limpeza final [lĩmˈpezɐ fiˈnal] Endreinigung
limpo [ˈlĩmpu] sauber
lindo [ˈlĩndu] schön
língua [ˈlĩŋgwɐ] Sprache, Zunge
linguado [lĩŋˈgwadu] Seezunge
a linguagem gestual [ɐ lĩnˈgwaʒẽi ʒɛʃtuˈal] Zeichensprache
linha [ˈliɲɐ] Faden
linha [ˈliɲɐ] Gleis, Linie
linha de cremalheira [ˈliɲɐ də krəmɐˈʎeirɐ] Zahnradbahn
linho [ˈliɲu] Leinen
líquido [ˈlikidu] flüssig
líquido anticongelante [ˈlikidu ẽntikõnʒəˈlẽntə] Frostschutzmittel
líquido dos travões (*Br* **dos freios)** [ˈlikidu duʃ trɐˈvõiʃ (dus ˈfrejus)] Bremsflüssigkeit
lista [ˈliʃtɐ] Speisekarte, Liste
lista telefónica (ô) [ˈliʃtɐ tələˈfɔnikɐ] Telefonbuch
litro [ˈlitru] Liter
livraria [livrɐˈriɐ] Buchhandlung
livre [ˈlivrə] frei

livre de taxa alfandegária ['livrə də 'taʃ‿alfẽndə'garjɐ] zollfrei
o livrete do carro [u li'vretə du 'kaʀu] Kfz-Schein
livro ['livru] Buch
livro de bolso ['livru də 'bolsu] Taschenbuch
livro de cozinha ['livru də ku'ziɲɐ] Kochbuch
lixo ['liʃu] Abfall, Müll
o local de nascimento [u lu'kal də nɐʃsi'mẽntu] Geburtsort
a loção (para a barba) [ɐ lu'sɐ̃u ('pɐra 'barbɐ)] Rasierwasser
logo ['lɔgu] bald
loja de artigos de couro/pele ['lɔʒɐ d‿ɐr'tiguʒ də 'koru/'pɛlə] Lederwarengeschäft
loja de artigos elétricos ['lɔʒɐ d‿ɐr'tiguz‿i'lɛtrikuʃ] Elektrohandlung
loja de artigos fotográficos ['lɔʒɐ d‿ɐr'tiguʃ futu'grafikuʃ] Fotogeschäft
loja de bebidas alcoólicas ['lɔʒɐ də bə'bidɐz‿al'kwɔlikɐʃ] Spirituosengeschäft
loja de brinquedos ['lɔʒɐ də brĩŋ'keduʃ] Spielwarengeschäft
loja de celulares *(Br)* ['lɔʒɐ də selu'larəs] Handygeschäft
loja de computadores ['lɔʒɐ də kõmputɐ'dorəʃ] Computerfachgeschäft
loja de ferragens ['lɔʒɐ də fə'ʀaʒɐ̃iʃ] Eisenwarengeschäft
loja de produtos biológicos ['lɔʒɐ də pru'dutuʒ biu'lɔʒikuʃ] Bioladen
loja de produtos dietéticos ['lɔʒɐ də pru'dutoʒ dje'tɛtikuʃ] Reformhaus
loja de recordações turísticas ['lɔʒɐ də rəkurdɐ'sõiʃ tu'riʃtikɐʃ] Souvenirladen
loja de telemóveis ['lɔʒɐ də tɛlɛ'mɔveiʃ] Handygeschäft
loja franca ['lɔʒɐ 'frẽŋkɐ]
duty-free shop ['djuti fri ʃɔp] zollfreier Laden
longe *adv* ['lõʒə] weit
longo ['lõŋgu] weit *(Weg)*
louça ['losɐ] Geschirr
louco ['loku] verrückt
louro ['loru] blond, Lorbeer
lua ['luɐ] Mond
o lugar [u lu'gar] Ort, Platz
o lugar à janela [u lu'gar‿a ʒɐ'nɛlɐ] Fensterplatz
o lugar de couchette [u lu'gar də ku'ʃɛtə] Liegewagenplatz
o lugar de peregrinação/de romaria [u lu'gar də pərəgrinɐ'sɐ̃u/də ʀumɐ'riɐ] Wallfahrtsort
as lulas [ɐʒ 'lulɐʃ] Tintenfisch
lumbago [lũm'bagu] Hexenschuss
luva de lavar ['luvɐ də lɐ'var] Waschlappen
as luvas [ɐʃ 'luvɐʃ] Handschuhe
luxuoso [lu'ʃwozu] luxuriös
a luz [ɐ luʃ] Licht
as luzes dos travões (*Br* **dos freios)** [ɐʒ 'luzəʒ duʃ trɐ'võiʃ (dus 'frejus)] Bremslichter
as luzes traseiras [ɐʒ 'luzəʃ trɐ'zeirɐʃ] Rücklicht

M

macaco [mɐ'kaku] Wagenheber, Affe
maçador [mɐsɐ'dor] lästig
as maçãs [ɐʒ mɐ'sɐ̃ʃ] Äpfel
macio [mɐ'siu] weich
madeira [mɐ'deirɐ] Holz
madeixa [mɐ'deiʃɐ] Strähnchen
maduro [mɐ'duru] reif
a mãe [ɐ mɐ̃i] Mutter
magro ['magru] fettarm
magro ['magru] mager
o maiô *(Br)* [u ma'jo] Badeanzug
maio ['maju] Mai
a maionese [ɐ majo'nɛzə] Mayonnaise
mais (do) que [maiʃ (du) kə] mehr als
mais [maiʃ] mehr
mais cedo [maiʃ 'sedu] früher
o mais depressa possível [u maiʒ də'prɛsɐ pu'sivɛl] so bald wie möglich
mais tarde *adv* [maiʃ 'tardə] später
mal *adv* [mal] schlecht
mala ['malɐ] Koffer
mala a tiracolo ['mala tirɐ'kɔlu] Umhängetasche
mala de mão ['malɐ də mɐ̃u] Handtasche
mala de primeiros socorros ['malɐ də pri'meiruʃ su'kɔʀuʃ] Verbandskasten
mala do carro ['malɐ du 'kaʀu] Kofferraum
mala térmica ['malɐ 'tɛrmikɐ] Kühltasche
o mal-entendido [u mal‿ẽntẽn'didu] Missverständnis
mancha ['mɐ̃nʃɐ] Fleck(en)
mandar [mɐ̃n'dar] schicken
manga ['mɐ̃ngɐ] Mango
manga ['mɐ̃ngɐ] Ärmel
a manhã [a mɐ'ɲɐ̃] Morgen
a manhã [ɐ mɐ'ɲɐ̃] Vormittag
manípulo [mɐ'nipulu] Haltegriff
o manjericão Basilikum
manta de lã ['mɐ̃ntɐ də lɐ̃] Wolldecke
manteiga [mɐ̃n'teigɐ] Butter
a mão [ɐ mɐ̃u] Hand
o mapa [u 'mapɐ] Landkarte
o mapa das estradas [u 'mapɐ dɐʃʃ'tradɐʃ] Straßenkarte
o mapa dos circuitos de marcha [u 'mapɐ duʃ sir'kuituʒ də 'marʃɐ] Wanderkarte
máquina ['makinɐ] Maschine
máquina automática [makinɐ autu'matikɐ] Automat
máquina automática de bilhetes ['makinɐ autu'matikɐ də bə'ʎetəʃ] Fahrkartenautomat
máquina de barbear para lâminas ['makinɐ də bɐr'bjar 'pɐrɐ 'lɐminɐʃ] Rasierapparat *(mechanischer)*
máquina de café ['makinɐ də kɐ'fɛ] Kaffeemaschine
máquina de lavar a louça ['makinɐ də lɐ'var ɐ 'losɐ] Geschirrspülmaschine
máquina de lavar a roupa ['makinɐ də lɐ'var ɐ 'ʀopɐ] Waschmaschine

máquina digital [ˈmakinɐ diʒiˈtal] Digitalkamera
máquina fotográfica [ˈmakinɐ futuˈgrafikɐ] Fotoapparat
máquina fotográfica subaquática [ˈmakinɐ futuˈgrafikɐ subɐˈqwatikɐ] Unterwasserkamera
o mar [u mar] Meer
o mar [u mar] See *(Meer)*
maravilhoso [mɐrɐviˈʎozu] wunderbar
a marcação prévia [ɐ mɐrkɐˈsɐ̃u ˈprɛvjɐ] Voranmeldung *(Reservierung)*
marcar [mɐrˈkar] wählen *(tele)*
marcha [ˈmarʃɐ] Wandern
marcha à ré *(Br)* [ˈmarʃ‿a ʀɛ] Rückwärtsgang
marcha atrás [ˈmarʃ‿aˈtraʃ] Rückwärtsgang
março [ˈmarsu] März
a maré baixa [ɐ mɐˈrɛ ˈbaiʃɐ] Ebbe
a maré cheia [ɐ mɐˈrɛ ˈʃejɐ] Flut
margarina [mɐrgɐˈrinɐ] Margarine
a margem [ɐ ˈmarʒɐ̃i] Ufer *(Fluss)*
marido [mɐˈridu] Ehemann
marmelada [mɐrməˈlada] Quittenmarmelade
marrom *(Br)* [maˈʀõ] braun
martelo [mɐrˈtɛlu] Hammer
mas [mɐʃ] aber, doch
massa [ˈmasɐ] Nudeln
a massagem [ɐ mɐˈsaʒɐ̃i] Massage
a massagem completa [ɐ mɐˈsaʒɐ̃i kõmˈplɛtɐ] Ganzkörpermassage
mata [ˈmatɐ] Wald
o material [u mɐtəˈrjal] Material
mau [mau] böse
mau *adj* [mau] schlecht
maxila [maˈksilɐ] Kiefer
os máximos [uʒ ˈmasimuʃ] Fernlicht
me [mə] mich, mir
o medalhão [u mədɐˈʎɐ̃u] Anhänger *(Schmuck)*
medicamento [mədikɐˈmẽntu] Medikament
medicina ayurvédica [mədəˈsin‿ajuˈvɛrdikɐ] Ayurveda
médio *adj* [ˈmɛdju] durchschnittlich
os médios [uʒ ˈmɛdjuʃ] Abblendlicht
a meditação [ɐ məditɐˈsɐ̃u] Meditation
Mediterrâneo [mədităˈʀɐnju] Mittelmeer
meia hora [ˈmejɐ ˈɔrɐ] eine halbe Stunde
a meia pensão [ɐ ˈmejɐ pẽˈsɐ̃u] Halbpension
as meias [ɐʒ ˈmejɐʃ] Strümpfe
meio [ˈmeju] halb, Mitte, Mittel
meio quilo [ˈmeju ˈkilu] Pfund
meio-bilhete [ˈmeju bəˈʎetə] Kinderfahrkarte
o meio-dia [u ˈmeju ˈdiɐ] Mittag
o mel [u mɛl] Honig
melancia [mɐlɐ̃ˈsiɐ] Wassermelone

o melão [u mə'lẽu] Honigmelone
a/o melhor [ɐ/u mə'ʎɔr] beste(r, -s)
melhor [mə'ʎɔr] besser
menina [mə'ninɐ] Fräulein, Mädchen
a meningite [ɐ mənĩn'ʒitə] Hirnhautentzündung
menino [mə'ninu] Junge
menos ['menuʃ] weniger
mensal *adj* [mẽ'sal] monatlich
a menstruação [ɐ mẽʃtrwɐ'sẽu] Menstruation
o menu [u me'nju] Menü
mercado [mər'kadu] Markt
mercearia [mərsjɐ'riɐ] Lebensmittelgeschäft
mergulhar [mərgu'ʎar] Tauchen, tauchen
mergulho desportivo [mər'guʎu dəʃpur'tivu] Tauchen, tauchen
o mês [u meʃ] Monat
mesa ['mezɐ] Tisch
a mesa-de-cabeceira [ɐ 'mezɐ də kɐbə'seirɐ] Nachttisch
mesmo ['meʒmu] selbst
o mesmo [u 'meʒmu] dasselbe
a metade [ɐ mə'tadə] Hälfte
meter gasolina [mə'ter gɐzu'linɐ] tanken
método anticonceptivo ['mɛtudu ɐ̃n'ti kõnsɛ'tivu] Verhütungsmittel
o metrô *(Br)* [u me'tro] U-Bahn
metro ['mɛtru] Meter, U-Bahn
metro quadrado ['mɛtru kwa'dradu] Quadratmeter
metropolitano [mətrupuli'tɐnu] U-Bahn
meu [meu] mein
os mexilhões [uʒ məʃi'ʎõiʃ] Miesmuscheln
a micose [ɐ mi'kɔzə] Pilz, Pilzinfektion *(med.)*
o micro-ondas [u 'mikrɔ'õndɐʃ] Mikrowelle
milho ['miʎu] Mais
milímetro [mi'limətru] Millimeter
mim [mĩ] mich, mir
minha ['miɲɐ] mein
minhoca [mi'ɲɔkɐ] Regenwurm
o minibar [u mini'bar] Minibar
o minigolfe [u mini'gɔlfə] Minigolf
os mínimos [uʒ 'minimuʃ] Standlicht
minuto [mi'nutu] Minute
miradouro [mirɐ'doru] Aussichtspunkt
missa ['misɐ] Messe *(rel)*
misto ['miʃtu] gemischt
moça *(Br)* ['mosɐ] Mädchen
mochila [mu'ʃilɐ] Rucksack
moda ['mɔdɐ] Mode
modelo [mu'delu] Modell
moderno [mu'dɛrnu] modern
a modista [ɐ mu'diʃtɐ] Schneiderin
modo ['mɔdu] Art
moeda ['mwɛdɐ] Münze, Währung
as molas para a roupa [ɐʒ 'mɔlɐʃ 'pɐra 'ʀopɐ] Wäscheklammern
mole ['mɔlə] weich
molhado [mu'ʎadu] nass
molho ['moʎu] Dressing, Soße
momento [mu'mẽntu] Augenblick

as montanhas [ɐʒ mõn'tɐɲɐʃ] Gebirge
montanhismo [mõntɐ'ɲiʒmu] Bergsteigen
o monte [u 'mõntə] Berg
montra ['mõntrɐ] Schaufenster
monumento [munu'mẽntu] Denkmal
os monumentos [uʒ munu'mẽntuʃ] Sehenswürdigkeiten
monumento sepulcral [munu'mẽntu səpul'kral] Grabmal
os morangos [uʒ mu'rẽŋguʃ] Erdbeeren
morar [mu'rar] wohnen
morder [mur'der] beißen
mosaico [mu'zaiku] Mosaik
mosca ['moʃkɐ] Fliege
mosquito [muʃ'kitu] Mücke
mossa ['mɔsɐ] Delle
mostarda [muʃ'tardɐ] Senf
mosteiro [muʃ'teiru] Kloster
mostrar [muʃ'trar] zeigen
o motel [u mo'tɛl] Motel
motivo [mu'tivu] Beweggrund
o motor [u mu'tor] Motor
o motor de arranque [u mu'tor d‿ɐ'ʀẽnkə] Anlasser
o móvel [u 'mɔvɛl] Möbel
mudança [mu'dẽsɐ] Wechsel, Veränderung
mudança de óleo [mu'dẽsɐ d‿'ɔlju] Ölwechsel
mudar de roupa [mu'dar də 'ʀopɐ] s. umziehen
mudar o voo [mu'dar‿u 'vou] den Flug umbuchen
mudo ['mudu] stumm
o muesli [u 'musli] Müsli
muitas vezes ['mũintɐʒ 'vezəʃ] häufig, oft
muito ['mũintu] sehr, viel
muleta [mu'letɐ] Krücke
a mulher [ɐ mu'ʎɛr] Ehefrau, Frau
multa ['multɐ] Bußgeld, Geldstrafe
multibanco [multi'bẽŋku] Geldautomat
mundo ['mũndu] Welt
muralha da cidade [mu'raʎɐ dɐ si'dadə] Stadtmauer
muro ['muru] Mauer
a musculação [ɐ muʃkulɐ'sɐ̃u] Bodybuilding
músculo ['muʃkulu] Muskel
o museu [u mu'zeu] Museum
o museu de etnologia [u mu'zeu d‿ɛtnulu'ʒiɐ] Völkerkundemuseum
música ['muzikɐ] Musik
música ao vivo ['muzik‿au 'vivu] Livemusik
música clássica ['muzikɐ 'klasikɐ] Klassik
música folclórica ['muzikɐ fɔl'klɔrikɐ] Volksmusik
o musical [u muzi'kal] Musical

N

na grelha [nɐ ˈgreʎɐ] vom Grill
na margem do Tejo [nɐ ˈmarʒɐ̃i du ˈtɛʒu] am Tejo
na segunda-feira passada [nɐ səˈgũndɐ ˈfeirɐ pɐˈsadɐ] letzten Montag
nacional [nɐsjuˈnal] einheimisch
a nacionalidade [ɐ nɐsjunɐliˈdadə] Staatsangehörigkeit
nada [ˈnadɐ] nichts
o nadador/a nadadora [u nɐdɐˈdor/ɐ nɐdɐˈdorɐ] Schwimmer/in
nadar [nɐˈdar] schwimmen
nadar com tubo respirador [nɐˈdar kõ ˈtubu rəʃpirɐˈdor] schnorcheln
não [nɐ̃u] nicht
o não-fumador [u nɐ̃u fumɐˈdor] Nichtraucher
naquele tempo [nɐˈkelə ˈtẽmpu] damals
o nariz [u nɐˈriʃ] Nase
a nascente [ɐ nɐʃˈsẽntə] Quelle
nascido [nɐʃˈsidu] geboren
o Natal [u nɐˈtal] Weihnachten
as natas [ɐʒ ˈnatɐʃ] Sahne
as natas batidas (chantilly) [ɐʒ ˈnatɐʃ bɐˈtidɐʃ (ʃẽntijˈi)] Schlagsahne
natural [nɐtuˈral] einheimisch
natural *adj* [nɐtuˈral] natürlich
naturalmente *adv* [nɐturalˈmẽntə] natürlich
natureza [nɐtuˈrəzɐ] Natur
natureza morta [nɐtuˈrezɐ ˈmɔrtɐ] Stillleben
náusea [ˈnauzjɐ] Übelkeit
as náuseas [ɐʒ ˈnauzjɐʃ] Brechreiz
necessário [nəsəˈsarju] notwendig
a nefrite [ɐ nəˈfritə] Nierenentzündung
negativo [nəgɐˈtivu] negativ
negro [ˈnegru] schwarz
nenhum [nəˈɲũ] kein
nervo [ˈnervu] Nerv
nervoso [nərˈvozu] nervös
neto [ˈnɛtu], **neta** [ˈnɛtɐ] Enkel/in
a neve [ɐ ˈnɛvə] Schnee
nevoeiro [nəˈvweiru] Nebel
ninguém [nĩŋˈgɐ̃i] niemand
no caso de [nu ˈkazu də] falls
no domingo [nu duˈmĩŋgu] am Sonntag
no fim de semana [nu fĩ də səˈmɐnɐ] am Wochenende
no fundo [nu ˈfũndu] eigentlich
no máximo [nu ˈmasimu] höchstens
no próximo ano [nu ˈprɔsimu ˈɐnu] nächstes Jahr
no/a caminho [nu/ɐ kɐˈmiɲu] unterwegs
a noite [ɐ ˈnoitə] Abend, Nacht
o noivo [u ˈnoivu], **a noiva** [ɐ ˈnoivɐ] der/die Verlobte, der Bräutigam/die Braut
o nome [u ˈnomə] Name
o nome de batismo [u ˈnomə də baˈtiʒmu] Vorname
o nome de solteira [u ˈnomə də solˈteirɐ] Geburtsname
normal [nɔrˈmal] normal

normalmente [nɔrmal'mẽntə] normalerweise
o norte [u 'nɔrtə] Norden
nós [nɔʃ] wir
nos [nuʃ] uns
nos dias úteis [nuʒ 'diɐz‿'uteiʃ] wochentags
nosso ['nɔsu], **nossa** ['nɔsɐ] unser, unsere
nota ['nɔtɐ] Geldschein
notar [nu'tar] bemerken
notícia [nu'tisjɐ] Nachricht
noutro lado ['notru 'ladu] anderswo
novembro [nu'vẽmbru] November
novo ['novu] frisch, neu, jung
as nozes [ɐʒ 'nɔzəʃ] Walnüsse
a noz-moscada [ɐ nɔʒ muʃ'kadɐ] Muskatnuss
nu [nu] nackt
o nu [u nu] Akt *(Malerei)*
nublado [nu'bladu] bewölkt
número ['numəru] Nummer, Zahl
número da carruagem ['numəru dɐ kɐ'ʀwaʒẽi] Wagennummer
número da porta ['numəru dɐ 'pɔrtɐ] Hausnummer
número de telefone ['numəru də tələ'fɔnə] Telefonnummer
número do vagão *(Br)* ['numəru du va'gẽu] Wagennummer
nunca ['nũŋkɐ] nie
a nuvem [ɐ 'nuvẽi] Wolke

O

objetiva [obʒɛ'tivɐ] Objektiv
objetivo [obʒɛ'tivu] Ziel
objeto [ob'ʒɛtu] Gegenstand, Ding
objeto exposto [ob'ʒɛtu 'ʃpoʃtu] Exponat
os objetos de valor [uz‿ɔb'ʒɛtuʃ də vɐ'lor] Wertsachen
o obliterador de bilhetes [u oblitərɐ'dor də bə'ʎetəʃ] Fahrscheinentwerter
obliterar [oblitə'rar] entwerten
obra de talha ['ɔbrɐ də 'taʎɐ] Schnitzerei
as obras [ɐz 'ɔbrɐʃ] Baustelle
observatório [obsərvɐ'tɔrju] Sternwarte
ocasionalmente [okɐzjunal'mẽntə] gelegentlich
o oculista [u ɔku'liʃtɐ] Optiker
os óculos de mergulhador [uz‿'ɔkuluʒ də mərguʎɐ'dor] Taucherbrille
ocupado [oku'padu] besetzt *(Platz)*
ocupar-se de [oku'parsə də] s. kümmern um
a oeste de [ɐ o'ɛʃtə də] westlich von
ofensa [o'fẽsɐ] Beleidigung
oferecer [ofərə'ser] bieten, schenken
oficial [ofə'sjal] offiziell
oficina [ofə'sinɐ] Werkstatt
olaria [ɔlɐ'riɐ] Töpferei
óleo ['ɔlju] Öl
óleo solar ['ɔlju su'lar] Sonnenöl

olhar [o'ʎar] schauen, zuschauen
o olhar [u o'ʎar] Blick
os olhos [uz‿'ɔʎuʃ] Augen
ombro ['õmbru] Schulter
a ondulação [ɐ õndulɐ'sɐ̃u] Seegang
o ônibus *(Br)* [u 'onibus] Bus, Stadtbus
o ônibus *(Br)* **do aeroporto** [u 'onibus du ɐɛro'portu] Flughafenbus
o ônibus interurbano *(Br)* [u 'onibus ĩntɛrur'bɐnu] Überlandbus
ontem ['õntɐ̃i] gestern
ópera ['ɔpərɐ] Oper
a operação [ɐ opərɐ'sɐ̃u] Operation
opereta [ɔpə'retɐ] Operette
a opinião [ɐ opə'njɐ̃u] Meinung
oposto [o'poʃtu] entgegengesetzt
a ordem [ɐ 'ɔrdɐ̃m] Orden *(rel.)*
ordinário [ordi'narju] gewöhnlich *(ordinär)*
a organização de eventos [ɐ orgɐnizɐ'sɐ̃u d‿i'vẽntuʃ] Partyservice
o original [u oriʒi'nal] Original
orquestra [or'kɛʃtrɐ] Orchester
orquestra de dança [or'kɛʃtrɐ də 'dɐ̃sɐ] Tanzkapelle
os/as *acc* [uʃ/ɐʃ] euch
osso ['osu] Knochen
as ostras [ɐz‿'oʃtrɐʃ] Austern
a otite [ɐ ɔ'titə] Mittelohrentzündung
ou [o] oder
ou ... ou [o ... o] entweder ... oder
ourivesaria [orivəzɐ'riɐ] Goldschmiedekunst
ouro ['oru] Gold
outono [o'tonu] Herbst
o outro [u 'otru] der andere
outubro [o'tubru] Oktober
ouvido [o'vidu] Gehör, Ohr
ouvir [o'vir] erfahren, hören
ouvir música [o'vir 'muzikɐ] Musik hören
os ovos [uz‿'ɔvuʃ] Eier
oxalá [oʃɐ'la] hoffentlich

P

a pá [ɐ pa] Kehrschaufel
a pá para os fritos [ɐ pa 'pɐr‿uʃ 'fritusch] Bräter
o pace-maker [u 'peisə 'meikɐ] Herzschrittmacher
paciência [pɐ'sjẽsjɐ] Geduld
padaria [padɐ'riɐ] Bäckerei
o padre [u 'padrə] Priester
os pãezinhos [uʃ pɐ̃i'ziɲuʃ] Brötchen
pagamento [pɐgɐ'mẽntu] Zahlung
pagar [pɐ'gar] auszahlen, bezahlen
página ['paʒinɐ] (Buch)Seite
as Páginas Amarelas [ɐʃ 'paʒinɐz‿ɐmɐ'rɛlɐʃ] Gelbe Seiten®
o pai [u pai] Vater
os pais [uʃ 'paiʃ] Eltern
o país [u pɐ'iʃ] Land

a paisagem [ɐ pai'zaʒẽi] Landschaft
palácio [pɐ'lasju] Palast, Schloss
palavra [pɐ'lavrɐ] Wort
palhinha [pɐ'ʎiɲɐ] Strohhalm
palito [pɐ'litu] Zahnstocher
pano da louça ['pɐnu dɐ 'losɐ] Geschirrtuch
o pão [u pɐ̃u] Brot
o pão branco [u pɐ̃u 'brɐ̃ŋku] Weißbrot
o pão integral [u pɐ̃u ĩntə'gral] Vollkornbrot
papeira [pɐ'peirɐ] Mumps
o papel [u pɐ'pɛl] Papier
o papel de carta [u pɐ'pɛl də 'kartɐ] Briefpapier
o papel higiénico (ê) [u pɐ'pɛl‿i'ʒjɛniku] Toilettenpapier
o papel principal [u pɐ'pɛl prĩsi'pal] Hauptrolle
papelaria [pɐpəlɐ'riɐ] Schreibwarengeschäft
o par [u par] Paar
para ['pɐrɐ] für, nach, zu
para a frente ['per‿a 'frẽntə] vorwärts
os parabéns [uʃ pɐrɐ'bẽiʃ] Glückwunsch
para cima ['pɐrɐ 'simɐ] aufwärts
para Portugal ['pɐrɐ purtu'gal] nach Portugal
para trás ['pɐrɐ traʃ] rückwärts, zurück
o para-brisas [u 'parɐ 'brizɐʃ] Windschutzscheibe
o para-choques [u 'parɐ 'ʃɔkəʃ] Stoßstange
parada *(Br)* [pa'radɐ] Haltestelle
parafuso [pɐrɐ'fuzu] Schraube
a paragem [ɐ pɐ'raʒẽi] Aufenthalt
a paragem [ɐ pɐ'raʒẽi] Haltestelle
paralisia [pɐrɐlə'ziɐ] Lähmung
paralisia infantil [pɐrɐlə'zi‿ĩfẽn'til] Kinderlähmung
o parapente [u parɐ'pẽntə] Gleitschirm
paraplégico [pɐrɐ'plɛʒiku] querschnittsgelähmt
o paraquedismo [u parɐkə'diʒmu] Fallschirmspringen
parar [pɐ'rar] anhalten, stehen bleiben
a parede [ɐ pɐ'redə] Wand
parente (de) [pɐ'rẽntə (də)] verwandt
parolo [pɐ'rolu] kitschig
o parque [u 'parkə] Park
o parque de campismo [u 'parkə də kẽm'piʒmu] Campingplatz
o parque de diversões [u 'parkə də divər'sõiʃ] Freizeitpark, Vergnügungspark
o parque de estacionamento [u 'parkə də‿ʃtɐsjunɐ'mẽntu] Parkplatz
o parque infantil [u 'park‿ĩfẽn'til] Spielplatz
o parque nacional [u 'parkə nɐsju'nal] Nationalpark
o parque zoológico [u 'parkə zuu'lɔʒiku] Wildpark
a parte [ɐ 'partə] Teil
a parte antiga da cidade [ɐ 'part‿ẽn'tigɐ dɐ si'dadə] Altstadt

participar (em) [pɐrtəsi'par (ɐ̃i)] teilnehmen (an)
participar [pɐrtəsi'par] anzeigen, teilnehmen
particular [pɐrtiku'lar] privat
partida [pɐr'tidɐ] Abfahrt, Abflug
partido [pɐr'tidu] gebrochen
partir (de) [pɐr'tir (də)] abfahren (von)
partir (para) [pɐr'tir ('pɐrɐ)] abreisen (nach)
parvo ['parvu] dumm
parvo ['parvu] blöd(e)
Páscoa ['paʃkwɐ] Ostern
passado [pɐ'sadu] Vergangenheit, vorüber
passageiro [pɐsɐ'ʒeiru] Fahrgast, Passagier
a passagem [ɐ pɐ'saʒɐ̃i] Übergang
a passagem do ano [ɐ pɐ'saʒɐ̃i du 'ɐnu] Silvester
a passagem subterrânea [ɐ pɐ'saʒɐ̃i subtə'ʀɐnjɐ] Unterführung
o passaporte [u pasɐ'pɔrtə] (Reise)Pass
passar a ferro [pɐ'sar‿ɐ 'fɛʀu] bügeln
pássaro ['pasɐru] Vogel
o passe semanal [u 'pasə səmɐ'nal] Wochenkarte
passear [pɐ'sjar] spazieren gehen
passeio [pɐ'seju] Spaziergang
passeio a cavalo [pɐ'seju ɐ kɐ'valu] Ausritt
passeio de bicicleta [pɐ'seju də bəsi'klɛtɐ] Radtour
pasta de fígado ['paʃtɐ də 'figɐdu] Leberpastete
pasta dentrífica ['paʃtɐ dẽn'tifrikɐ] Zahncreme/Zahnpasta
pastelaria [pɐʃtəlɐ'riɐ] Konditorei
o patim [u pɐ'tĩ] Rollschuh
a patinagem sobre o gelo [ɐ pɐti'naʒɐ̃i 'sobr‿u 'ʒelu] Eislauf
os patins de gelo [uʃ pɐ'tĩʒ də 'ʒelu] Schlittschuhe
os patins em linha [uʃ pɐ'tĩz‿ɐ̃i 'liɲɐ] Inliner
pátio ['patju] Hof
pátio interior ['patju ĩntə'rjor] Innenhof
pátria ['patrjɐ] Heimat
o pé [u pɛ] Fuß
o peão [u pjɐ̃u] Fußgänger/in
peça ['pɛsɐ] Stück
peça de teatro ['pɛsɐ də 'tjatru] Theaterstück
peça popular ['pɛsɐ pupu'lar] Volksstück
pedágio *(Br)* [pe'daʒju] Autobahngebühr
o pedestre *(Br)* [u pe'dɛʃtri] Fußgänger/in
o/a pediatra [u/ɐ pə'djatrɐ] Kinderarzt/ärztin
pedido [pə'didu] Bestellung, Bitte
pedir alguma coisa a alg [pə'dir‿al'gumɐ 'koiza‿algɐ̃i] jdn um etw bitten
pedir emprestado [pə'dir‿ẽmprəʃ'tadu] von jdm etw leihen
pedra ['pɛdrɐ] Stein
pedregoso [pədrə'gozu] steinig

pegar [pe'gar] *(Br)* benutzen *(Verkehrsmittel)*
peito ['peitu] Brust
peixaria [peiʃɐ'riɐ] Fischgeschäft
o peixe [u 'peiʃə] Fisch
peixeiro [pei'ʃeiru] Fischhändler
o peixe-espada [u 'peiʃə‿'ʃpadɐ] Schwertfisch
a pele [ɐ 'pɛlə] Haut
película transparente [pə'likulɐ trɐ̃nʃpɐ'rẽntə] Frischhaltefolie
pelo contrário ['pelu kõn'trarju] im Gegenteil
pelo menos ['pelu 'menuʃ] mindestens, wenigstens
o pen drive [u pẽn'draivə] Memorystick
pena ['penɐ] Strafe, Feder
penha escarpada ['pɐ̃iɲ‿ʃkɐr'padɐ] Felswand
o penhor [u pə'ɲor] Pfand
a pensão [ɐ pẽ'sɐ̃u] Pension
a pensão completa [ɐ pẽ'sɐ̃u kõm'plɛtɐ] Vollpension
pensar em [pẽ'sar‿ɐ̃i] denken an
penso ['pẽsu] Verband
os pensos higiénicos [uʃ 'pẽsuʃ‿i'ʒjɛnikuʃ] Damenbinden
o pente [u 'pẽntə] Kamm
penteado [pẽn'tjadu] Frisur
pentear [pẽn'tjar] frisieren, kämmen
o Pentecostes [u pẽntə'kɔʃtəʃ] Pfingsten
penúltima [pə'nultimɐ], **penúltimo** [pə'nultimu] vorletzte(r, -s)
pepino [pə'pinu] Gurke
pequena refeição [pə'kenɐ ʀəfei'sɐ̃u] Imbiss
pequeno [pə'kenu] klein
pequeno almoço [pə'ken‿al'mosu] Frühstück
as peras [ɐʃ 'perɐʃ] Birnen
perca ['pɛrkɐ] Barsch
percurso de um dia [pər'kursu d‿ũm 'diɐ] Tagestour
perder [pər'der] verlieren, verpassen
perder-se [pər'dersə] s. verirren
os perdidos e achados [uʃ pər'diduz‿i ɐ'ʃaduʃ] Fundbüro
perfumaria [pərfumɐ'riɐ] Parfümerie
o perfume [u pər'fumə] Parfüm
pergunta [pər'gũntɐ] Frage
perguntar [pərgũn'tar] fragen
perigo [pə'rigu] Gefahr
perigoso [pəri'gozu] gefährlich
a permanente [ɐ pərmɐ'nẽntə] Dauerwelle
permitido [pərmi'tidu] zulässig
perna ['pɛrnɐ] Bein
pernoitar [pərnoi'tar] übernachten
o pernoite *(Br)* [u per'noiti] Übernachtung
pérola ['pɛrulɐ] Perle
pertencer a [pərtẽn'ser ɐ] gehören
perto ['pɛrtu] nah, nahe
perto de ['pɛrtu də] bei, nahe (bei)
a perturbação circulatória [ɐ pərturbɐ'sɐ̃u sirkulɐ'tɔrjɐ] Kreislaufstörung

as perturbações cardíacas [ɐʃ pərturbɐ'sõiʃ kɐr'diɐkɐʃ] Herzbeschwerden
pesado [pə'zadu] schwer
pesca à linha ['pəʃk‿a 'liɲɐ] Angeln
pescar à linha [pəʃ'kar‿a 'liɲɐ] angeln
pescoço [pəʃ'kosu] Hals
peso ['pezu] Gewicht
os pêssegos [uʃ 'pesəguʃ] Pfirsiche
pessoa [pə'soɐ] Person
pessoa acompanhante [pə'soɐ ɐkõmpɐ'ɲẽntə] Begleitperson
pessoa com mobilidade reduzida [pə'soɐ kõ mubəli'dadə rədu'zidɐ] Mobilitäts-behinderte/r
pessoa em cadeira de rodas [pə'soɐ ẽi kɐ'deirɐ də 'rɔdɐʃ] Rollstuhlfahrer/in
pessoal *adj* [pəsw'al] persönlich
as peúgas [ɐʃ 'pjugɐʃ] Socken
picante [pi'kẽntə] scharf
picar [pi'kar] beißen, stechen
pilha ['piʎɐ] Batterie
piloto [pi'lotu] Pilot/in
pílula anticoncepcional ['pilulɐ ẽntikõsɛpsju'nal] Antibabypille
pimenta [pi'mẽntɐ] Pfeffer
pimento [pi'mẽntu] Paprika(schote)
pinça ['pĩsɐ] Pinzette
o pincel de barba [u pĩn'sɛl də 'barbɐ] Rasierpinsel
o pingue-pongue [u 'pĩŋgə 'põŋgə] Tischtennis
pintar [pĩntar] malen
pintar [pĩn'tar] färben
o pintor/a pintora [u pĩn'tor/ɐ pĩn'torɐ] Maler/in
pintura [pĩn'turɐ] Gemälde, Malen, Malerei
pintura a óleo [pĩn'turɐ ɐ 'ɔlju] Ölmalerei
pintura de aguarela [pĩn'turɐ d‿ɐgwa'rɛlɐ] Aquarellmalen
pintura em vidro [pĩn'tur‿ẽi 'vidru] Glasmalerei
pintura sobre seda [pĩn'turɐ 'sobrə 'sedɐ] Seidenmalerei
piolhos [pi'oʎuʃ] Läuse
o pires [u 'pirəʃ] Untertasse
o pisca-pisca [u 'piʃkɐ 'piʃkɐ] Blinker
piscina [pəʃ'sinɐ] Swimmingpool
piscina com ondulação [pəʃ'sinɐ kõ õndulɐ'sɐ̃u] Wellenbad
piscina de chapinhar [pəʃ'sinɐ də ʃɐpi'ɲar] Planschbecken
piscina para crianças [pəʃ'sinɐ 'pɐrɐ krj'ɐ̃sɐʃ] Kinderbecken
pista de patinagem no gelo ['piʃtɐ də pɐti'naʒẽi nu 'ʒelu] Eisbahn
pista para bicicletas ['piʃtɐ 'pɐrɐ bəsi'klɛtɐʃ] Fahrradweg
placa ['plakɐ] Schild
placa de matrícula ['plakɐ də mɐ'trikulɐ] Nummernschild
placa de nacionalidade ['plakɐ də nɐsjunɐli'dadə] Nationalitätskennzeichen
a planície [ɐ plɐ'nisjə] Ebene
plano ['plɐnu] flach
planta ['plẽntɐ] Pflanze
planta da cidade ['plẽntɐ dɐ si'dadə] Stadtplan

plateia [plɐ'tejɐ] Parkett
plugue *(Br)* ['plugi] Stecker
o PMB (o porta-moedas bancário) [u pe ɛmə be (u 'pɔrtɐ 'mwɛdɐʒ bɐ̃n'karju)] Geldkarte
o pneu [u pneu] Reifen
o pneu de inverno [u pneu d‿ĩ'vɛrnu] Winterreifen
pneumonia [pneumu'niɐ] Lungenentzündung
o pó (de talco) [u pɔ (də 'talku)] Puder
o pó [u pɔ] Staub
pobre ['pɔbrə] arm
poder [pu'der] dürfen, können
podre ['podrə] faul, verdorben
pois [poiʃ] denn
a polaroid [ɐ pola'rɔjdə] Sofortbildkamera
o polícia/a mulher polícia [u pu'lisjɐ/ɐ mu'ʎɛr pu'lisjɐ] Polizist/in
polícia [pu'lisjɐ] Polizei
a poliomielite [ɐ pɔljomje'litə] Kinderlähmung
pomada [pu'madɐ] Salbe
pomada para queimaduras [pu'madɐ 'pɐrɐ keimɐ'durɐʃ] Brandsalbe
a ponte [ɐ 'põntə] Brücke
ponto culminante ['põntu kulmi'nɐ̃ntə] Höhepunkt
ponto morto ['põntu 'mortu] Leerlauf
pontual [põn'twal] pünktlich
pôr [por] legen
por [pur] aus, für, von *(Passiv)*
por acaso *adv* [pur‿ɐ'kazu] zufällig
por avião [pur‿ɐ'vjɐ̃u] mit Luftpost
por baixo de [pur 'baiʃu də] unterhalb
por causa de [pur 'kauzɐ də] wegen
por cento [pur 'sẽntu] Prozent
por cima de [pur 'simɐ də] über
por dia [pur 'diɐ] täglich *(pro Tag)*
por escrito [pur 'ʃkritu] schriftlich
por exemplo [pur‿i'zẽmplu] zum Beispiel
por fim [pur fĩ] am Ende
por hora [pur‿'ɔrɐ] stündlich *(pro Stunde)*
por isso [pur‿'isu] deshalb
por meio de [pur 'meju də] durch, mittels
por mês *adv* [pur meʃ] monatlich
por mim [pur mĩ] meinetwegen
por toda a parte [pur 'toda 'partə] überall
porcelana [pursə'lɐnɐ] Porzellan
porém [pu'rɐ̃i] doch
porque ['purkə] denn, weil
porta ['pɔrtɐ] Tor, Tür
porta de embarque ['pɔrtɐ d‿ẽm'barkə] Flugsteig
a portagem [ɐ pur'taʒɐ̃i] Autobahngebühr
o portal [u pur'tal] Portal
o porta-moedas [u 'pɔrtɐ 'mwɛdɐʃ] Geldbeutel *(für Frauen)*
portanto [pur'tɐ̃ntu] also
o portão [u pur'tɐ̃u] Tor
o portátil [u pur'tatil] Laptop
o porte [u 'pɔrtə] Porto

porteiro [pur'teiru] Portier
porteiro eletrónico [pur'teir‿ilɛ'trɔniku] automatische Türöffnung
porto ['portu] Hafen
Portugal [purtu'gal] Portugal
o português/a portuguesa [u purtu'geʃ/ɐ purtu'gezɐ] Portugiese/Portugiesin
português [purtu'geʃ] portugiesisch
possível [pu'sivɛl] möglich
posta restante ['pɔʃtɐ ʀəʃ'tẽntə] postlagernd
o postal [u puʃ'tal] Postkarte
o postal ilustrado [u puʃ'tal‿iluʃ'tradu] Ansichtskarte
posterior *adj* [puʃtə'rjor] später
posto de socorros ['poʃtu də su'kɔʀuʃ] Pannenhilfe
posto de Turismo ['poʃtu də tu'riʒmu] Fremdenverkehrsamt
posto fronteiriço ['poʃtu frõntei'risu] Grenzübergang
pouco ['poku] wenig
povo ['povu] Volk
a povoação [ɐ puvwɐ'sɐ̃u] Ortschaft
praça ['prasɐ] Platz *(in der Stadt)*
praça de táxis ['prasɐ də 'taksiʃ] Taxistand
prado ['pradu] Wiese
praia ['prajɐ] Strand
praia de nudistas ['prajɐ də nu'diʃtɐʃ] FKK-Strand
prancha de surf ['prɐ̃ʃɐ də sɐrf] Surfbrett
prata ['pratɐ] Silber
prateado [prɐ'tjadu] silberfarben
praticar [prɐti'kar] üben
prático ['pratiku] praktisch
prato ['pratu] Gang, Gericht, Schüssel, Teller
prato de criança ['pratu də krj'ɐ̃sɐ] Kinderteller
prato de sopa ['pratu də 'sopɐ] Suppenteller
prato do dia ['pratu du 'diɐ] Tagesgericht
prato feito na frigideira ['pratu 'feitu nɐ frəʒə'deirɐ] Pfannengericht
prato principal ['pratu prĩsi'pal] Hauptspeise
o prazer [prɐ'zer] Vergnügen
pré-aviso [prɛ ɐ'vizu] Voranmeldung
precisar de [prəsi'zar də] brauchen
preço ['presu] Preis
preço de entrada ['presu d‿ẽn'tradɐ] Eintrittspreis
preço do bilhete ['presu du bə'ʎetə] Fahrpreis
preço por quilómetro (ô) ['presu pur ki'lɔmətru] Kilometerpreis
preço total ['presu tu'tal] Pauschalpreis
preencher [prjẽ'ʃer] ausfüllen
Prefeitura *(Br)* [prefei'turɐ] Rathaus
prefixo *(Br)* [pre'fiksu] Vorwahlnummer
preguiçar [prəgi'sar] faulenzen
preguiçoso [prəgi'sozu] faul
prejuízo [prə'ʒwizu] Schaden
prender [prẽn'der] verhaften

preocupar-se com [prjoku'parsə kõ] s. sorgen um
preparar [prəpɐ'rar] vorbereiten, zubereiten
a prescrição [ɐ prəʒkri'sɐ̃] Vorschrift
o presente [u prə'zẽntə] Geschenk, Gegenwart
preservativo [prəzərvɐ'tivu] Kondom, Präservativ
preto ['pretu] schwarz
a previsão do tempo [ɐ prəvi'zɐ̃u du 'tẽmpu] Wettervorhersage
primavera [primɐ'vɛrɐ] Frühling
primeira (velocidade) [pri'meirɐ (vəlusi'dadə)] erster Gang
primeira [pri'meirɐ] **primeiro** [pri'meiru] erste(r, -s)
primeiro [pri'meiru] (zu)erst
os primeiros socorros [uʃ pri'meiruʃ su'kɔʀuʃ] erste Hilfe
primo ['primu], **prima** ['primɐ] Cousin/e
principal *adj* [prĩsi'pal] hauptsächlich
principalmente *adv* [prĩsipal'mẽntə] hauptsächlich
a prisão [ɐ pri'zɐ̃u] Gefängnis
a prisão de ventre [ɐ pri'zɐ̃u də 'vẽntrə] Verstopfung
a prisão preventiva [ɐ pri'zɐ̃u prəvẽn'tivɐ] Untersuchungshaft
o problema [u pru'blemɐ] Problem
a procissão [ɐ prusi'sɐ̃u] Prozession
procurar [proku'rar] suchen
produto [pru'dutu] Produkt
produto contra picadas de insetos [pru'dutu 'kõntrɐ pi'kadɐʒ d͜ĩn'sɛtuʃ] Insektenmittel
a profissão [ɐ prufi'sɐ̃u] Beruf
o programa [u pru'gremɐ] Programm, Programmheft
o programa da temporada [u pru'gremɐ dɐ tẽmpu'radɐ] Spielplan
proibido [prwi'bidu] verboten
prolongar [prulõŋ'gar] verlängern
a pronto [ɐ 'prõntu] bar
pronto ['prõntu] fertig, bereit, vollständig
pronunciar [prunũ'sjar] aussprechen
proposta [pru'pɔʃtɐ] Vorschlag
proprietário [pruprje'tarju], **proprietária** [pruprje'tarjɐ] Eigentümer/in
proprietário/proprietária (da casa) [pruprje'tarju/pruprje'tarjɐ (dɐ 'kazɐ)] Hausbesitzer/in
próprio ['prɔprju] eigen
prospe(c)to [pruʃ'pɛtu] Prospekt
a proteção dos monumentos [ɐ prutɛ'ʃɐ̃u duʒ munu'mẽntuʃ] Denkmalschutz
a proteção solar [ɐ prutɛ'sɐ̃u su'lar] Sonnenschutz
o protector contra insectos[ALT], **o protetor contra insetos**[RR] [u prutɛ'tor 'kõntrɐ ĩsɛtuʃ] Mückenschutz
os protege-slip [uʃ pru'tɛʒə slip] Slipeinlagen
a prótese [ɐ 'prɔtəzə] Prothese
prova ['prɔvɐ] Probe

provar [pru'var] versuchen *(Speisen)*
provável *adj* [pru'vavɛl] wahrscheinlich
provavelmente *adv* [pruvavɛl'mẽntə] wahrscheinlich
proveito [pru'veitu] Gewinn *(Vorteil)*
a provisão [ɐ pruvi'zɐ̃u] Vorrat
provisório [pruvi'zɔrju] provisorisch
próxima ['prɔsimɐ], **próximo** ['prɔsimu] nächste(r, -s)
público ['publiku] öffentlich
o pulmão [u pul'mɐ̃u] Lunge
o pulôver [u pu'lovɛr] Pullover
pulseira [pul'seirɐ] Armband
pulso ['pulsu] Puls
o pus [u puʃ] Eiter
puxar [pu'ʃar] ziehen

Q

quadro ['kwadru] Bild, Gemälde
a qualidade [ɐ kwɐli'dadə] Qualität
quando ['kwɐ̃ndu] als, wenn, wann *(zeitlich)*
quantia [kwɐ̃n'tiɐ] Betrag
o quark [u kwark] Quark
quarta-feira ['kwartɐ 'feirɐ] Mittwoch
Quarta-Feira de Cinzas ['kwartɐ 'feirɐ də 'sĩzɐʃ] Aschermittwoch
quarto ['kwartu] Raum *(Zimmer)*
quarto de dormir ['kwartu də dur'mir] Schlafzimmer
quase ['kwazə] fast
(o) que [(u) kə] was
que [kə] dass
que espécie de ...? [kə‿'ʃpɛsjə də] was für ein/eine ...?
que pena! [kə 'penɐ] wie schade!
queda de água ['kɛdɐ d‿'agwɐ] Wasserfall
queijo ['keiʒu] Käse
queijo com leite de cabra ['keiʒu kõ 'leitə də 'kabrɐ] Ziegenkäse
queijo com leite de ovelha ['keiʒu kõ 'leitə d‿o'veʎɐ] Schafskäse
queimadura [keimɐ'durɐ] Verbrennung
queimadura do sol [keimɐ'durɐ du sɔl] Sonnenbrand
queixar- se (de) [kei'ʃarsə (də)] s. beschweren (über)
queixar-se (de) [kei'ʃarsə (də)] s. beklagen (über)
quente ['kẽntə] heiß, warm
querer [kə'rer] mögen, wünschen, wollen
querido [kə'ridu] lieb
querido [kə'ridu], **querida** [kə'ridɐ] Liebling
quieto ['kjɛtu] still
o quilograma [u kilu'gremɐ] **quilo** ['kilu] Kilogramm
quilómetro (ô) [ki'lɔmətru] Kilometer
quinta ['kĩntɐ] Bauernhof, Landgut
quinta-feira ['kĩntɐ 'feirɐ] Donnerstag

R

o radiador [u ʀɐdjɐ'dor] Kühler *(Auto)*, Heizkörper
rádio ['ʀadju] Radio
rádio de automóvel ['ʀadju d‿autu'mɔvɛl] Autoradio
radiografar [ʀadjugrɐ'far] röntgen
radiografia [ʀadjugrɐ'fiɐ] Röntgenaufnahme
rajada [ʀɐ'ʒadɐ] Bö
o ralador [u ʀɐlɐ'dor] Reibe
ramo ['ʀɐmu] (Blumen)Strauß
rampa ['ʀẽmpɐ] Rampe
rampa de acesso ['ʀẽmpɐ d‿ɐ'sɛsu] Auffahrtrampe
o rapaz [u ʀɐ'paʃ] Junge
rápido *adj* ['ʀapidu] schnell
raqueta [ʀa'ketɐ] Schläger
raqueta de ténis (ê) [ʀa'ketɐ də 'tɛniʃ] Tennisschläger
raramente *adv* [ʀarɐ'mẽntə] selten
raro *adj* ['ʀaru] selten
a razão [ɐ ʀɐ'zẽu] Grund
realizar-se [ʀjɐli'zarsə] stattfinden
realmente *adv* [ʀjal'mẽntə] wirklich
rebocar [ʀəbu'kar] abschleppen
os rebuçados [uʒ ʀəbu'saduʃ] Bonbons
a rece(p)ção [ɐ ʀəsɛ'sẽu] Anmeldung
recear [ʀəsə'ar] fürchten
receber [ʀəsə'ber] bekommen, empfangen
receita [ʀə'seitɐ] Rezept
receitar [ʀəsei'tar] verschreiben
recentemente [ʀəsẽntə'mẽntə] kürzlich
a recepção [ɐ ʀəsɛ'sẽu] Rezeption
recheado [ʀə'ʃjadu] gefüllt
recibo [ʀə'sibu] Quittung
recinto desportivo [rə'sĩntu dəʃpur'tivu] Sportplatz
o recipiente [u ʀəsipi'ẽntə] Behälter
o recipiente para ovos quentes [u rəsəpi'ẽntə 'pɐr‿ɔvuʃ 'kẽntəʃ] Eierbecher
reclamar [ʀəklɐ'mar] reklamieren
recolha [ʀə'koʎɐ] Leerung
recomendar [ʀəkumẽn'dar] empfehlen
recompensa [ʀəkõm'pẽnsɐ] Belohnung
recusar [ʀəku'zar] ablehnen
a rede [ɐ 'ʀedə] Netz
redondo [ʀə'dõndu] rund
a redução [ɐ ʀədu'sẽu] Ermäßigung
a refeição [ɐ ʀəfei'sẽu] Mahlzeit
reflexologia nos pés [ʀəflɛksulu'ʒiɐ nuʃ pɛʃ] Fuß(reflexzonen)massage
refresco [ʀə'freʃku] Erfrischung
regelo [ʀə'ʒelu] Glatteis
a região [ɐ ʀə'ʒjẽu] Gegend, Region
regressar [ʀəgrə'sar] zurückkehren
(a viagem de) regresso [(ɐ 'vjaʒẽi də) ʀə'grɛsu] Rückfahrt
regresso [ʀə'grɛsu] Heimreise
regulamento [ʀəgulɐ'mẽntu] Vorschrift *(amtlich)*

regular *adj* [ʀəgu'lar] regelmäßig
regularmente *adv* [ʀəgular'mẽntə] regelmäßig
o rei/a rainha [u 'ʀei/ɐ ʀɐ'iɲɐ] König/in
a relação [ɐ ʀəlɐ'sɐ̃u] Verbindung
relâmpago [ʀə'lɐ̃mpɐgu] Blitz
a religião [ɐ ʀələ'ʒjɐ̃u] Religion
relógio de pulso [ʀə'lɔʒju də 'pulsu] Armbanduhr
relojoeiro [ʀəlu'ʒweiru] Uhrmacher
relva ['ʀɛlvɐ] Rasen
relvado [ʀɛl'vadu] Liegewiese
remar [ʀə'mar] rudern
remédio [ʀə'mɛdju] Heilmittel
remédio para a circulação [ʀə'mɛdju 'pɐra sirkulɐ'sɐ̃u] Kreislaufmittel
o remetente [u ʀəmə'tẽntə] Absender
remeter [ʀəmə'ter] nachsenden
remo ['ʀemu] Ruder, Rudern
Renascimento [ʀənɐʃsi'mẽntu] Renaissance
renda ['ʀẽndɐ] Miete
o render da guarda [u ʀẽn'der dɐ 'gwardɐ] Wachablösung
reparar [ʀəpɐ'rar] reparieren
repetir [ʀəpə'tir] wiederholen
a representação [ɐ ʀəprə-zẽntɐ'sɐ̃u] Aufführung, Theatervorstellung
o requeijão [u rəkei'ʒɐ̃u] Weichkäse *(typisch aus Portugal)*
o rés-do-chão [u ʀɛʒdu'ʃɐ̃u] Erdgeschoss
reserva [ʀə'sɛrvɐ] Platzkarte
reserva [ʀə'zɛrvɐ] Buchung, Reservierung
reserva natural [ʀə'zɛrvɐ nɐtu'ral] Naturschutzgebiet
reserva ornitológica [ʀə'zɛrv‿ɔrnitu'lɔʒikɐ] Vogelschutzgebiet
reservar [ʀəzər'var] (Platz) buchen, reservieren
resfriado *(Br)* [ʀes'frjadu] Erkältung, Schnupfen
resistente [ʀəziʃ'tẽntə] haltbar
respirar [ʀəʃpi'rar] atmen
responder [ʀəʃpõn'der] antworten
responder a [ʀəʃpõn'der‿ɐ] beantworten
responsável [ʀəʃpõ'savɛl] verantwortlich, zuständig
ressonar [ʀəsu'nar] schnarchen
restante [ʀəʃ'tẽntə] übrig
o restaurante [u ʀəʃtau'rɐ̃ntə] Restaurant
os restos [uʒ 'ʀɛʃtuʃ] Überreste
retrato [ʀə'tratu] Porträt
o retrovisor [u ʀɛtrɔvi'zor] Rückspiegel
reumatismo [ʀeumɐ'tiʒmu] Rheuma
revelar [rəvə'lar] *(Foto)* entwickeln
o revisor/a revisora [u ʀəvi'zor/ɐ ʀəvi'zorɐ] Schaffner/in
revista [ʀə'viʃtɐ] Illustrierte, Kabarett, Zeitschrift
rezar [ʀə'zar] beten
rico ['ʀiku] reich
ridículo [ʀi'dikulu] lächerlich
o rim [u ʀĩ] Niere

o rímel [u 'ʀimɛl] Wimperntusche
a rinite alérgica [ɐ ʀi'nit‿ɐ'lɛrʒikɐ] Heuschnupfen
rio ['ʀiu] Fluss, Strom
rir [ʀir] lachen
risca ['ʀiʃkɐ] Scheitel, Streifen
risco ['ʀiʃku] Kratzer, Risiko
rochedo [ʀu'ʃedu] Fels
o rock [u ʀɔk] Rock
roda ['ʀɔdɐ] Rad
roda sobresselente ['ʀɔdɐ sobrəsə'lẽntə] Ersatzrad
rolo ['ʀolu] Lockenwickler
o romance [u ʀu'mẽsə] Roman
romaria [ʀumɐ'riɐ] Kirmes
roncar *(Br)* ['rõnkar] schnarchen
rosto ['ʀoʃtu] Gesicht
rotura de ligamentos [ʀu'turɐ də ligɐ'mẽntuʃ] Bänderriss
roubar [ʀo'bar] stehlen
roubo ['ʀobu] Diebstahl
rouco ['ʀoku] heiser
roupa ['ʀopɐ] Kleidung, Wäsche
roupa de cama ['ʀopɐ də 'kɐmɐ] Bettwäsche
roupa de criança ['ʀopɐ də krj'ɐ̃sɐ] Kinderkleidung
roupa interior ['ʀopɐ ĩntə'rjor] Unterwäsche
o roupão de banho [u ʀo'pɐ̃u də 'bɐɲu] Bademantel
roxo ['ʀoʃu] violett
rua ['ʀuɐ] Straße
rua lateral ['ʀuɐ lɐtə'ral] Nebenstraße
rua principal ['ʀuɐ prĩsi'pal] Hauptstraße
rubéola [ʀu'bɛulɐ] Röteln
ruído ['ʀwidu] Geräusch
ruína ['ʀwinɐ] Ruine

S

sábado ['sabɐdu] Samstag
saber [sɐ'ber] können, gelernt haben, schmecken, wissen
o sabonete [u sɐbu'netə] Seife
o saca-rolhas [u 'sakɐ 'ʀoʎɐʃ] Korkenzieher
saco ['saku] Tasche, größere Tüte
saco de viagem ['saku də 'vjaʒɐ̃i] Reisetasche
saco do lixo ['saku du 'liʃu] Abfallbeutel
saia ['sajɐ] Rock
(fato de) saia e casaco [('fatu də) 'sajɐ i kɐ'zaku] Kostüm
saída (de autoestrada) [sɐ'idɐ (də 'auto 'ʃtradɐ] (Autobahn)-Ausfahrt
saída [sɐ'idɐ] Ausgang, Ausreise
saída de emergência [sɐ'idɐ d‿imər'ʒẽsjɐ] Notausgang
sair [sɐ'ir] ausgehen
o sal [u sal] Salz
sala ['salɐ] Saal
sala de espera ['salɐ də‿'ʃpɛrɐ] Wartezimmer
sala de estar ['salɐ də‿ʃtar] Aufenthaltsraum, Wohnzimmer
sala de jantar ['salɐ də ʒɐ̃n'tar] Speisesaal, Esszimmer
sala de televisão ['salɐ də tələvi'zɐ̃u] Fernsehraum

sala do café da manhã *(Br)* ['salɐ du ka'fɛ da ma'ɲẽ] Frühstücksraum
sala do pequeno almoço ['salɐ du pə'ken al'mosu] Frühstücksraum
salada [sɐ'ladɐ] Salat
o salame [u sɐ'lɐmə] Salami
o salão de lavandaria [u sɐ'lɐ̃u də lɐvɐ̃ndɐ'riɐ] Waschsalon
saldo ['saldu] Ausverkauf
saleiro [sə'leiru] Salzstreuer
as salmonelas [ɐʃ salmu'nɛlɐʃ] Salmonellen
salsa ['salsɐ] Petersilie
salsicha [sal'siʃɐ] Wurst
as salsichas [ɐʃ sal'siʃɐʃ] Würstchen
salto ['saltu] Absatz
salva ['salvɐ] Salbei
o salva-vidas *(Br)* [u 'salva 'vidɐs] Bademeister
as sandálias [ɐʃ sɐn'daljɐʃ] Sandalen
a sandes [ɐ 'sɐ̃ndəʃ] belegtes Brötchen
sangrar [sɐ̃ŋ'grar] bluten
o sangue [u 'sɐ̃ŋgə] Blut
santo ['sɐ̃ntu] heilig
sapataria [sɐpɐtɐ'riɐ] Schuhgeschäft
sapateiro [sɐpɐ'teiru] Schuhmacher
as sapatilhas [ɐʒ sɐpɐ'tiʎɐʃ] Turnschuhe
sapato [sɐ'patu] Schuh
sapato de marcha/de todo-terreno [sɐ'patu də 'marʃɐ/ də 'todu tə'ʀenu] Wander-/Trekkingschuh
os sapatos de praia [uʃ sɐ'patuʒ də 'prajɐ] Strandschuhe
os sapatos para banho [uʃ sɐ'patuʃ 'pɐrɐ 'bɐɲu] Badeschuhe
saquinho de chá [sɐ'kiɲu də ʃa] Teebeutel
saquinho de plástico [sɐ'kiɲu də 'plaʃtiku] Plastikbeutel
sarampo [sɐ'rɐ̃mpu] Masern
satisfeito [sɐtəʃ'feitu] satt, zufrieden
saudável [sɐu'davɛl] gesund
sauna ['saunɐ] Sauna
a sé [ɐ sɛ] Dom
se [sə] man, ob, wenn *(Bedingung)*
o secador do cabelo [u səkɐ'dor du kɐ'belu] Föhn
secadora de roupa [səkɐ'dorɐ də 'ʀopɐ] Wäschetrockner
secar [sə'kar] trocknen
secar/brushing [sə'kar/'brɐʃiŋ] föhnen
seco ['seku] trocken
a secretária eletrônica *(Br)* [a sekre'tarja ele'tronika] Anrufbeantworter
século ['sɛkulu] Jahrhundert
seda ['sedɐ] Seide
segunda [sə'gũndɐ], **segundo** [sə'gũndu] zweite(r, -s)
segunda-feira [sə'gũndɐ 'feirɐ] Montag
Segunda-Feira de Páscoa [sə'gũndɐ 'feirɐ də 'paʃkwɐ] Ostermontag
segundo [sə'gũndu] Sekunde

(em) segundo (lugar) [(ẽi) sə'gũndu (lu'gar)] zweitens
segurar [səgu'rar] (fest)halten
seguro [sə'guru] Versicherung
seguro *adj* [sə'guru] sicher
seguro contra terceiros Teilkasko
seguro contra todos os riscos [sə'guru 'kõntrɐ 'toduz‿uʒ 'ʀiʃkuʃ] Vollkasko
selo ['selu] Briefmarke
selo comemorativo ['selu kuməmurɐ'tivu] Sondermarke
sem [sẽi] ohne
sem álcool [sẽi 'alkwɔl] alkoholfrei
sem compromisso [sẽi kõmpru'misu] unverbindlich
sem importância [sẽi ĩmpur'tẽsjɐ] unwichtig
sem obstáculos [sẽi obʃ'takuluʃ] barrierefrei
sem sentidos [sẽi sẽn'tiduʃ] bewusstlos
sem valor [sẽi vɐ'lor] wertlos
semáforo [sə'mafuru] Ampel
semana [sə'mɐnɐ] Woche
semana suplementar [sə'mɐnɐ supləmẽn'tar] Verlängerungswoche
semanal *adj* [səmɐ'nal] wöchentlich
semelhante [səmə'ʎẽntə] ähnlich
sempre ['sẽmprə] immer
o senhor [u sə'ɲor] Herr
o senhor/a senhora/os senhores/as senhoras [u sə'ɲor/ɐ sə'ɲorɐ/uʃ sə'ɲorəʃ/ɐʃ sə'ɲorɐʃ] Sie
senhora [sə'ɲorɐ] Dame, Frau
Senhora D. [sə'ɲorɐ 'donɐ] Frau *(Anrede, vor Namen)*
senhoras [sə'ɲorɐʃ] Damen
a sensibilidade do filme [ɐ sẽsibəli'dadə du 'filmə] Filmempfindlichkeit
sentimento [sẽnti'mẽntu] Gefühl
sentir [sẽn'tir] fühlen
a separação de lixo [ɐ səpɐrɐ'sɐ̃u də 'liʃu] Mülltrennung
septicemia [sɛptisə'miɐ] Blutvergiftung
ser [ser] sein
ser (de) [ser (də)] stammen (aus)
ser a favor de [ser ɐ fɐ'vor də] dafür sein
ser amigo [ser‿ɐ'migu] befreundet sein
ser contra [ser 'kõntrɐ] dagegen sein
o ser humano [u ser u'mɐnu] Mensch
ser vítima dum acidente [ser 'vitimɐ dũ ɐsi'dẽntə] verunglücken
sério ['sɛrju] ernst
seropositivo ['sɛru puzi'tivu] HIV-positiv
serra ['sɛʀɐ] Gebirge
serviço [sər'visu] Bedienung, Station *(med.)*
serviço de acompanhamento [sər'visu d‿ɐkõmpɐɲɐ'mẽntu] Rückholservice
serviço de assistência [sər'visu d‿ɐsiʃ'tẽnsjɐ] Betreuungsdienst
serviço de assistência [sər'visu d‿ɐsiʃ'tẽsja] Pannendienst

serviço de reboque [sər'visu də ʀə'bɔkə] Abschleppdienst
serviço de transporte [sər'visu də trẽʃ'pɔrtə] Fahrdienst
servir [sər'vir] servieren
a sessão [ɐ sə'sẽu] Kinovorstellung
setembro [sə'tẽmbru] September
seu [seu] *poss prn* sein
seu [seu] *poss prn f sing* ihr
sexta-feira ['seiʃtɐ 'feirɐ] Freitag
Sexta-Feira Santa ['seiʃtɐ 'feirɐ 'sẽntɐ] Karfreitag
o show [u ʃou] Show
significado [signifi'kadu] Bedeutung *(Sinn)*
silvestre [sil'vɛʃtrə] wild *(Flora)*
símbolo ['sĩmbulu] Wahrzeichen
simpático [sĩm'patiku] nett, sympathisch
simples ['sĩmpləʃ] einfach
o sinal [u si'nal] Zeichen
o sinal de alarme [u si'nal d‿ɐ'larmə] Notbremse
o sinal de pisca-pisca de emergência [u si'nal də 'piʃkɐ 'piʃkɐ d‿imər'ʒẽsjɐ] Warnblinkanlage
o sinal itinerário [u si'nal itənə'rarju] Wegweiser
a sinusite [ɐ sinu'zitə] Stirnhöhlenentzündung
a situação [ɐ sitwɐ'sẽu] Lage
o skateboard [u skeitə'bɔd] Skateboard
só [sɔ] allein, erst, nicht früher als, nur
só de uma cor [sɔ d‿'umɐ kor] einfarbig
soalheiro [swɐ'ʎeiru] sonnig
sobrar [su'brar] übrig bleiben
sobre ['sobrə] über
sobre *prp* ['sobrə] auf
sobremesa [sobrə'mezɐ] Nachtisch
o sobrenome *(Br)* [u sobre'nomi] Familienname
sobretudo [sobrə'tudu] Herrenmantel
o sofá-cama [u so'fa 'kɐmɐ] Schlafcouch
o sol [u sɔl] Sonne
sola ['sɔlɐ] Sohle
solário [su'larju] Solarium
soleira da porta [su'leirɐ dɐ 'pɔrtɐ] Türschwelle
soletrar [sulə'trar] buchstabieren
o/a solista [u/ɐ su'liʃtɐ] Solist/in
solitário [suli'tarju] einsam
solo ['sɔlu] Boden
solteiro [sol'teiru] Junggeselle, ledig
a solução de reidratação [ɐ sulu'sẽu də rəidrɐtɐ'sẽu] Elektrolytlösung
soma ['somɐ] Summe
sombra ['sõmbrɐ] Schatten
sonho ['soɲu] Traum
os soníferos [uʃ su'nifəruʃ] Schlaftabletten
sopa ['sopɐ] Suppe
a sorte [ɐ 'sɔrtə] Glück
sossegado [susə'gadu] still
o soutien [u su'tjẽ] BH
sozinho [sɔ'ziɲu] allein
sua ['suɐ] ihr
sua *poss prn* ['suɐ] sein
suar [swar] schwitzen

suave ['swavə] mild, weich *(Ton, Farbe)*
subida [su'bidɐ] Steigung
subir [su'bir] (ein)steigen
substituir [subʃti'twir] ersetzen
subúrbio [su'burbju] Vorort
suculento [suku'lẽntu] saftig
suficiente [sufə'sjẽntə] genug
Suíça ['swisɐ] Schweiz
as suíças [ɐʃ 'swisɐʃ] Koteletten
suíço/suíça ['swisu/'swisɐ] Schweizer/in
sujeito a taxa alfandegária [su'ʒeit‿ɐ 'taʒ‿alfẽndə'garjɐ] zollpflichtig
sujo ['suʒu] schmutzig
o sul [u sul] Süden
sumo (*Br* suco) de laranja ['sumu ('suku) də lɐ'rẽʒɐ] Orangensaft
supermercado [supɛrmər'kadu] Supermarkt
suplemento [suplə'mẽntu] Zuschlag
supositório [supuzi'tɔrju] Zäpfchen
surdo ['surdu] gehörlos, taub
o surdo/a surda [u 'surdu/ ɐ 'surdɐ] Gehörlose/r
surdo-mudo ['surdu 'mudu] taubstumm
o sutiã *(Br)* [u su'tjẽ] BH

T

tabacaria [tɐbɐkɐ'riɐ] Tabakladen
tabaco [tɐ'baku] Tabak
taberna [tɐ'bɛrnɐ] Kneipe
tábua para cortar ['tabuɐ 'pɐrɐ kur'tar] Schneidebrett
tacho ['taʃu] Topf
taco de golfe ['taku də 'gɔlfə] Golfschläger
o tailler *(Br)* [u tai'jɛr] Kostüm
tal como [tal 'komu] genauso ... wie
tala ['talɐ] Schiene
o talher [u tɐ'ʎɛr] Besteck
talho ['taʎu] Metzgerei
talvez [tal'veʃ] vielleicht
tamanho [tɐ'mɐɲu] Größe *(Kleidung)*
as tâmaras [ɐʃ 'tɐmɐrɐʃ] Datteln
também [tẽm'bẽi] auch
também não [tẽm'bẽi nɐ̃u] auch nicht
os tampões [uʃ tẽm'põiʃ] Tampons
os tampões para os ouvidos [uʃ tẽm'põiʃ ˌpɐr‿uz‿o'viduz] Ohrenstöpsel
as tangerinas [ɐʃ tẽʒə'rinɐʃ] Mandarinen
a tarde [ɐ 'tardə] Nachmittag
tarde ['tardə] spät
tarifa de fim de semana [tɐ'rifɐ də fĩm də sə'mɐnɐ] Wochenendpauschale
tarifa global de eletricidade [tɐ'rifɐ glu'bal d‿ilɛtrəsi'dadə] Strompauschale
tasca ['taʃkɐ] Kneipe
taxa de aeroporto ['taʃɐ d‿ɐɛro'portu] Flughafengebühr
taxa de alcoolémia máxima ['taʃɐ d‿alku'lɛmjɐ 'masimɐ] Promillegrenze
taxa de câmbio [('taʃɐ də) 'kẽmbju] Wechselkurs

taxa de segurança [ˈtaʃɐ də səguˈrẽsɐ] Sicherheitsgebühr
taxa de turismo [ˈtaʃɐ də tuˈriʃmu] Kurtaxe
taxas [ˈtaʃɐʃ] Gebühren
o/a taxista [u/ɐ taˈksiʃtɐ] Taxifahrer/in
te [tə] dich, dir
teatro [ˈtjatru] Theater
teatro de crítica humorística [ˈtjatro də ˈkritikɐ umuˈriʃtikɐ] Kabarett
teatro de dança [ˈtjatro də dẽsɐ] Tanztheater
teatro de revista [ˈtjatru də ʀəˈviʃtɐ] Kleinkunstbühne
teatro de variedades [ˈtjatru də vɐrjeˈdadəʃ] Varietee
tecido [təˈsidu] Stoff
telefonar [tələfuˈnar] anrufen, telefonieren
o telefone [u tələˈfɔnə] Telefon
o telefone de socorro [u tələˈfɔnə də suˈkoru] Notrufsäule
o telefone do quarto [u tələˈfɔnə du ˈkwartu] Zimmertelefon
o telegrama [u tələˈgrɐmɐ] Telegramm
o telemóvel [u tɛlɛˈmɔvɛl] Handy, Mobiltelefon
teleobjetiva [tɛlɛobʒɛˈtivɐ] Teleobjektiv
a televisão [ɐ tələviˈzɐ̃u] Fernseher
telhado [təˈʎadu] Dach
temperar [tẽmpəˈrar] würzen
temperatura [tẽmpərɐˈturɐ] Temperatur
a tempestade [ɐ tẽmpəʃˈtadə] Sturm
templo [ˈtẽmplu] Tempel
tempo [ˈtẽmpu] Wetter, Zeit
a tempo *adv* [ɐ ˈtẽmpu] rechtzeitig
tenda [ˈtẽndɐ] Zelt
os ténis [uʃ ˈtɛniʃ] Turnschuhe
o ténis (ê) [u ˈtɛniʃ] Tennis
o ténis (ê) de mesa [u ˈtɛniʃ də ˈmezɐ] Tischtennis
tenro [ˈtẽʀu] zart
a tensão arterial [ɐ tẽˈsɐ̃u ɐrtəˈrjal] Blutdruck
tentar [tẽnˈtar] versuchen
ter [ter] haben
ter fome [ter ˈfɔmə] hungrig sein
ter frio [ter ˈfriu] frieren
ter muito prazer em [ter ˈmũintu prɐˈzer‿ɐ̃i] s. freuen auf/über
ter pressa [ter ˈprɛsɐ] es eilig haben
ter receio [ter ʀəˈseju] befürchten
ter sede [ter ˈsedə] durstig sein
terapia [tərɐˈpiɐ] Therapie
terapia Kneipp [tərɐˈpiɐ knaip] Kneipp-Anwendung
terça-feira [ˈtersɐ ˈfeirɐ] Dienstag
Terça-Feira de Carnaval [ˈtersɐ ˈfeirɐ də kɐrnɐˈval] Fastnachtsdienstag
terceira [tərˈseirɐ], **terceiro** [tərˈseiru] dritte(r, -s)
as termas [ɐʃ ˈtermɐʃ] Thermalbad
o terminal [u tərmiˈnal] Terminal
término [ˈtɛrminu] Endstation
termómetro (ô) [tərˈmɔmətru] Fieberthermometer

o termos [u 'tɛrmuʃ] Thermosflasche®
terno *(Br)* ['tɛrnu] Anzug
terra ['tɛʀɐ] Erde, Land
terra firme/o continente ['tɛʀɐ 'firmə/u kõnti'nẽntə] Festland
terraço [tə'ʀasu] Terrasse
terracota [tɛʀɐ'kɔtɐ] Terrakotta
terreno [tə'ʀenu] Gelände
terrível [tə'ʀivɛl] fürchterlich, schrecklich
tesoura [tə'zorɐ] Schere
tesoura para unhas [tə'zorɐ 'pɐrɐ 'uɲɐʃ] Nagelschere
o/a testemunha [u/ɐ təʃtə'muɲɐ] Zeuge/Zeugin
tétano ['tɛtɐnu] Tetanus
tetina [tə'tinɐ] Sauger
teto ['tɛtu] Decke
teto-de-abrir ['tɛtu d‿ɐ'brir] Schiebedach
teu [teu] dein
ti [ti] dich, dir
tifo ['tifu] Typhus
tímido ['timidu] schüchtern
(membrana do) tímpano [(mẽm'brɐnɐ du) 'tĩmpɐnu] Trommelfell
tinturaria [tĩnturɐ'riɐ] Reinigung
típico ['tipiku] typisch
tirar fotografias [ti'rar futugrɐ'fiɐʃ] fotografieren
toalha ['twaʎɐ] Handtuch
toalha de mesa ['twaʎɐ də 'mezɐ] Tischtuch
tocar [tu'kar] berühren
todas as semanas *adv* ['todɐz‿ɐʃ sə'mɐnɐʃ] wöchentlich
todo *adj* ['todu] ganz
todos ['toduʃ] alle
todos os dias ['toduz‿uʒ 'diɐʃ] jeden Tag, täglich
tolo ['tolu] dumm
o tom [u tõ] Ton
tomada [tu'madɐ] Steckdose
tomada de corrente [tu'madɐ də ku'ʀẽntə] Stromanschluss
tomada intermediária [tu'mad‿ĩntərmə'djarjɐ] Zwischenstecker
tomar [tu'mar] benutzen, nehmen
tomar conta (de) [tu'mar 'kõntɐ (də)] aufpassen (auf)
tomar o pequeno almoço [tu'mar‿u pə'ken‿al'mosu] frühstücken
os tomates [uʃ tu'matəʃ] Tomaten
as tonturas [ɐʃ tõn'turɐʃ] Schwindel *(med.)*
toranja [tu'rẽnʒɐ] Grapefruit
torcido [tur'sidu] verstaucht
tornar-se [tur'narsə] werden
torneira [tur'neirɐ] Wasserhahn
tornozelo [turnu'zelu] Knöchel
torrada [tu'ʀadɐ] Toast
torradeira [tuʀɐ'deirɐ] Toaster
a torre [ɐ 'toʀə] Turm
a torre da igreja [ɐ 'toʀə dɐ‿i'greʒɐ] Kirchturm
a tosse [ɐ 'tɔsə] Husten
a tosse convulsa [ɐ 'tɔsə kõ'vulsɐ] Keuchhusten
total [tu'tal] voll, ganz
touca de banho ['tokɐ də 'bɐɲu] Bademütze
tourada [to'radɐ] Stierkampf
trabalhar [trɐbɐ'ʎar] arbeiten

trabalho [trɐ'baʎu] Arbeit
traduzir [trɐdu'zir] übersetzen
tragédia [trɐ'ʒɛdjɐ] Tragödie
o trailer *(Br)* [u 'treilɐ] Wohnwagen
o traje [u 'traʒə] Tracht
o traje de cerimónia [u 'traʒə də səri'mɔnjɐ] Abendgarderobe
o transferbus [u trɐ̃ʃfɛr'bus] Transferbus
transferência [trɐ̃ʃfə'rẽsjɐ] Überweisung
trânsito ['trɐ̃zitu] Verkehr
tratamento [trɐtɐ'mẽntu] Behandlung
tratamento de rosto [trɐtɐ'mẽntu də 'ʀoʃtu] Gesichtsbehandlung
tratar [trɐ'tar] behandeln
traumatismo craniano [traumɐ'tiʒmu krɐ̃ni'ɐnu] Gehirnerschütterung
o travão [u trɐ'vɐ̃u] Bremse
o travão de mão [u trɐ'vɐ̃u də mɐ̃u] Handbremse
o traveller [u 'trɐvəlɛr] Reisescheck
travessa [trɐ'vɛsɐ] Gasse, Schüssel
travesseiro [trɐvə'seiru] Kopfkissen
trazer [trɐ'zer] herbringen, mitbringen
o trem *(Br)* [u trẽi] Zug
o trem suburbano *(Br)* [u trẽi subur'bɐnu] Nahverkehrszug
o trem para transporte de automóveis [u trẽi 'pɐrɐ trɐ̃ʃ'pɔrtə d‿autu'mɔveiʃ] Autoreisezug
triângulo [tri'ɐ̃ŋgulu] Warndreieck
o tribunal [u tribu'nal] Gericht *(Justiz)*
o tripé [u tri'pɛ] Stativ
triste ['triʃtə] traurig
troca ['trɔkɐ] Wechsel *(Austausch)*
trocar [tru'kar] austauschen, umtauschen
troco ['troku] Kleingeld
os trocos [uʃ 'trɔkuʃ] Wechselgeld
a trotinete [ɐ trɔti'nɛtə] Roller
trovoada [truvu'adɐ] Gewitter
a T-shirt [ɐ ti'ʃɐrt] T-Shirt
tu [tu] du
tua ['tuɐ] dein
tubo respirador ['tubu ʀəʃpirɐ'dor] Schnorchel
tudo ['tudu] alles
o tumor [u tu'mor] Geschwulst
túmulo ['tumulu] Grab
o túnel [u 'tunɛl] Tunnel
Turismo [tu'riʒmu] Verkehrsamt
o/a turista [u/ɐ tu'riʃtɐ] Tourist/in
turquesa [tur'kezɐ] türkis

U

úlcera ['ulsərɐ] Geschwür
última ['ultimɐ], **último** ['ultimu] letzte(r, -s)
ultrapassar [ultrɐpɐ'sar] überholen
um [ũ], **uma** ['umɐ] ein(e)
um bocado de pão [ũm bu'kadu də pɐ̃u] ein Stück Brot

um pouco (de) [ũm 'poku (də)] ein bisschen, etwas, ein wenig (von)
um quarto de hora [ũ 'kwartu d‿'ɔrɐ] eine Viertelstunde
uma vez ['umɐ veʃ] einmal
úmido ['umidu] feucht
único ['uniku] einzig
a universidade [ɐ univərsi'dadə] Universität
urgente [ur'ʒẽntə] dringend
urina [u'rinɐ] Urin
o urinol [u uri'nɔl] Stehklosett
usar [u'zar] benutzen, tragen
usual [u'zwal] gebräuchlich
as uvas [ɐz‿'uvɐʃ] Weintrauben

V

vacina [vɐ'sinɐ] Impfung
vaga de calor ['vagɐ də kɐ'lor] Hitzewelle
o vagão-cama [u va'gɐ̃u 'kɐmɐ] Schlafwagen
o vagão-leito *(Br)* [u va'gɐ̃u 'leitu] Schlafwagen
o vagão-restaurante [u va'gɐ̃u ʀəʃtau'rẽntə] Speisewagen
o vale [u 'valə] Gutschein, Tal
o vale telegráfico [u 'valə tələ'grafiku] telegrafische Überweisung
a validade do produto [ɐ vɐli'dadə du pru'dutu] Haltbarkeit
válido ['validu] gültig
a vantagem [ɐ vẽn'taʒẽi] Vorteil
o vapor [u vɐ'por] Dampfer
vara/ferro da tenda ['varɐ/'fɛʀu dɐ 'tẽndɐ] Zeltstange
vara de cego ['varə də 'sɛgu] Taststock
varanda [vɐ'rẽndɐ] Balkon
varicela [vɐri'sɛlɐ] Windpocken
vazio [vɐ'ziu] leer
vegetariano [vəʒətɐ'rjɐnu] vegetarisch
veículo de carga [ve'ikulu də 'kargɐ] Lastwagen
vela ['vɛlɐ] Segeln, Segel, Zündkerze
as velas [ɐʒ 'vɛlɐʃ] Kerzen
velejar [vələ'ʒar] segeln
velho ['vɛʎu] alt *(nicht frisch)*
a velocidade [ɐ vəlusi'dadə)] Gang *(Auto)*
a velocidade [ɐ vəlusi'dadə] Geschwindigkeit
velocidade controlada por radar [vəlusi'dadə kõntru'ladɐ pur ʀa'dar] Radarkontrolle
venda antecipada ['vẽnd‿ẽntəsi'padɐ] Vorverkauf
o vendedor de jornais [u vẽndə'dor də ʒur'naiʃ] Zeitungshändler
vender [vẽn'der] verkaufen
veneno [və'nenu] Gift
venenoso [vənə'nozu] giftig
o ventilador [u vẽntilɐ'dor] Ventilator
vento ['vẽntu] Wind
ver [ver] ansehen
o verão [u və'rɐ̃u] Sommer
verdadeiro [vərdɐ'deiru] wahr
verdadeiro *adj* [vərdɐ'deiru] wirklich, echt
verde ['verdə] grün
verificar [vərifi'kar] kontrollieren

o verme [u 'vɛrmə] Wurm
vermelho [vər'meʎu] rot
o verniz para unhas [u vər'niʃ 'pɐrɐ 'uɲɐʃ] Nagellack
a versão original [ɐ vər'sɐ̃u oriʒi'nal] Originalfassung
a vertigem [ɐ vər'tiʒɐ̃i] Schwindel *(med.)*
vesícula biliar [və'zikulɐ bi'ljar] Gallenblase
vespa ['veʃpɐ] Wespe
vestiário [vəʃti'arju] Garderobe
vestido [vəʃ'tidu] Kleid
os vestígios arqueológicos [uʃ vəʒ'tiʒjuʃ ɐrkju'lɔʒikuʃ] Funde
vestir [vəʃ'tir] anziehen *(Kleidungsstück)*
via rápida ['viɐ 'ʀapidɐ] Schnellstraße
a viagem [ɐ 'vjaʒɐ̃i] Fahrt, Reise
viajar [vjɐ'ʒar] reisen
viajar à boleia (*Br* **de carona)** [vjɐ'ʒar‿a bu'lejɐ (di ka'ronɐ)] trampen
vida ['vidɐ] Leben
viela ['vjɛlɐ] Gasse
vila piscatória ['vilɐ piʃkɐ'tɔrjɐ] Fischerort
o vinagre [u vi'nagrə] Essig
vinha ['viɲɐ] Weinberg
vinho ['viɲu] Wein
vinho branco ['viɲu 'brɐ̃ŋku] Weißwein
vinho rosé ['viɲu ro'ze] Rosé
vinho tinto ['viɲu 'tĩntu] Rotwein
a violação [ɐ vjulɐ'sɐ̃u] Vergewaltigung
violeta [vju'letɐ] violett
vir [vir] kommen
o vírus [u 'viruʃ] Virus
visita [və'zitɐ] Besichtigung, Besuch
visita à cidade [və'zit‿a si'dadə] Stadtrundfahrt
visita guiada [və'zitɐ 'gjadɐ] Führung
visitar [vəzi'tar] besichtigen
visitar alg [vəzi'tar‿al'gɐ̃i] jdn besuchen
o visor [u vi'zor] Sucher
vista ['viʃtɐ] Aussicht, Ausblick
visto ['viʃtu] Visum
os vitrais [uʒ vi'traiʃ] Glasmalerei *(Fenster)*
viúvo ['vjuvu] verwitwet
vivenda [vi'vẽndɐ] Villa
viver [vi'ver] leben
vivo ['vivu] lebhaft
vizinho/vizinha [və'ziɲu/və'ziɲɐ] Nachbar/in
voar [vu'ar] fliegen
você *(Br)* [vɔ'se] du
você/vocês *pers prn* [vɔ'se/vɔ'seʃ] Sie
a vocês *(Br)* [a vɔ'seʃ] euch
vocês *(Br)* [vɔ'seʃ] euch
vocês *pers prn* [vɔ'seʃ] ihr
o volante com maçaneta [u vu'lẽntə kõ mɐsɐ'netɐ] Lenkrad mit Knauf *(Auto)*
o volante de badminton [u vu'lẽntə də bɛd'mĩnton] Federball
o voleibol [u vɔlei'bɔl] Volleyball
o voleibol de praia [u vɔlei'bɔl də 'prajɐ] Beach-Volleyball
volta ['vɔltɐ] Rundfahrt, Tour

a voltagem [ɐ vol'taʒɐ̃i] Stromspannung
voltar [vɔl'tar] wiederkommen, zurückfahren
voltar para trás [vɔl'tar 'pɐrɐ traʃ] umkehren
voo ['vou] Flug
voo doméstico ['vou du'mɛʃtiku] Inlandsflug
voo internacional ['vou ĩntərnɐsju'nal] Auslandsflug
voo planado ['vou plɐ'nadu] Segelfliegen
vosso ['vɔsu] euer
o vulcão [u vul'kɐ̃u] Vulkan

W

o windsurf [u 'wĩndsɐrf] Windsurfen, windsurfen

X

o xampu *(Br)* [u ʃɐ̃m'pu] Shampoo
o xarope para a tosse [u ʃɐ'rɔpə 'pɐr‿a 'tɔsə] Hustensaft
xícara *(Br)* ['ʃikarɐ] Tasse

Z

zangado [zɐ̃ŋ'gadu] böse, verärgert
zona para pedestres *(Br)* ['zonɐ 'pɐrɐ pe'dɛstris] Fußgängerzone
zona para peões ['zonɐ 'pɐrɐ pjõiʃ] Fußgängerzone

Wörterbuch Deutsch – Portugiesisch

A

Aal enguia [ẽŋ'giɐ]
ab de [də], desde ['deʒdə]
Abblendlicht os médios [uʒ 'mɛdjuʃ]
Abend a noite [ɐ 'noitə]
Abendessen o jantar [u ʒẽn'tar]
Abendgarderobe o traje de cerimónia [u 'traʒə də səri'mɔnjɐ]
abends à tarde [a 'tardə], à noite [a 'noitə]
aber mas [mɐʃ]
abfahren (von) partir (de) [pɐr'tir (də)]
Abfahrt partida [pɐr'tidɐ]
Abfahrtszeit hora de partida ['ɔrɐ də pɐr'tidɐ]
Abfall lixo ['liʃu]
Abfallbeutel saco do lixo ['saku du 'liʃu]
Abflug partida [pɐr'tidɐ]
Abführmittel o laxativo [u lɐʃɐ'tivu]
abgeben entregar [ẽntrə'gar]
abgelaufen fora da validade ['fɔrɐ dɐ vɐli'dadə]
abholen ir buscar [ir buʃ'kar]
Abkürzung abreviatura [ɐbrəvjɐ'turɐ]; *(Weg)* atalho [ɐ'taʎu]
ablehnen recusar [ʀəku'zar]
abnehmen atender [ɐtẽn'der]
abreisen (nach) partir (para) [pɐr'tir ('pɐrɐ)]
Absatz salto ['saltu]
Abschleppdienst serviço de reboque [sər'visu də ʀə'bɔkə]
abschleppen rebocar [ʀəbu'kar]
Abschleppseil cabo de reboque ['kabu də ʀə'bɔkə]
Abschleppwagen carro de reboque ['kaʀu də ʀə'bɔkə]
abschließen fechar à chave [fə'ʃar‿a 'ʃavə]
abseits fora de jogo ['fɔrɐ də 'ʒogu]
Absender o remetente [u ʀəmə'tẽntə]
Abszess abcesso [ɐb'sɛsu]
Abtei abadia [ɐbɐ'diɐ]
Abteil compartimento [kõmpɐrti'mẽntu]
Achtung a atenção [ɐ ɐtẽ'sɐ̃u]
Actionfilm o filme de ação [u 'filmə d‿asɐ̃u]
Adapter o adaptador [u ɐdɐptɐ'dor]
Adresse endereço [ẽndə'resu]
Aerobic aeróbica [ɐɛ'rɔbikɐ]
Agentur agência [ɐ'ʒẽsjɐ]
ähnlich semelhante [səmə'ʎẽntə]

Akku o acumulador [u ɐku-mulɐ'dor]
Akt ato ['atu]; *(Malerei)* o nu [u nu]
Aktzeichnen desenhar nus [dəzə'ɲar nuʃ]
Akupunktur acupun(c)tura [ɐkupũn'turɐ]
Alarmanlage dispositivo de alarme [dəʃpuzi'tivu d‿ɐ'larmə]
alkoholfrei sem álcool [sẽi 'alkwɔl]
alkoholfreies Bier cerveja sem álcool [sər'veʒɐ sẽi 'alkwɔl]
alle todos ['toduʃ]
allein só [sɔ], sozinho [sɔ'ziɲu]
Allergie alergia [ɐlər'ʒiɐ]
alles tudo ['tudu]
als *(zeitlich)* quando ['kwẽndu]; *(bei Vergleich)* do que [du kə]
also então [ẽn'tẽu], portanto [pur'tẽntu]
alt *(nicht frisch)* velho ['vɛʎu]; *(aus früheren Zeiten)* antigo [ẽn'tigu]
Altar o altar [u al'tar]
Alter a idade [ɐ i'dadə]
Altstadt a parte antiga da cidade [ɐ 'part‿ẽn'tigɐ dɐ si'dadə], centro histórico ['sẽntru 'ʃtɔriku]
Alufolie folha de alumínio ['foʎɐ d‿ɐlu'minju]
am Sonntag no domingo [nu du'mĩŋgu]
am Vormittag de manhã [də mɐ'ɲẽ]
am Wochenende no fim de semana [nu fĩ də sə'mɐnɐ]
Ampel semáforo [sə'mafuru]
Amphitheater anfiteatro [ẽfi'tjatru]
amüsieren, s. ~ divertir-se [divər'tirsə]
an em [ẽi]; **am Tejo** na margem do Tejo [nɐ 'marʒẽi du 'tɛʒu]
Ananas o ananás [u ɐnɐ'naʃ] *(Br)* o abacaxi [u‿abakaʃi]
andere, der ~ o outro [u 'otru]
anders *adj* diferente [difə'rẽntə]; *adv* de outra forma [d‿'otrɐ 'fɔrmɐ]
anderswo noutro lado ['notru 'ladu]
Anfang começo [ku'mesu]
anfangen começar [kumə'sar]
Angabe a indicação [ɐ ĩndikɐ'sẽu]
Angel cana de pesca ['kɐnɐ də 'pɛʃkɐ]
Angeln, angeln pesca à linha ['pəʃk‿a 'liɲɐ], pescar à linha [pəʃ'kar‿a 'liɲɐ]
Angelschein licença de pesca [li'sẽsɐ də 'pɛʃkɐ]
angenehm agradável [ɐgrɐ'davɛl]
Angina angina [ẽ'ʒinɐ]
anhalten parar [pɐ'rar]
Anhänger *(Schmuck)* o medalhão [u mədɐ'ʎẽu]
ankommen chegar [ʃə'gar]
Ankunft chegada [ʃə'gadɐ]
Ankunftszeit hora de chegada ['ɔrɐ də ʃə'gadɐ]
Anlasser o motor de arranque [u mu'tor d‿ɐ'ʀẽnkə]
anlegen in atracar em [ɐtrɐ'kar‿ẽi]
Anmeldung a rece(p)ção [ɐ ʀəsɛ'sẽu]

Anorak o anorak [u ɐnɔ'rak]
Anreisetag o dia da chegada [u 'diɐ dɐ ʃə'gadɐ]
Anruf chamada [ʃɐ'madɐ]
Anrufbeantworter o atendedor de chamadas [u ɐtendə'dor də ʃɐ'madɐʃ] *(Br)* a secretária eletrônica [a sekre'tarja ele'tronika]
anrufen telefonar [tələfu'nar]
Anschluss a ligação [ɐ ligɐ'sɐ̃u] *(Br)* a conexão [a konɛ'ksɐ̃u]
ansehen ver [ver]
Ansichtskarte o postal ilustrado [u puʃ'tal‿iluʃ'tradu]
anstatt em vez de [ɐ̃i veʒ də]
ansteckend contagioso [kõntɐ'ʒjozu]
anstrengend fatigante [fɐti'gɐ̃ntə]
Antibabypille pílula anticoncepcional ['pilulɐ ɐ̃ntikõsɛpsju'nal]
Antibiotikum antibiótico [ɐ̃nti'bjɔtiku]
antik antigo [ɐ̃n'tigu]
Antiquitätengeschäft antiquário [ɐ̃nti'kwarju]
antworten responder [ʀəʃpõn'der]
anzahlen pagar sinal [pɐ'gar si'nal]
Anzahlung o sinal [u si'nal]
anzeigen participar [pɐrtəsi'par]
anziehen *(Kleidungsstück)* vestir [vəʃ'tir]
Anzug fato ['fatu], *(Br)* terno ['tɛrnu]
anzünden acender [ɐsẽn'der]
Apartment apartamento [ɐpɐrtɐ'mẽntu]
Äpfel as maçãs [ɐʒ mɐ'sɐ̃ʃ]
Apfelsinen as laranjas [ɐʒ lɐ'rɐ̃ʒɐʃ]
Apotheke farmácia [fɐr'masjɐ]
Apparat aparelho [ɐpɐ'reʎu]
Appetit o apetite [u ɐpə'titə]
Aprikosen os damascos [uʒ dɐ'maʃkuʃ]
April abril [ɐ'bril]
Aqua-Jogging o aqua-jogging [u 'akwɐ 'dʒɔgiŋ]
Aquarell aguarela [agwɐ'rɛlɐ]
Aquarellmalen pintura de aguarela [pĩn'turɐ d‿ɐgwa'rɛlɐ]
Arbeit trabalho [trɐ'baʎu]; *(Anstellung)* emprego [ẽm'pregu]
arbeiten trabalhar [trɐbɐ'ʎar]
arbeitslos desempregado [dəsẽmprə'gadu]
Archäologie arqueologia [ɐrkjulu'ʒiɐ]
Architekt arquiteto [ɐrki'tɛtu]
Architektur arquitetura [ɐrkitɛ'turɐ]
Arena arena [ɐ'renɐ]
Arm braço ['brasu]
arm pobre ['pɔbrə]
Armband pulseira [pul'seirɐ]
Armbanduhr relógio de pulso [ʀə'lɔʒju də 'pulsu]
Ärmel manga ['mẽngɐ]
Aromabad banho aromático ['bɐɲu ɐru'matiku]
Art modo ['mɔdu]
Artischocken as alcachofras [ɐz‿alkɐʃɔfrɐʃ]
Aschenbecher cinzeiro [sĩ'zeiru]

Aschermittwoch Quarta-Feira de Cinzas ['kwartɐ 'feirɐ də 'sĩzɐʃ]
Aspirin® aspirina [ɐʃpi'rinɐ]
Asthma asma ['aʒmɐ]
Atembeschwerden a dificuldade de respirar [ɐ dəfikul'dadə də ʀəʃpi'rar], dispneia [diʃ'pnejɐ]
Atlantik Atlântico [ɐ'tlɐ̃ntiku]
atmen respirar [ʀəʃpi'rar]
Attest atestado [ɐtəʃ'tadu]
Auberginen as beringelas [ɐʒ bərĩ'ʒɛlɐʃ]
auch também [tɐ̃m'bɐ̃i]; **~ nicht** também não [tɐ̃m'bɐ̃i nɐ̃u]
auf *prp* sobre ['sobrə], em [ɐ̃i]; *(offen)* aberto [ɐ'bɛrtu]; **auf Portugiesisch** em português [ɐ̃i purtu'geʃ]
aufbewahren guardar [gwɐr'dar]
aufbrechen arrombar [ɐʀõm'bar]
Aufenthalt a paragem [ɐ pɐ'raʒɐ̃i]
Aufenthaltsraum sala de estar ['salɐ də‿ʃtar]
Auffahrtrampe rampa de acesso ['rɐ̃mpɐ d‿ɐ'sɛsu]
Aufführung a representação [ɐ ʀəprəzẽntɐ'sɐ̃u]
aufhören acabar [ɐkɐ'bar]
aufpassen (auf) tomar conta (de) [tu'mar 'kõntɐ (də)]
Aufschnitt as carnes frias [ɐʃ 'karnəʃ 'friɐʃ]
aufschreiben anotar [ɐnu'tar]
aufstehen levantar-se [ləvɐ̃n'tarsə]
aufwachen acordar [ɐkur'dar]
aufwärts para cima ['pɐrɐ 'simɐ]
Aufzug o elevador [u iləvɐ'dor]
Augen os olhos [uz‿'ɔʎuʃ]
Augenblick momento [mu'mẽntu]
Augenbrauen zupfen arranjar as sobrancelhas [ɐʀɐ̃'ʒar ɐʃ subrɐ̃'seljɐʃ]
Augentropfen as gotas oftálmicas [ɐʒ 'gotɐz‿ɔf'talmikɐʃ]
August agosto [ɐ'goʃtu]
aus *(Herkunft)* de [də]; *(Material)* de [də]; *(Grund)* por [pur]
Ausbildung a instrução [ɐ ĩnʃtru'sɐ̃u]
Ausdruck a expressão [ɐ ʃprə'sɐ̃u]
ausdrücklich expressamente [ʃprɛsɐ'mẽntə]
Ausfahrt saída [sɐ'idɐ]; **~freihalten** saída de automóveis [sɐ'idɐ d‿autu'mɔveiʃ]
Ausfahrt (Autobahn) saída (de autoestrada) [sɐ'idɐ (də 'auto 'ʃtradɐ]
Ausflug a excursão [ɐ ʃkur'sɐ̃u]
ausfüllen preencher [prjẽ'ʃer]
Ausgang saída [sɐ'idɐ]
ausgeben gastar [gɐʃ'tar]
ausgehen sair [sɐ'ir]
ausgezeichnet excelente [ʃsə'lẽntə]
Ausgrabungen as escavações [ɐz‿əʃkɐvɐ'sõiʃ]
Auskunft a informação [ɐ ĩfurmɐ'sɐ̃u]
Ausland estrangeiro [ʃtrɐ̃'ʒeiru]
Ausländer/in estrangeiro/estrangeira [ʃtrɐ̃'ʒeiru/ʃtrɐ̃'ʒeirɐ]
ausländisch estrangeiro [ʃtrɐ̃'ʒeiru]

Auslandsflug voo internacional ['vou ĩntərnɐsju'nal]
Auslandsgespräch chamada internacional [ʃɐ'mad‿ĩntərnɐsju'nal]
Auslöser o disparador [u dəʃperɐ'dor]
Auspuff o escape [u 'ʃkapə]
Ausreise saída [sɐ'idɐ]
Ausritt passeio a cavalo [pɐ'seju ɐ kɐ'valu]
ausruhen, s. – descansar [dəʃkɐ̃'sar]
Ausschlag o eczema [u ek'zemɐ]
außen fora ['fɔrɐ]
außer exceto [ʃ'sɛtu], além de [a'lɐ̃i də]
außerdem além disso [a'lɐ̃i 'disu]
außergewöhnlich fora do vulgar ['fɔrɐ du vul'gar]
außerhalb fora de ['fɔrɐ də]
Aussicht vista ['viʃtɐ]
Aussichtspunkt miradouro [mirɐ'doru]
aussprechen pronunciar [prunũ'sjar]
aussteigen descer [dəʃ'ser]
Ausstellung a exposição [ɐ ʃpuzi'sɐ̃u]
aussuchen escolher [ʃku'ʎer]
austauschen trocar [tru'kar]
Austern as ostras [ɐz‿'oʃtrɐʃ]
Ausverkauf saldo ['saldu]
Auswahl escolha ['ʃkoʎɐ]
auszahlen pagar [pɐ'gar]
Auto carro ['kaʀu], o automóvel [u autu'mɔvɛl]; – **fahren** conduzir [kõndu'zir]
Autobahn autoestrada ['auto 'ʃtradɐ]
Autobahnausfahrt saída (de autoestrada) [sɐ'idɐ (də 'auto 'ʃtradɐ]
Autobahngebühr a portagem [ɐ pur'taʒɐ̃i] *(Br)* pedágio [pe'daʒju]
Automat máquina automática [makinɐ autu'matikɐ]
Automatik(getriebe) caixa de velocidades automática ['kaiʃɐ də vəlusi'dadəz‿autu'matikɐ]
automatisch automático [autu'matiku]
automatische Türöffnung porteiro eletrónico [pur'teir‿ilɛ'trɔniku]
Autoradio rádio de automóvel ['ʀadju d‿autu'mɔvɛl]
Autoreisezug comboio *(Br* o trem) para transporte de automóveis [kõm'bɔju (u trɐ̃i) 'perɐ trɐ̃ʃ'pɔrtə d‿autu'mɔveiʃ]
Avocado o abacate [u ɐbɐ'katə]
Ayurveda medicina ayurvédica [mədə'sin‿aju'vɛrdikɐ]

B

Baby o bebé [u bɛ'bɛ]
Babyfon® o interfone para bebés [u ĩntər'fɔnə 'perɐ bɛ'bɛʃ]
Babynahrung comida para bebés [ku'midɐ 'perɐ bɛ'bɛʃ]
Babyschale *(fürs Auto)* cadeira concha para bebé [kɐ'deirɐ 'kõʃɐ 'perɐ bɛ'bɛ]
Babysitter o/a babysitter [u/ɐ 'beibi'sitɐr]

Bäckerei padaria [padɐ'riɐ]
Backofen forno ['fornu]
Badeanzug fato de banho ['fatu də 'bɐɲu] *(Br)* o maiô [u ma'jo]
Badehose o calção de banho [u kal'sɐ̃u də 'bɐɲu]
Bademantel o roupão de banho [u ʀo'pɐ̃u də 'bɐɲu]
Bademeister banheiro [bɐ'ɲeiru] *(Br)* o salva-vidas [u 'salva 'vidɐs]
Bademütze touca de banho ['tokɐ də 'bɐɲu]
Badeschuhe os sapatos para banho [uʃ sɐ'patuʃ 'pɐrɐ 'bɐɲu]
Badewanne banheira [bɐ'ɲeirɐ]
Badezimmer casa de banho ['kazɐ də 'bɐɲu] *(Br)* banheiro [ba'ɲeru]
Badminton o badminton [u bɛd'mĩnton]
Bahnhof a estação [ɐ ʃtɐ'sɐ̃u]
Bahnsteig a gare [ɐ 'garə]
bald logo ['lɔgu], em breve [ɐ̃i 'brɛvə]; **so ~ wie möglich** o mais depressa possível [u maiʒ də'prɛsɐ pu'sivɛl]
Balkon varanda [vɐ'rɐ̃ndɐ]
Ball bola ['bɔlɐ]; *(Fest)* o baile [u 'bailə]
Ballett o ballet *(Br* **balé)** [u ba'lɛ], bailado [bai'ladu]
Bananen as bananas [ɐʒ bɐ'nɐnɐʃ]
Band conjunto [kõ'ʒũntu], a band [ɐ 'bɛnd]
Bänderriss rotura de ligamentos [ʀu'turɐ də ligɐ'mẽntuʃ]

Bank *(Geldinstitut, Sitz ~)* banco ['bɐ̃ŋku]
bar a dinheiro [ɐ də'ɲeiru], a pronto [ɐ 'prõntu]
Bar o bar [u bar]
Bargeld dinheiro numerário [də'ɲeiru numə'rarju]
Barock barroco [bɐ'ʀoku]
barrierefrei sem obstáculos [sɐ̃i obʃ'takuluʃ]
Barsch perca ['pɛrkɐ]
Bart barba ['barbɐ]
Basilikum o manjericão
Basketball o basquetebol [u baʃkɛtə'bɔl]
Batterie pilha ['piʎɐ]
Bauch barriga [bɐ'ʀigɐ]
Bauernhof quinta ['kĩntɐ]
Baum a árvore [ɐ 'arvurə]
Baumwolle o algodão [u algu'dɐ̃u]
Baustelle as obras [ɐz 'ɔbrɐʃ]
Bauwerk edifício [idə'fisju], a construção [ɐ kõʃtru'sɐ̃u]
beachten considerar [kõsidə'rar]
Beach-Volleyball o voleibol de praia [u vɔlei'bɔl də 'prajɐ]
beantworten responder a [ʀəʃpõn'der‿ɐ]
Bearbeitungsgebühr a comissão [ɐ kumi'sɐ̃u]
bedauern lamentar [lɐmẽn'tar]
Bedeutung *(Sinn)* significado [signifi'kadu]; *(Wichtigkeit)* importância [ĩmpur'tɐ̃sjɐ]
Bedienung serviço [sər'visu]
beeilen, s. ~ apressar-se [ɐprə'sarsə]

beeindruckend impressionante [ĩmprəsju'nẽntə]
befinden, s. – encontrar-se [ẽŋkõn'trarsə]
befreundet sein ser amigo [ser‿ɐ'migu]
befürchten ter receio [ter ʀə'seju]
begegnen encontrar [ẽŋcõn'trar]
begeistert (von) entusiasmado (com) [ẽntuzjɐʒ'madu (kõ)]
begleiten acompanhar [ɐkõmpɐ'ɲar]
Begleitperson pessoa acompanhante [pə'soɐ ɐkõmpɐ'ɲẽntə]
begrüßen cumprimentar [kũmprimẽn'tar]
behalten guardar [gwɐr'dar], ficar com [fi'kar kõ]
Behälter o recipiente [u ʀəsipi'ẽntə]
behandeln tratar [trɐ'tar]
Behandlung tratamento [trɐtɐ'mẽntu]
behaupten afirmar [ɐfir'mar]
Behindertenausweis o cartão de deficiente [u kɐr'tɐ̃u də dəfəsi'ẽntə]
behindertengerecht equipado para deficientes [iki'padu 'pɐrɐ dəfəsi'ẽntəʃ]
Behindertenparkplatz estacionamento para deficientes [ʃtɐsjunɐ'mẽntu 'pɐrɐ dəfəsi'ẽntəʃ]
Behindertentoilette casa de banho para deficientes ['kasɐ də 'bɐɲu 'pɐrɐ dəfəsi'ẽntəʃ]
Behindertenverband a associação de deficientes [ɐ ɐsusjɐ'sɐ̃u də dəfəsi'ẽntəʃ]
Behörde as autoridades [ɐz‿auturi'dadəʃ]
bei *(nahe)* perto de ['pɛrtu də]
beide ambos ['ẽmbuʃ], ambas ['ẽmbɐʃ]
Beifall aplauso [ɐ'plauzu]
beige bege ['bɛʒə]
Bein perna ['pɛrnɐ]
Beispiel exemplo [i'zẽmplu]; **zum – por exemplo** [pur‿i'zẽmplu]
beißen morder [mur'der]; *(Insekten)* picar [pi'kar]
bekannt conhecido [kuɲə'sidu]; **jdn mit jdm – machen** apresentar alg a alg [ɐprəzẽn'tar‿al'gẽi ɐ al'gẽi]
Bekannte, der/die – o conhecido [u kuɲə'sidu], a conhecida [ɐ kuɲə'sidɐ]
beklagen, s. – (über) queixar-se (de) [kei'ʃarsə (də)]
bekommen receber [ʀəsə'ber]
belästigen importunar [ĩmpurtu'nar]
belegtes Brötchen a sandes [ɐ 'sẽndəʃ]
Beleidigung ofensa [o'fẽsɐ]
Belichtungsmesser fotómetro (ô) [fu'tɔmətru]
Belohnung recompensa [ʀəkõm'pẽnsɐ]
bemerken notar [nu'tar]
benachrichtigen avisar [ɐvi'zar]
benutzen usar [u'zar]; *(Verkehrsmittel)* tomar [tu'mar], *(Br)* pegar [pe'gar]

Benzinkanister o bidão *(Br* a lata) de gasolina [u bi'dɐ̃u (a 'latɐ) də gɐzu'linɐ]
Benzinpumpe bomba para gasolina ['bõmbɐ 'pɐrɐ gɐzu'linɐ]
bequem cómodo ['kɔmudu], confortável [kõfur'tavɛl]
berechnen calcular [kalku'lar]
bereits já [ʒa]
Berg o monte [u 'mõntə]
Bergdorf aldeia na serra [al'dejɐ nɐ 'sɛʀɐ]
Bergsteigen montanhismo [mõntɐ'ɲiʒmu]
Beruf a profissão [ɐ prufi'sɐ̃u]
beruhigen, s. ~ acalmar-se [ɐkal'marsə]
Beruhigungsmittel o calmante [u kal'mẽntə]
berühmt famoso [fɐ'mozu]
berühren tocar [tu'kar]
beschädigen danificar [dɐnəfi'kar]
bescheinigen certificar [sərtəfi'kar]
Bescheinigung atestado [ɐtəʃ'tadu], certificado [sərtəfi'kadu]
beschlagnahmen confiscar [kõnfiʃ'kar]
beschließen decidir [dəsi'dir]
beschreiben descrever [dəʃkrə'ver]
beschweren, s. ~ (über) queixar-se (de) [kei'ʃarsə (də)]
besetzt impedido [ĩmpə'didu]; **besetzt** *(Platz)* ocupado [oku'padu]; *(voll)* completo [kõm'plɛtu]
besichtigen visitar [vəzi'tar]
Besichtigung visita [və'zitɐ]
Besitzer/in *(Geschäft)* dono ['donu], dona ['donɐ]
besonders especialmente [ʃpəsjal'mẽntə]
besorgen arranjar [ɐʀɐ̃'ʒar]
besser melhor [mə'ʎɔr]
bestätigen confirmar [kõfir'mar]
beste(r, -s) a/o melhor [ɐ/u mə'ʎɔr]
Besteck o talher [u tɐ'ʎɛr]
bestehen aus compor-se de [kõm'porsə də]
Bestellung pedido [pə'didu]
bestimmt *adj* determinado [dətərmi'nadu]; *adv* com certeza [kõ sər'tezɐ]
Besuch visita [və'zitɐ]
besuchen, jdn ~ visitar alg [vəzi'tar‿al'gẽi]
Besuchszeit as horas da visita [ɐz‿'ɔrɐʒ dɐ və'zitɐ]
beten rezar [ʀə'zar]
Betrag quantia [kwẽn'tiɐ]
Betreuungsdienst serviço de assistência [sər'visu d‿ɐsiʃ'tẽnsjɐ]
Betrug engano [ẽn'gɐnu]
betrunken embriagado [ẽmbrjɐ'gadu]
Bett cama ['kɐmɐ]; **zu ~ gehen** ir para a cama [ir 'pɐra 'kɐmɐ]
Bettdecke colcha ['kolʃɐ]; *(wollene)* o cobertor [u kubər'tor]
Bettwäsche roupa de cama ['ʀopɐ də 'kɐmɐ]

beunruhigen, s. – inquietar-se [ĩnkjɛ'tarsə]
bevor antes de ['ẽntəʒ də]
bewölkt nublado [nu'bladu]
bewusstlos sem sentidos [sẽi sẽn'tiduʃ]
bezahlen pagar [pɐ'gar]
bezaubernd encantador [ẽŋkẽntɐ'dor]
BH o soutien, *(Br)* sutiã [u su'tjẽ]
Biene abelha [ɐ'beʎɐ]
Bier cerveja [sər'veʒɐ]
bieten oferecer [ofərə'ser]
Bikini o biquíni [u bi'kini]
Bild quadro ['kwadru]
Bild *(Foto)* fotografia [futugrɐ'fiɐ]; *(Gemälde)* quadro ['kwadru]
Bildhauer o escultor [u ʃkul'tor]
billig barato [bɐ'ratu]
Bindehautentzündung a conjuntivite [ɐ kõnʒũnti'vitə]
Bindfaden o cordel [u kur'dɛl]
Bioladen loja de produtos biológicos ['lɔʒɐ də pru'dutuʒ biu'lɔʒikuʃ]
Birnen as peras [ɐʃ 'perɐʃ]
bis até [ɐ'tɛ]; – **jetzt** até agora [ɐ'tɛ ɐ'gɔrɐ]
bisschen, ein – um pouco (de) [ũm 'poku (də)]
Bitte pedido [pə'didu]
bitten, jdn um etw – pedir alguma coisa a alg [pə'dir‿al'gumɐ 'koiza‿algẽi]
bitter amargo [ɐ'margu]
Blähungen flatulência [flɐtu'lẽsjɐ]
Blase *(Harnblase)* bexiga [bə'ʃigɐ]; *(Hautblase)* **bolha** ['boʎɐ]
Blatt folha ['foʎɐ]
blau azul [ɐ'zul]
Blazer o blazer [u 'bleizɐ]
bleiben ficar [fi'kar]
Blick o olhar [u o'ʎar]; *(Ausblick)* vista ['viʃtɐ]
blind cego ['sɛgu]
Blinddarmentzündung a apendicite [apẽndə'sitə]
Blinde/r cega/cego ['sɛgɐ/'sɛgu]
Blindenhund o cão de cegos [u kɐ̃u də 'sɛguʃ]
Blinker o pisca-pisca [u 'piʃkɐ 'piʃkɐ]
Blitz relâmpago [ʀə'lẽmpɐgu]
Blitzgerät o flash [u flɛʃ]
Block bloco ['blɔku]
blöd(e) parvo ['parvu] estúpido ['ʃtupidu]
blond louro ['loru]
Blues os blues [uʒ blus]
Blume a flor [ɐ flor]
Blumengeschäft florista [flu'riʃtɐ]
Blumenkohl a couve-flor [ɐ 'kovə flor]
Bluse blusa ['bluzɐ]
Blut o sangue [u 'sẽŋgə]
Blutdruck a tensão arterial [ɐ tẽ'sɐ̃u ɐrtə'rjal]
bluten sangrar [sẽŋ'grar]
Blutgruppe grupo sanguíneo ['grupu sẽŋ'g(w)inju]
Blutung hemorragia [emuʀɐ'ʒiɐ]
Blutvergiftung septicemia [sɛptisə'miɐ]
Bö rajada [ʀɐ'ʒadɐ]

Boden solo ['sɔlu] *(Fuß~)* o chão [u ʃɐ̃u]
Body o body [u 'bɔdi]
Bodybuilding a musculação [ɐ muʃkulɐ'sɐ̃u]
Bogen arco ['arku]
Bohnen o feijão [u fei'ʒɐ̃u]
Bonbons os rebuçados [uʒ ʀəbu'saduʃ]
Bootsführerschein carta de marinheiro ['kartɐ də mɐri'ɲeiru]
Bordkarte o cartão de embarque [u kɐr'tɐ̃u d‿ẽm'barkə]
Bordrollstuhl cadeira de rodas de transporte [kɐ'deirɐ də 'rɔdɐʃ də trɐ̃ʃ'pɔrtə]
Borreliose a borreliose [ɐ buʀəli'ɔzə]
böse mau [mau]; *(verärgert)* zangado [zɐ̃ŋ'gadu]
Botanischer Garten o jardim botânico [u ʒɐr'dĩm bu'tɐniku]
Botschaft *(dipl. Vertretung)* embaixada [ẽmbai'ʃadɐ]
Boutique a boutique [ɐ bu'tikə]
Bowling o bowling [u 'bɔliŋ]
Bräter a pá para os fritos [ɐ pa 'per‿uʃ 'fritusch]
Braille o Braille [u 'brailə]
Brandsalbe pomada para queimaduras [pu'madɐ 'pɐrɐ keimɐ'durɐʃ]
brauchen precisar de [prəsi'zar də]; *(Zeit)* levar [lə'var]
braun castanho [kɐʃ'tɐɲu] *(Br)* marrom [ma'ʀõ]
Brechreiz as náuseas [ɐʒ 'nauzjɐʃ]
breit largo ['largu]
Breite largura [lɐr'gurɐ]
Bremse o travão [u trɐ'vɐ̃u], *(Br)* freio ['freju]
Bremsflüssigkeit líquido dos travões *(Br dos freios)* ['likidu duʃ trɐ'võiʃ (dus 'frejus)]
Bremslichter as luzes dos travões *(Br dos freios)* [ɐʒ 'luzəʒ duʃ trɐ'võiʃ (dus 'frejus)]
brennen arder [ɐr'der]
Brief carta ['kartɐ]
Briefkasten caixa do correio ['kaiʃɐ du ku'ʀeju]
Briefmarke selo ['selu]
Briefmarkenautomat o distribuidor automático de selos [u dəʃtribwi'dor‿autu'matiku də 'seluʃ]
Briefpapier o papel de carta [u pɐ'pɛl də 'kartɐ]
Brieftasche carteira [kɐr'teirɐ]
Briefumschlag o envelope [u ẽvə'lɔpə]
bringen *(her~)* trazer [trɐ'zer]; *(weg~)* levar [lə'var]
Brombeeren as amoras [ɐz‿ɐ'mɔrɐʃ]
Bronchien os brônquios [uʒ 'brõŋkjus]
Bronchitis a bronquite [ɐ brõŋ'kitə]
Bronze o bronze [u 'brõzə]
Brosche o broche [u 'brɔʃə]
Brot o pão [u pɐ̃u]
Brötchen os pãozinhos [uʃ pɐ̃i'ziɲuʃ]
Bruch *(Knochenbruch)* fratura [fra'turɐ]

Brücke a ponte [ɐ 'põntə]
Bruder o irmão [u ir'mɐ̃u]
Brunnen a fonte [ɐ 'fõntə]
Brust peito ['peitu]
Buch livro ['livru]
buchen *(Platz)* reservar [ʀəzər'var]
Buchhandlung livraria [livrɐ'riɐ]
buchstabieren soletrar [sulə'trar]
Bucht baía [bɐ'iɐ]
Buchung reserva [ʀə'zɛrvɐ]
Bügeleisen ferro de engomar ['fɛʀu d‿ẽngu'mar]
bügeln passar a ferro [pɐ'sar‿ɐ 'fɛʀu]
Bungalow o bangaló (ô) [u bɐ̃ŋgɐ'lɔ]
Bungeejumping o bungeejumping [u bɐ̃ndʒi'dʒɐ̃mpiŋ]
Burg castelo [kɐʃ'tɛlu]
Büro escritório [ʃkri'tɔrju]
Bürste escova ['ʃkovɐ]
Bus autocarro *(Br* o ônibus) [auto'kaʀu (u 'onibus)]
Busbahnhof a estação rodoviária [ɐ ʃtɐ'sɐ̃u ʀɔdɔ'vjarjɐ]
Bußgeld multa ['multɐ]
Butter manteiga [mɐ̃n'teigɐ]
Bypass o bypass [u bai'pas]
byzantinisch bizantino [bizɐ̃n'tinu]

C

Café o café [u kɐ'fɛ]
Camcorder o camcorder [u kɐ̃m'kɔrdɐ]
Camping o campismo *(Br* o camping) [u kɐ̃m'piʒmu (u 'kɐ̃mpiŋ)]
Campingausweis o cartão de campista [u kɐr'tɐ̃u də kɐ̃m'piʃtɐ]
Campingführer o guia de campismo [u 'giɐ də kɐ̃m'piʒmu]
Campingplatz o parque de campismo [u 'parkə də kɐ̃m'piʒmu], *(Br)* o camping [u 'kɐ̃mpiŋ]
CD/Compactdisc o CD (disco compacto) [u se'de ('diʃku kõm'paktu)]
CD-Spieler o leitor de CDs [u lei'tor də se'deʃ]
Champagner o champanhe [u ʃɐ̃m'pɐɲə]
Check-in o check-in [u ʃɛ'kin]
Chef o chefe [u 'ʃɛfə]
chemisch reinigen limpar a seco [lĩm'par‿ɐ 'seku]
Chicoree endívia [ẽn'diviɐ]
Chipkarte o cartão de identificação eletrónica [u kɐr'tɐ̃u d‿idẽntəfikɐ'sɐ̃u ilɛ'trɔnikɐ]
Chirurg/in o cirurgião/a cirurgiã [u sirur'ʒjɐ̃u/ɐ sirur'ʒjɐ̃]
Cholera cólera ['kɔlərɐ]
Chor coro ['koru]
Christentum cristianismo [kriʃtjɐ'niʒmu]
Clubhaus o clube [u 'klubə]
Computerfachgeschäft loja de computadores ['lɔʒɐ də kõmputɐ'dorəʃ]

Cousin/e primo ['primu], prima ['prime]
Creme o creme [u 'krɛmə]

D

da *(Ort)* aí [ɐ'i], lá [la]; *(Grund)* como ['komu], já que [ʒa kə]; **da sein** estar presente [ʃtar prə'zẽntə]
Dach telhado [tə'ʎadu]
dafür sein ser a favor de [ser ɐ fɐ'vor də]
dagegen sein ser contra [ser 'kõntrɐ]
daheim em casa [ɐ̃i 'kazɐ]
damals naquele tempo [nɐ'kelə 'tẽmpu]
Damen senhoras [sə'ɲoreʃ]
Damenbinden os pensos higiénicos [uʃ 'pẽsuʃ i'ʒjɛnikuʃ]
Dampfer o vapor [u vɐ'por]
danach depois [də'poiʃ]
danken agradecer [ɐgrɐdə'ser]
dann então [ẽn'tɐ̃u], depois [də'poiʃ]
Darm intestino [ĩntəʃ'tinu]
dass que [kə]
dasselbe o mesmo [u 'meʒmu]
Datteln as tâmaras [ɐʃ 'tɐmɐreʃ]
Datum data ['datɐ]
dauern durar [du'rar]
Dauerwelle a permanente [ɐ pərmɐ'nẽntə]
Deck o convés [u kõ'vɛʃ]
Decke teto ['tɛtu]
Defekt falha ['faʎɐ]
dein teu [teu], tua ['tuɐ]
Delle mossa ['mɔsɐ]
denken an pensar em [pẽ'sar ɐ̃i]
Denkmal monumento [munu'mẽntu]
Denkmalschutz a proteção dos monumentos [ɐ prutɛ'ʃɐ̃u duʒ munu'mẽntuʃ]
denn pois [poiʃ], porque ['purkə]
Deo(dorant) o desodorizante [u dəzoduri'zɐntə]
deshalb por isso [pur 'isu]
Desinfektionsmittel o desinfetante [u dəzĩfɛ'tẽntə]
desinfizieren desinfetar [dəzĩfɛ'tar]
deutlich *adj* claro ['klaru] *adv* claramente [klarɐ'mẽntə]
deutsch alemão [ɐlə'mɐ̃u]
Deutsche, der/die – o alemão [u ɐlə'mɐ̃u], a alemã [ɐ ɐlə'mɐ̃]
Deutschland Alemanha [ɐlə'mɐɲɐ]
Devisen as divisas [ɐʒ də'vizɐʃ]
Dezember dezembro [də'zẽmbru]
Dia diapositivo [u djɐpuzi'tivu]
Diabetes a diabetes [ɐ djɐ'bɛtəʃ]
Diabetiker/-in diabético/ diabética [djɐ'bɛtiku/djɐ'bɛtikɐ]
Diagnose diagnóstico [djɐg'nɔʃtiku]
Diät dieta ['djɛtɐ]
dich te [tə], ti [ti]
dick gordo ['gordu]; *(geschwollen)* inchado [ĩ'ʃadu]
Dieb o ladrão [u lɐ'drɐ̃u]
Diebstahl roubo ['ʀobu]
Dienstag terça-feira ['tersɐ 'feirɐ]
diese(r, -s) esta ['ɛʃtɐ], este ['eʃtə]; essa ['ɛsɐ], esse ['esə]

Digitalkamera máquina digital ['makinɐ diʒi'tal]
Ding coisa ['koizɐ]
Diphtherie difteria [diftə'riɐ]
dir te [tə], ti [ti]
direkt direto [di'rɛtu]
Direktion a direção [ɐ dirɛ'sɐ̃u]
Dirigent/in o/a chefe de orquestra [u/ɐ 'ʃɛfə d͜ or'kɛʃtrə]
Diskothek discoteca [diʃku'tɛkɐ]
doch mas [mɐʃ], porém [pu'rɐ̃i]
Dokumentarfilm documentário [dukumẽn'tarju]
Dom a sé [ɐ sɛ], a catedral [ɐ kɐtə'dral]
Donnerstag quinta-feira ['kĩntɐ 'feirɐ]
Doppel jogo a pares ['ʒogu ɐ 'parəʃ]
doppelt duplo ['duplu]
Dorf aldeia [al'dejɐ]
dort ali [ɐ'li], lá [la], aí [ɐ'i]
Dose lata ['latɐ]
Dosenöffner o abre-latas [u 'abrə 'latɐʃ]
Drachenfliegen asa delta ['azɐ 'dɛltɐ]
Draht o arame [u ɐ'rɐmə]
Drama o drama [u 'drɐmɐ]
draußen lá fora [la 'fɔrɐ]
Dressing molho ['moʎu]
drin, drinnen lá dentro [la 'dẽntru]
dringend urgente [ur'ʒẽntə]
dritte(r, -s) terceira [tər'seirɐ], terceiro [tər'seiru]
Drogerie drogaria [drugɐ'riɐ]
Drogerieartikel os artigos de drogaria [uz͜ ɐr'tiguʒ də drugɐ'riɐ]
Drucker impressora [ĩmprə'sorɐ]
du tu [tu], *(Br)* você [vɔ'se]
dumm parvo ['parvu], tolo ['tolu]
dunkel escuro ['ʃkuru]
dunkelblau/dunkelgrün azul escuro/verde escuro [ɐ'zul 'ʃkuru/'verdə 'ʃkuru]
dünn delgado [dɛl'gadu]
durch *(quer ~)* através de [ɐtrɐ'vɛʒ də]; *(mittels)* por meio de [pur 'meju də]
Durchfahrt passagem [pɐ'saʒɐ̃i]; **– verboten** a trânsito proibido [ɐ 'trɐ̃zitu prwi'bidu]
Durchfall diarreia [djɐ'ʀejɐ]
durchgebraten bem passado [bɐ̃i pɐ'sadu]
Durchreise, auf der – de passagem [də pɐ'saʒɐ̃i]
durchschnittlich *adj* médio ['mɛdju]; *adv* em média [ɐ̃i 'mɛdjɐ]
dürfen poder [pu'der]
durstig sein ter sede [ter 'sedə]
Dusche o duche [u 'duʃə]; *(Br)* a ducha [a 'duʃɐ]
Duschgel o gel de banho [u ʒɛl də 'bɐɲu]
Duschsitz assento para o duche [ɐ'sẽntu 'per͜ u 'duʃə]
Dynastie dinastia [dinɐʃ'tiɐ]

E

Ebbe a maré baixa [ɐ mɐˈrɛ ˈbaiʃɐ]
Ebene a planície [ɐ plɐˈnisjə]
ebenerdig ao nível do chão [au ˈnivɛl du ʃɐ̃u]
echt autêntico [auˈtẽntiku]
Ecke *(äußere)* esquina [ˈʃkinɐ], *(innere)* canto [ˈkɐ̃ntu]
Ehefrau a mulher [ɐ muˈʎɛr]
Ehemann marido [mɐˈridu]
Eier os ovos [uz‿ˈɔvuʃ]
Eierbecher o recipiente para ovos quentes [u rəsəpiˈẽntə ˈpɐr‿ˈɔvuʃ ˈkẽntəʃ]
eigen próprio [ˈprɔprju]
eigentlich no fundo [nu ˈfũndu]
Eigentümer/in proprietário [pruprjeˈtarju], proprietária [pruprjeˈtarjɐ]
Eilbrief carta por expresso [ˈkartɐ pur ˈʃprɛsu]
eilig apressado [ɐprəˈsadu]; **es ~ haben** ter pressa [ter ˈprɛsɐ]
ein(e) um [ũ], uma [ˈumɐ]
einchecken fazer o check-in [fɐˈzer‿u ʃɛˈkin]
einfach simples [ˈsĩmpləʃ]
Einfahrt entrada [ẽnˈtradɐ]
einfarbig só de uma cor [sɔ d‿ˈumɐ kor]
Eingang entrada [ẽnˈtradɐ]
einheimisch natural [nɐtuˈral], nacional [nɐsjuˈnal]
einige alguns [alˈgũʃ], algumas [alˈgumɐʃ]
einkaufen fazer compras [fɐˈzer kõmˈprɐʃ]
Einkaufszentrum centro comercial [ˈsẽntru kumərsiˈal]
einladen convidar [kõviˈdar]
einmal uma vez [ˈumɐ veʃ]
einpacken embrulhar [ẽmbruˈʎar]
Einreise entrada [ẽnˈtradɐ]
einsam solitário [suliˈtarju]
einschalten ligar [liˈgar]; *(Licht)* acender [ɐsẽnˈder]
Einschreibebrief carta registada [ˈkartɐ ʀəʒiʃˈt(r)adɐ]
einsteigen subir [suˈbir]
Einstiegshilfe auxílio para subir [auˈsilju ˈpɐrɐ suˈbir]
Eintritt entrada [ẽnˈtradɐ]
Eintrittskarte o bilhete [u bəˈʎetə]
Eintrittspreis preço de entrada [ˈpresu d‿ẽnˈtradɐ]
Einwohner/in o/a habitante [u ɐbiˈtẽntə/ɐ ɐbiˈtẽntə]
Einzel jogo individual [ˈʒog‿ĩndəviˈdwal]
einzig único [ˈuniku]
Eis *(Speise~)* gelado [ʒəˈladu]; gelo [ˈʒelu]
Eisbahn pista de patinagem no gelo [ˈpiʃtɐ də pɐtiˈnaʒɐ̃i nu ˈʒelu]
Eisenwarengeschäft loja de ferragens [ˈlɔʒɐ də fəˈʀaʒɐ̃iʃ]
Eishockey o hóquei sobre o gelo [u ˈɔkei ˈsobr‿u ˈʒelu]
Eislauf a patinagem sobre o gelo [ɐ pɐtiˈnaʒɐ̃i ˈsobr‿u ˈʒelu]
Eiter o pus [u puʃ]
Elastikbinde ligadura elástica [ligɐˈdur‿iˈlaʃtikɐ]
elektrisch elétrico [iˈlɛtriku]

Elektrohandlung loja de artigos elétricos ['lɔʒɐ d‿ɐr'tiguz‿i'lɛtrikuʃ]
Elektroherd o fogão elétrico [u fu'gɐ̃u i'lɛtriku]
Elektrolytlösung a solução de reidratação [ɐ sulu'sɐ̃u də rəidrɐtɐ'sɐ̃u]
Elektrorollstuhl cadeira de rodas elétrica [kɐ'deirɐ də 'rɔdɐz‿i'lɛtrikɐ]
Eltern os pais [uʃ 'paiʃ]
empfangen receber [ʀəsə'ber]
Empfänger destinatário [dəʃtinɐ'tarju]
Empfangshalle o hall [u ɔl]
empfehlen recomendar [ʀəkumẽn'dar]
Ende o fim [u fĩ]; **am Ende** por fim [pur fĩ]
endgültig *adj* definitivo [dəfəni'tivu]; *adv* definitivamente [dəfənitivɐ'mẽntə]
endlich finalmente [final'mẽntə]
Endreinigung limpeza final [lĩm'pezɐ fi'nal]
Endstation término ['tɛrminu]
eng estreito ['ʃtreitu]
englisch inglês [ĩŋ'gleʃ]
Enkel/in neto ['nɛtu], neta ['nɛtɐ]
entdecken descobrir [dəʃku'brir]
Entfernung distância [dəʃ'tɐ̃sjɐ]
entgegengesetzt oposto [o'poʃtu]
entscheiden decidir [dəsi'dir]
entschlacken, entgiften desentoxicar [dəzẽntɔʃi'kar]
entschuldigen, s. ~ desculpar-se [dəʃkul'parsə]
Entschuldigung desculpa [dəʃ'kulpɐ]
enttäuscht desiludido [dəzilu'didu]
entweder ... oder ou ... ou [o ... o]
entwerten obliterar [oblitə'rar]
entwickeln desenvolver [dəzẽnvol'ver]; *(Foto)* revelar [rəvə'lar]
entzückend encantador [ẽŋkɐ̃ntɐ'dor]
Entzündung a inflamação [ɐ ĩflɐmɐ'sɐ̃u]
Epilepsie epilepsia [ipilɛp'sjɐ]
Epoche época ['ɛpukɐ]
er ele ['elə]
Erbsen as ervilhas [ɐz‿ir'viʎɐʃ]
Erdbeeren os morangos [uʒ mu'rɐ̃ŋguʃ]
Erde terra ['tɛʀɐ]
Erdgeschoss o rés-do-chão [u ʀɛʒdu'ʃɐ̃u]
Erdnüsse os amendoins [uz‿ɐmẽndu'ĩnʃ]
erfahren ouvir [o'vir], ficar a saber [fi'kar‿ɐ sɐ'ber]
erfreut (über) contente (com) [kõn'tẽntə (kõ)]
Erfrischung refresco [ʀə'freʃku]
erholen, s. ~ descansar [dəʃkɐ̃'sar]
Erkältung a constipação [ɐ kõʃtipa'sɐ̃u] *(Br)* resfriado [ʀes'frjadu]
erlauben permitir [pərmi'tir]; **Haustiere (nicht) erlaubt** (não) são permitidos animais domésticos [(nɐ̃u) sɐ̃u pərmi'tiduz‿ɐni'maiʒ du'mɛʃtikuʃ]

Ermäßigung a redução [ɐ ʀədu'sɐ̃u]
ernst sério ['sɛrju]
erreichen receber [ʀəsə'ber]
Ersatz *(Schaden~)* a inde(m)nização [ɐ ĩndə(m)nizɐ'sɐ̃u]
Ersatzrad roda sobresselente ['ʀɔdɐ sobrəsə'lẽntə]
erschöpft esgotado [ʒgu'tadu]
erschrecken assustar [ɐsuʃ'tar]
ersetzen substituir [subʃti'twir]; *(Schaden)* inde(m)nizar [ĩndə(m)ni'zar]
erst *(zuerst)* primeiro [pri'meiru]; *(nicht früher als)* só [sɔ]
erste(r, -s) primeira [pri'meirɐ] primeiro [pri'meiru]
erster Gang primeira (velocidade) [pri'meirɐ (vəlusi'dadə)]
Erwachsene(r) adulta [ɐ'dultɐ], adulto [ɐ'dultu]
erwarten esperar [ʃpə'rar]
erzählen contar [kõn'tar]
essbar comestível [kuməʃ'tivɛl]
essen comer [ku'mer]
Essen *(Nahrung)* comida [ku'midɐ]
Essig o vinagre [u vi'nagrə]
Etage o andar [u ɐ̃n'dar]
Etagenbett o beliche [u bə'liʃə]
etwa cerca de ['serkɐ də]
etwas algo ['algu], alguma coisa [al'gumɐ 'koizɐ]; *(ein wenig)* um pouco [ũm 'poku]
EU-Bürger o cidadão da UE [u sidɐ'dɐ̃u dɐ uɛ]
euch *dat* lhes [ʎəʃ], *(Br)* a vocês [a vɔ'seʃ]; *acc* os/as [uʃ/ɐʃ], *(Br)* vocês [vɔ'seʃ]
euer vosso ['vɔsu]
Euro euro ['euru]
Europa Europa [eu'rɔpɐ]
Europäer/in europeu [euru'peu], europeia [euru'pejɐ]
europäisch europeu [euru'peu]
Exponat objeto exposto [ob'ʒɛtu 'ʃpoʃtu]
Expressionismus expressionismo [ʃprəsju'niʒmu]
extra extra ['eiʃtrɐ], especial [ʃpə'sjal]

F

Fabrik fábrica ['fabrikɐ]
Facharzt/ärztin o/a especialista [u/ɐ ʃpəsjɐ'liʃtɐ]
Faden linha ['liɲɐ]
Fahrdienst serviço de transporte [sər'visu də trɐ̃ʃ'pɔrtə]
Fähre o ferry-boat [u 'fɛʀi bot]; *(in Lissabon)* cacilheiro [kɐsi'ʎeiru]
fahren ir [ir]; *(lenken)* conduzir [kõndu'zir]
Fahrer/in o condutor [u kõndu'tor] condutora [kõndu'torɐ]
Fahrgast passageiro [pɐsɐ'ʒeiru]
Fahrkarte o bilhete [u bə'ʎetə]
Fahrkartenautomat máquina automática de bilhetes ['makinɐ autu'matikɐ də bə'ʎetəʃ]

Fahrkartenschalter bilheteira [bəʎə'teirɐ]; *(Br)* bilheteria [biʎete'riɐ]
Fahrplan horário [o'rarju]
Fahrpreis preço do bilhete ['presu du bə'ʎetə]
Fahrrad bicicleta [bəsi'klɛtɐ]
Fahrradhelm o capacete de bicicleta [u kɐpɐ'setə də bəsi'klɛtɐ]
Fahrradweg pista para bicicletas ['piʃtɐ 'pɐrɐ bəsi'klɛtɐʃ], ciclovia [siklu'vja]
Fahrschein o bilhete [u bə'ʎetə]
Fahrscheinentwerter o obliterador de bilhetes [u oblitərɐ'dor də bə'ʎetəʃ]
Fahrstuhl o elevador [u iləvɐ'dor]
Fahrt a viagem [ɐ 'vjaʒɐ̃i]
fair correto [ku'ʀɛtu]
fallen cair [kɐ'ir]
falls no caso de [nu 'kazu də]
Fallschirmspringen o paraquedismo [u parɐkə'diʒmu]
falsch errado [i'ʀadu]
Faltrollstuhl cadeira de rodas desdobrável [kɐ'deirɐ də 'rɔdɐʃ dəʒdu'bravɛl]
Familie família [fɐ'miljɐ]
Familienname apelido *(Br* o sobrenome) [ɐpə'lidu (u sobre'nomi)]
fangen apanhar [ɐpɐ'ɲar]
Fango fango ['fɐ̃ngu]
färben pintar [pĩn'tar]
farbig de cor [də kor]
Farbstift o lápis de cor [u 'lapiʒ də kor]
Fassade fachada [fɐ'ʃadɐ]
fast quase ['kwazə]
Fastnachtsdienstag Terça-Feira de Carnaval ['tersɐ 'feirɐ də kɐrnɐ'val]
faul preguiçoso [prəgi'sozu]; *(Obst)* podre ['podrə]
faulenzen preguiçar [prəgi'sar]
Fax o fax [u faks]
Faxgerät o fax [u faks]
Februar fevereiro [fəvə'reiru]
Federball o volante de badminton [u vu'lɐ̃ntə də bɛd'mĩnton]
fehlen faltar [fal'tar]
Fehler *(den man macht)* erro ['eʀu]; *(den man hat)* defeito [də'feitu]
Fehlgeburt aborto [ɐ'bortu]
Feigen os figos [uʃ 'figuʃ]
fein *(dünn)* fino ['finu], delgado [dɛl'gadu]; *(vornehm)* distinto [dəʃ'tĩntu]; *(zart)* delicado [dəli'kadu]
Feinkostgeschäft charcutaria fina [ʃɐrkutɐ'riɐ 'finɐ]
Feld campo ['kɐ̃mpu]
Fels rochedo [ʀu'ʃedu]
Felswand penha escarpada ['pɐ̃iɲ‿ʃkɐr'padɐ]
Fenchel funcho ['fũʃu]
Fenster janela [ʒɐ'nɛlɐ]
Fensterplatz o lugar à janela [u lu'gar‿a ʒɐ'nɛlɐ]
Ferien as férias [ɐʃ 'fɛrjɐʃ]
Ferienanlage aldeamento turístico [aldjɐ'mẽntu tu'riʃtiku]
Ferienhaus casa de férias ['kazɐ də 'fɛrjɐʃ]

Ferienwohnung apartamento de férias [ɐpɐrtɐˈmẽntu də ˈfɛrjɐʃ]
Ferngespräch chamada interurbana [ʃɐˈmad‿ĩtɛrurˈbɐnɐ]
Fernlicht os máximos [uʒ ˈmasimuʃ]
Fernseher a televisão [ɐ tələviˈzɐ̃u]
Fernsehraum sala de televisão [ˈsalɐ də tələviˈzɐ̃u]
fertig *(bereit, vollständig)* pronto [ˈprõntu]
Fest festa [ˈfɛʃtɐ]
Festival o festival [u fəʃtiˈval]
Festland terra firme/o continente [ˈtɛʀɐ ˈfirmə/u kõntiˈnẽntə]
Festung fortaleza [furtɐˈlezɐ]
fett gordo [ˈgordu]
fettarm magro [ˈmagru]
fettarme Milch o leite magro [u ˈleitə ˈmagru]
feucht (h)úmido [ˈumidu]
Feuer fogo [ˈfogu]
feuergefährlich inflamável [ĩflɐˈmavɛl]
Feuerlöscher o extintor de incêndios [u ʃtĩnˈtor d‿ĩˈsẽndjuʃ]
Feuermelder o avisador de incêndios [u ɐvizɐˈdor d‿ĩˈsẽndjuʃ]
Feuerwehr os bombeiros [uʒ bõmˈbeiruʃ]
Feuerwerk fogo de artifício [ˈfogu d‿ɐrtəˈfisju]
Fieber a febre [ɐ ˈfɛbrə]
Fieberthermometer termómetro (ô) [tərˈmɔmətru]
Film o filme [u ˈfilmə]
Filmempfindlichkeit a sensibilidade do filme [ɐ sẽsibəliˈdadə du ˈfilmə]
Filmschauspieler/in o ator/a atriz de cinema [u aˈtor/ɐ aˈtriʒ də siˈnemɐ]
finden achar [ɐˈʃar]
Finger dedo [ˈdedu]
Firma firma [ˈfirmɐ], empresa [ẽmˈprezɐ]
Fisch o peixe [u ˈpeiʃə]
Fischerort vila piscatória [ˈvilɐ piʃkɐˈtɔrjɐ]
Fischgeschäft peixaria [peiʃɐˈriɐ]
Fischhändler peixeiro [peiˈʃeiru]
fit em boa condição física [ɐ̃i ˈboɐ kõndiˈsɐ̃u ˈfizikɐ]
Fitnesscenter centro de manutenção física [ˈsẽntru də mɐnutẽˈsɐ̃u ˈfizikɐ]
FKK-Strand praia de nudistas [ˈprajɐ də nuˈdiʃtɐʃ]
flach plano [ˈplɐnu]
Fläschchenwärmer o aquecedor de biberão [u ɐkɛsəˈdor də bibəˈrɐ̃u]
Flasche garrafa [gɐˈʀafɐ]
Flaschenöffner o abre-cápsulas [u ˈabrə ˈkapsulɐʃ]
Flaute calma [ˈkalmɐ]
Fleck(en) mancha [ˈmɐ̃nʃɐ]
Fleisch a carne [ɐ ˈkarnə]
Flickzeug caixa de remendos [ˈkaiʃɐ də rəˈmenduʃ]
Fliege mosca [ˈmoʃkɐ]
fliegen voar [vuˈar]
Flipflops as havaianas [ɐz‿ɐvaiˈɐnɐʃ]

Flohmarkt feira da ladra ['feirɐ dɐ 'ladrɐ]
Flug voo ['vou]
Flügel (Gebäude) ala ['alɐ] (Fenster) o batente [u bɐ'tẽntə]
Fluggesellschaft companhia de aviação [kõmpɐ'ɲiɐ d͜ɐvjɐ'sɐ̃u]
Flughafen aeroporto [ɐɛro'portu]
Flughafenbus autocarro *(Br* o ônibus) do aeroporto [auto'kaʀu (u 'onibus) du ɐɛro'portu]
Flughafengebühr taxa de aeroporto ['taʃɐ d͜ɐɛro'portu]
Flugsteig porta de embarque ['pɔrtɐ d͜ẽm'barkə]
Flugzeug o avião [u ɐvi'ɐ̃u]
Fluss rio ['ʀiu]
flüssig líquido ['likidu]
Flut a maré cheia [ɐ mɐ'rɛ 'ʃejɐ]
Föhn o secador do cabelo [u səkɐ'dor du kɐ'belu]
föhnen secar/brushing [sə'kar/ 'brɐʃiŋ]
Folklore o folclore [u fɔl'klɔrə]
Folkloreabend espetáculo de folclore [ʃpɛ'takulu də fɔl'klɔrə]
Form forma ['fɔrmɐ]
Formular impresso [ĩm'prɛsu]
fort fora ['fɔrɐ]; ausente [au'zẽntə]
Foto fotografia [futugrɐ'fiɐ]
Fotoapparat máquina fotográfica ['makinɐ futu'grafikɐ]
Fotogeschäft loja de artigos fotográficos ['lɔʒɐ d͜ɐr'tiguʃ futu'grafikuʃ]
Fotografie fotografia [futugrɐ'fiɐ]
Fotografieren fotografia [futugrɐ'fiɐ]
fotografieren tirar fotografias [ti'rar futugrɐ'fiɐʃ]
Frage pergunta [pər'gũntɐ]
fragen perguntar [pərgũn'tar]
frankieren franquiar [frɐ̃ŋ'kjar]
Frankreich França ['frɐ̃sɐ]
Franzose o francês [u frɐ̃'seʃ]
Französin a francesa [ɐ frɐ̃'sezɐ]
französisch francês [frɐ̃'seʃ]
Frau a mulher [ɐ mu'ʎɛr]; *(Anrede, vor Namen)* Senhora D. [sə'ɲorɐ 'donɐ], D. ['donɐ]
Fräulein menina [mə'ninɐ]
frei livre ['livrə]
Freitag sexta-feira ['seiʃtɐ 'feirɐ]
Freizeitpark o parque de diversões [u 'parkə də divər'sõiʃ]
fremd *(ausländisch)* estrangeiro [ʃtrɐ̃'ʒeiru]; *(unbekannt)* desconhecido [dəʃkuɲə'sidu]
Fremdenführer/in o/a guia [u/ɐ 'giɐ]
Fremdenverkehrsamt (posto de) Turismo [('poʃtu də) tu'riʒmu]
Fremdenzimmer quarto ['kwartu]
freuen, s. – über ficar satisfeito com [fi'kar sɐtəʃ'feitu kõ]; **s. freuen auf/über** ter muito prazer em [ter 'mũintu prɐ'zer͜ ɐ̃i]
Freund/in o amigo [u ɐ'migu], a amiga [ɐ ɐ'migɐ]
freundlich amável [ɐ'mavɛl]
Friedhof cemitério [səmi'tɛrju]
frieren ter frio [ter 'friu], estar gelado [ʃtar ʒə'ladu]

frisch fresco ['freʃku]; *(neu)* novo ['novu]; *(Wäsche)* lavado [lɐ'vadu]
Frischhaltefolie película transparente [pə'likulɐ trɐ̃nʃpɐ'rẽntə]
Friseur *(für Damen)* cabeleireiro [kɐbəlei'reiru] *(für Herren)* barbearia [bɐrbjɐ'riɐ]
frisieren pentear [pẽn'tjar]
Frisur penteado [pẽn'tjadu]
froh contente [kõn'tẽntə]
Fronleichnam Corpo de Deus ['korpu də deuʃ]
Frost geada ['ʒjadɐ]
Frostschutzmittel líquido anticongelante ['likidu ɐ̃ntikõnʒə'lẽntə]
früh cedo ['sedu]
früher mais cedo [maiʃ 'sedu]
früher *(eher)* antes ['ɐ̃ntəʃ]; *(damals)* antigamente [ɐ̃ntigɐ'mẽntə]
Frühling primavera [primɐ'vɛrɐ]
Frühstück pequeno almoço [pə'ken‿al'mosu] *(Br)* o café da manhã [u ka'fɛ da ma'ŋɐ̃]
frühstücken tomar o pequeno almoço/*(Br)* o café da manhã [tu'mar‿u pə'ken‿al'mosu/u ka'fɛ da mɐ'ɲɐ̃]
Frühstücksbüfett o bufete do pequeno almoço *(Br* do café da manhã) [u bu'fetə du pə'ken‿al'mosu (du ka'fɛ da ma'ɲɐ̃)]
Frühstücksraum sala do pequeno almoço *(Br* do café da manhã) ['salɐ du pə'ken‿al'mosu (du ka'fɛ da ma'ɲɐ̃)]
fühlen sentir [sẽn'tir]
Führer *(für Fremde)* o guia [u 'giɐ]
Führerschein carta *(Br* carteira) de condução ['kartɐ (kar'terɐ) də kõndu'sɐ̃u]
Führung visita guiada [və'zitɐ 'gjadɐ]
Fundbüro os perdidos e achados [uʃ pər'diduz‿i ɐ'ʃaduʃ]
Funde os vestígios arqueológicos [uʃ vəʒ'tiʒjuʃ ɐrkju'lɔʒikuʃ]
funktionieren funcionar [fũsju'nar]
für para ['perɐ], por [pur]
fürchten recear [ʀəsə'ar]
fürchterlich terrível [tə'ʀivɛl]
Fuß o pé [u pɛ]
Fußball *(Spiel)* o futebol [u futə'bɔl] *(Ball)* bola de futebol ['bɔlɐ də futə'bɔl]
Fußballplatz campo de futebol ['kɐ̃mpu də futə'bɔl]
Fußballspiel jogo de futebol ['ʒogu də futə'bɔl]
Fußgänger/in o peão [u pjɐ̃u], *(Br)* o pedestre [u pe'dɛʃtri]
Fußgängerzone zona para peões *(Br* pedestres) ['zonɐ 'perɐ pjõiʃ (pe'dɛstris)]
Fuß(reflexzonen)massage reflexologia nos pés [ʀəflɛksulu'ʒiɐ nuʃ pɛʃ]

G

Gabel garfo ['garfu]
Galerie galeria [gɐlə'riɐ]
Gallenblase vesícula biliar [və'zikulɐ bi'ljar]
Gang *(Flur)* o corredor [u kuʀə'dor]; *(Essen)* prato ['pratu]; *(Auto)* a velocidade [ɐ vəlusi'dadə)]
ganz *adj* todo ['todu]; *(vollständig)* inteiro [ĩn'teiru]; *adv* inteiramente [ĩnteirɐ'mẽntə]
Ganzkörpermassage a massagem completa [ɐ mɐ'saʒẽi kõm'plɛtɐ]
gar bem cozido [bẽi ku'zidu], assado [ɐ'sadu]
Garage a garagem [ɐ gɐ'raʒẽi]
Garantie garantia [gɐrẽn'tiɐ]
Garderobe vestiário [vəʃti'arju]
Garnelen as gambas [ɐʒ 'gẽmbɐʃ]
Garten o jardim [u ʒɐr'dĩ]
Gasflasche botija de gás [bu'tiʒɐ də gaʃ]
Gasherd o fogão a gás [u fu'gẽu ɐ gaʃ]
Gaskartusche cartucho de gás [kɐr'tuʃu də gaʃ]
Gaskocher o fogão a gás [u fu'gẽu ɐ gaʃ]
Gaspedal o acelerador [u ɐsələrɐ'dor]
Gasse travessa [trɐ'vɛsɐ], viela ['vjɛlɐ]
Gast *(Logier)* o hóspede [u 'ɔʃpədə]; *(eingeladener)* convidado [kõvi'dadu]
Gastfreundschaft a hospitalidade [ɐ oʃpitɐli'dadə]
Gastgeber/in dono/dona da casa ['donu/'donɐ dɐ 'kazɐ]
Gebäck *(kleine Kuchen)* os bolos [uʒ 'boluʃ]
gebacken assado [ɐ'sadu]
Gebäude edifício [idə'fisju]
geben dar [dar]
Gebirge serra ['sɛʀɐ], as montanhas [ɐʒ mõn'tɐɲɐʃ]
geboren nascido [nɐʃ'sidu]
gebraten assado [ɐ'sadu], frito ['fritu]
gebräuchlich usual [u'zwal]
gebrochen partido [pɐr'tidu]
Gebühren taxas ['taʃɐʃ]
Geburtsdatum data de nascimento ['datɐ də nɐʃsi'mẽntu]
Geburtsname o nome de solteira [u 'nomə də sol'teirɐ]
Geburtsort o local de nascimento [u lu'kal də nɐʃsi'mẽntu]
Geburtstag aniversário [ɐnivər'sarju]
gedämpft estufado [ʃtu'fadu]
Gedeck o couvert [u ku'vɛr]
Gedenkstätte a casa-museu [ɐ 'kazɐ mu'zeu]
Geduld paciência [pɐ'sjẽsjɐ]
gedünstet estufado [ʃtu'fadu]
Gefahr perigo [pə'rigu]
gefährlich perigoso [pəri'gozu]
gefallen agradar [ɐgrɐ'dar]
Gefängnis a prisão [ɐ pri'zẽu]
Gefühl sentimento [sẽnti'mẽntu]; *(Eindruck)* a impressão [ɐ imprə'sẽu]

gefüllt recheado [ʀəˈʃjadu]
gegen *(wider)* contra [ˈkõntrɐ]
gegen Mittag cerca do meio-dia [ˈserkɐ du ˈmeju ˈdiɐ]
Gegenanzeigen as contraindicações [ɐʃ ˈkõntr‿ĩŋdikɐˈsõiʃ]
Gegend a região [ɐ ʀəˈʒjẽu]
Gegenstand *(Gesprächs~)* assunto [ɐˈsũntu]; *(Ding)* objeto [obˈʒɛtu]
Gegenteil contrário [kõnˈtrarju]; **im ~** pelo contrário [ˈpelu kõnˈtrarju]
gegenüber em frente (de) [ẽi ˈfrẽntə (də)]
Geheimzahl código secreto [ˈkɔdigu səˈkrɛtu]
gehen ir [ir]; *(zu Fuß)* ir a pé [ir‿ɐ pɛ]
Gehirn cérebro [ˈsɛrəbru]
Gehirnerschütterung traumatismo craniano [traumɐˈtiʒmu krẽniˈɐnu]
Gehirnschlag apoplexia cerebral [ɐpopleˈksiɐ sərəˈbral]
Gehör ouvido [oˈvidu]
gehören pertencer a [pərtẽnˈser ɐ]
gehörlos surdo [ˈsurdu]
Gehörlose/r o surdo/a surda [u ˈsurdu/ɐ ˈsurdɐ]
gekocht *(gegart)* cozido [kuˈzidu]; *(Flüssigkeiten)* fervido [fərˈvidu]
Gelände terreno [təˈʀenu]
gelb amarelo [ɐmɐˈrɛlu]
Gelbe Seiten® as Páginas Amarelas [ɐʃ ˈpaʒinɐz‿ɐmɐˈrɛlɐʃ]
Geld dinheiro [dəˈɲeiru]
Geldautomat multibanco [multiˈbẽŋku]
Geldbeutel *(für Frauen)* o porta-moedas [u ˈpɔrtɐ ˈmwɛdɐʃ]; *(für Männer)* carteira [kɐrˈteirɐ]
Geldkarte o PMB (o porta-moedas bancário) [u pe ɛmə be (u ˈpɔrtɐ ˈmwɛdɐʒ bẽnˈkarju)]
Geldschein nota [ˈnɔtɐ]
Geldwechsel câmbio [ˈkẽmbju]
gelegentlich ocasionalmente [okɐzjunalˈmẽntə]
Gelenk a articulação [a‿artikulɐˈsẽu]
Gemälde quadro [ˈkwadru], pintura [pĩnˈturɐ]
gemeinsam *adj* comum [kuˈmũ]; *adv* em comum [ẽi kuˈmũ], juntos [ˈʒũntuʃ]
gemischt misto [ˈmiʃtu]
Gemüse os legumes [uʒ ləˈguməʃ]
gemütlich *(Ort)* confortável [kõfurˈtavɛl]
genau exato [iˈzatu]
genauso ... wie tal como [tal ˈkomu]
genießen desfrutar de [dəʃfruˈtar də]
genug bastante [bɐʃˈtẽntə], suficiente [sufəˈsjẽntə]
geöffnet aberto [ɐˈbɛrtu]
Gepäck a bagagem [ɐ bɐˈgaʒẽi]
Gepäckaufbewahrung depósito de bagagens [dəˈpɔzitu də bɐˈgaʒẽiʃ]
Gepäckausgabe entrega da bagagem [ẽnˈtrɛgɐ dɐ bɐˈgaʒẽi]

Gepäckschalter o balcão da bagagem [u bal'kɐ̃u dɐ bɐ'gaʒɐ̃i]
Gepäckwagen carro de bagagem ['kaʀu də bɐ'gaʒɐ̃i]
gerade *adj* direito [di'reitu]; *(zeitlich)* justamente [ʒuʃtɐ'mẽntə]
geradeaus em frente [ɐ̃i 'frẽntə], a direito [ɐ di'reitu]
geräuchert (de)fumado [(də) fu'madu]
Geräusch ruído ['ʀwidu]
Gericht *(Essen)* prato ['pratu]; *(Justiz)* o tribunal [u tribu'nal]
gern com muito gosto [kõ 'mũintu 'goʃtu]; **nicht ~** contra vontade ['kõntrɐ võn'tadə]
geröstet *(Kartoffeln)* coradas [kɔ'radɐʃ]
Geruch cheiro ['ʃeiru]
Geschenk o presente [u prə'zẽntə]
Geschichte história ['ʃtɔrjɐ]
Geschirr louça ['losɐ]
Geschirrspülbecken o lava-louça [u 'lavɐ 'losɐ]
Geschirrspülmaschine máquina de lavar a louça ['makinɐ də lɐ'var ɐ 'losɐ]
Geschirrtuch pano da louça ['pɐnu dɐ 'losɐ]
geschlossen fechado [fə'ʃadu]
Geschmack gosto ['goʃtu]
geschmort estufado [ʃtu'fadu]
Geschwindigkeit a velocidade [ɐ vəlusi'dadə]
geschwollen inchado [ĩ'ʃadu]
Geschwulst o tumor [u tu'mor]
Geschwür úlcera ['ulsərɐ]
Gesicht cara ['karɐ], rosto ['ʀoʃtu]
Gesichtsbehandlung tratamento de rosto [trɐtɐ'mẽntu də 'ʀoʃtu]
Gespräch conversa [kõ'vɛrsɐ]
gestern ontem ['õntɐ̃i]
gesund saudável [sɐu'davɛl]
Getränk bebida [bə'bidɐ]
Getriebe caixa de velocidades ['kaiʃɐ də vəlusi'dadəʃ]
Gewicht peso ['pezu]
Gewinn ganho ['gaɲu]; *(Vorteil)* proveito [pru'veitu]
gewinnen ganhar [ga'ɲar]
Gewitter trovoada [truvu'adɐ]
gewöhnlich *(üblich)* habitual [ɐbi'twal]; *(ordinär)* ordinário [ordi'narju]
gewohnt sein estar habituado a [ʃtar ɐbi'twadu ɐ]
Gewölbe abóbada [ɐ'bɔbɐdɐ]
Gewürz condimento [kõndi'mẽntu]
gibt, es ~ há [a]
Giebel o frontão [u frõn'tɐ̃u]
Gift veneno [və'nenu]
giftig venenoso [vənə'nozu]
Gipfel o cume [u 'kumə]
Glas copo ['kɔpu]
Glasmalerei pintura em vidro [pĩn'tur‿ɐ̃i 'vidru]; *(Fenster)* os vitrais [uʒ vi'traiʃ]
Glatteis regelo [ʀə'ʒelu]
glauben acreditar [ɐkrədi'tar]
gleich *adj* igual [i'gwal]; *(sofort)* já [ʒa]
gleichzeitig *adv* ao mesmo tempo [au 'meʒmu 'tẽmpu]
Gleis linha ['liɲɐ]

Gleitschirm o parapente [u parɐ'pẽntə]
Glück a sorte [ɐ 'sɔrtə]
glücklich feliz [fə'liʃ]
Glückwunsch os parabéns [uʃ pɐrɐ'bɐ̃iʃ]
Glühbirne lâmpada ['lɐ̃mpɐdɐ]
Gold ouro ['oru]
goldfarben dourado [do'radu]
Goldschmiedekunst ourivesaria [orivəzɐ'riɐ]
Golf o golfe [u 'gɔlfə]
Golfclub o clube de golfe [u 'klubə də 'gɔlfə]
Golfschläger taco de golfe ['taku də 'gɔlfə]
Gotik gótico ['gɔtiku]
Gott Deus ['deuʃ]
GPS o GPS [u ʒepe'ɛsə]
Grab túmulo ['tumulu]
Grabmal monumento sepulcral [munu'mẽntu səpul'kral]
Grafik as artes gráficas [ɐʃ 'artəʒ 'grafikɐʃ]
Gramm o grama [u 'grɐmɐ]
Grapefruit toranja [tu'rɐ̃nʒɐ]
Gräte espinha ['ʃpiɲɐ]
gratis gratuito [grɐ'tuitu]
gratulieren felicitar [fələsi'tar]
grau cinzento [sĩ'zẽntu] *(Br)* cinza ['sĩzɐ]
Grenze fronteira [frõn'teirɐ]
Grenzübergang posto fronteiriço ['poʃtu frõntei'risu]
griechisch grego ['gregu]
Grill o grelhador [u grəʎɐ'dor]
Grillanzünder as acendalhas [ɐz‿ɐsẽn'daʎɐʃ]
Grillkohle o carvão [u kɐr'vɐ̃u]
Grippe a gripe [ɐ 'gripə]
groß grande ['grɐ̃ndə]
Größe *(Kleidung)* tamanho [tɐ'mɐɲu]
Großmutter a avó [ɐ ɐ'vɔ]
Großraumwagen a carruagem de salão [ɐ kɐʀu'aʒɐ̃i də sɐ'lɐ̃u]
Großvater o avô [u ɐ'vo]
Grotte gruta ['grutɐ]
grün verde ['verdə]
Grund a razão [ɐ ʀɐ'zɐ̃u]; *(Beweg~)* motivo [mu'tivu]
grüne Bohnen o feijão verde [u fei'ʒɐ̃u 'verdə]
grüne Versicherungskarte carta verde ['kartɐ 'verdə]
Gruppe grupo ['grupu]
grüßen cumprimentar [kũmprimẽn'tar]
gültig válido ['validu]
Gummistiefel as galochas [ɐʒ gɐ'lɔʃɐʃ]
Gurke pepino [pə'pinu]
Gürtel cinto ['sĩntu]
gut *adj* bom [bõ]; *adv* bem [bɐ̃i]
Gutschein o vale [u 'valə]
Gymnastik ginástica [ʒi'naʃtikɐ]

H

Haar cabelo [kɐ'belu]
Haarfestiger o fixador [u fiksɐ'dor]
Haargel o gel para o cabelo [u ʒɛl 'pɐrɐ u kɐ'belu]
Haargummi elástico para o cabelo [i'laʃtiku 'pɐrɐ u kɐ'belu]

Haarklammern os ganchos para o cabelo [uʃ 'gẽnʃuʃ 'perɐ u kɐ'belu]
haben ter [ter]
Hackfleisch a carne picada [ɐ 'karnə pi'kadɐ]
Hafen porto ['portu]
Haferflocken os flocos de aveia [uʃ 'flɔkuʒ d‿ɐ'veiɐ]
Hähnchen frango ['frẽŋgu]
Haken gancho ['gẽnʃu]
halb meio ['meju]
Halbpension a meia pensão [ɐ 'mejɐ pẽ'sẽu]
Hälfte a metade [ɐ mə'tadə]
Hals pescoço [pəʃ'kosu]; *(Kehle)* garganta [gɐr'gẽntɐ]
Halsschmerzen as dores de garganta [ɐʒ 'dorəʒ də gɐr'gẽntɐ]
Halstabletten os comprimidos para a garganta [uʃ kõmpri'miduʃ 'pera gɐr'gẽntɐ]
Halstuch lenço do pescoço ['lẽsu du pəʃ'kosu]
halt! alto! ['altu]
haltbar resistente [ʀəziʃ'tẽntə]
Haltbarkeit a validade do produto [ɐ vɐli'dadə du pru'dutu]
Haltegriff manípulo [mɐ'nipulu]
halten *(fest~)* segurar [səgu'rar], *(Versprechen)* cumprir [kũm'prir]
halten parar [pɐ'rar]; **~ verboten** paragem proibida [pɐ'raʒẽi prwi'bidɐ]
Haltestelle a paragem [ɐ pɐ'raʒẽi] *(Br)* parada [pa'radɐ]
Hammelfleisch a carne de carneiro [ɐ 'karnə də kɐr'neiru]
Hammer martelo [mɐr'tɛlu]
Hand a mão [ɐ mẽu]
Handball o andebol [u ẽndə'bɔl]
Handbike andarilho [ẽndɐ'riʎu]
Handbremse o travão *(Br* freio) de mão [u trɐ'vẽu ('freju) də mẽu]
Handcreme o creme para as mãos [u 'krɛmə 'per‿aʒ mẽuʃ]
Handgas *(Auto)* o acelerador manual [u ɐsələrɐ'dor mɐnu'al]
handgemacht feito à mão ['feitu‿a mẽu]
Handlauf o corrimão [u kuʀi'mẽu]
Handschuhe as luvas [ɐʃ 'luvɐʃ]
Handtasche mala de mão ['malɐ də mẽu], carteira [kɐr'teirɐ]
Handtuch toalha ['twaʎɐ]
Handwaschbecken lavatório [lɐvɐ'tɔrju]
Handy o telemóvel [u tɛlɛ'mɔvɛl] *(Br)* o celular [u selu'lar]
Handygeschäft loja de telemóveis *(Br* celulares) ['lɔʒɐ də tɛlɛ'mɔveiʃ (selu'larəs)]
hart duro ['duru]
Haselnüsse as avelãs [ɐz‿ɐvə'lẽʃ]
hässlich feio [feiu]
häufig muitas vezes ['mũintɐʒ 'vezəʃ]
Hauptbahnhof a estação central [ɐ ʃtɐ'sẽu sẽn'tral]
Hauptrolle o papel principal [u pɐ'pɛl prĩsi'pal]
hauptsächlich *adj* principal [prĩsi'pal]; *adv* principalmente [prĩsipal'mẽntə]

Hauptsaison a estação alta [ɐ ʃtɐ'sɐ̃u 'altɐ]
Hauptspeise prato principal ['pratu prĩsi'pal]
Hauptstadt a capital [ɐ kɐpi'tal]
Hauptstraße rua principal ['ʀuɐ prĩsi'pal]; *(Hauptland~)* estrada principal ['ʃradɐ prĩsi'pal]
Haus casa ['kazɐ]
Hausbesitzer/in proprietário/ proprietária (da casa) [pruprje'tarju/pruprje'tarjɐ (dɐ 'kazɐ)]
Hausboot casa flutuante ['kasɐ flutu'ẽntə]
hausgemacht de fabrico caseiro [də fɐ'briku kɐ'zeiru]
Haushaltswaren os artigos domésticos [uz‿ɐr'tiguʒ du'mɛʃtikuʃ]
Hausnummer número da porta ['numəru dɐ 'pɔrtɐ]
Haustiere os animais domésticos [uz‿ɐni'maiʒ du'mɛʃtikuʃ]
Haut a pele [ɐ 'pɛlə]
Heilbad banho terapêutico ['bɐɲu tərɐ'peutiku]
Heilfasten dieta terapêutica [di'ɛtɐ tərɐ'peutikɐ]
heilig santo ['sɐ̃ntu]
Heiliger Abend Consoada [kõŋ'swada]
Heimat pátria ['patrjɐ]
Heimreise regresso [ʀə'grɛsu]
heiraten casar(-se) [kɐ'zar(sə)]
heiser rouco ['ʀoku]
heiß quente ['kẽntə]
heißen chamar-se [ʃɐ'marsə]
Heißluftballon o balão de ar quente [u bɐ'lɐ̃u d‿ar 'kẽntə]
Heizung aquecimento [ɐkɛsi'mẽntu]
helfen, jdm ~ ajudar alg [ɐʒu'dar‿al'gẽi]
hellblau/hellgrün azul claro/ verde claro [ɐ'zul 'klaru/'verdə 'klaru]
Hemd camisa [kɐ'mizɐ]
Herbst outono [o'tonu]
Herd o fogão [u fu'gɐ̃u]
herein! entre! ['ẽntrə]
hereinkommen entrar [ẽn'trar]
Hering *(Fisch)* o arenque [u ɐ'rẽŋkə]; *(Zelt)* estaca [ʃ'takɐ]
Herpes o herpes [u 'ɛrpəʃ]
Herr o senhor [u sə'ɲor]
Herren homens ['ɔmẽiʃ]
herrlich esplêndido ['ʃplẽndidu]
Herz o coração [u kurɐ'sɐ̃u]
Herzanfall o ataque cardíaco [u ɐ'takə kɐr'diɐku]
Herzbeschwerden as perturbações cardíacas [ɐʃ pərturbɐ'sõiʃ kɐr'diɐkɐʃ]
Herzinfarkt o enfarte de miocárdio [u ẽ'fartə də mjɔ'kardju]
herzlich *adj* cordial [kurdj'al]; *adv* cordialmente [kurdjal'mẽntə]
Herzschrittmacher o pace-maker [u 'peisə 'meikɐ]
Heu-Bad banho de feno ['bɐɲu də 'fenu]
Heuschnupfen a febre dos fenos [ɐ 'fɛbrə duʃ 'fenuʃ], a rinite alérgica [ɐ ʀi'nit‿ɐ'lɛrʒikɐ]
heute hoje ['oʒə]

heute Morgen/heute Abend hoje de manhã/hoje à noite ['oʒə də mɐ'ɲẽ/oʒ‿a 'noitə]
Hexenschuss lumbago [lũm'bagu]
hier aqui [ɐ'ki]
Hilfe ajuda [ɐ'ʒudɐ]; **erste Hilfe** os primeiros socorros [uʃ pri'meiruʃ su'kɔʀuʃ]
Himmel o céu [u sɛu]
hindern impedir [ĩmpə'dir]
hinlegen, s. – deitar-se [dei'tarsə]
hinten atrás [ɐ'traʃ]
hinter atrás de [ɐ'traʒ də]
Hinterland o interior [u ĩnte'rjor]
hinterlegen depositar [dəpuzi'tar]
hinzufügen acrescentar [ɐkrəʃsẽn'tar]
Hirnhautentzündung a meningite [ɐ mənĩn'ʒitə]
Hitze o calor [u kɐ'lor]
Hitzewelle vaga de calor ['vagɐ də kɐ'lor]
HIV-positiv seropositivo ['sɛru puzi'tivu]
hoch alto ['altu]
Hochformat formato ao alto [fur'mat‿au 'altu]
Hochspannung a alta tensão [ɐ 'altɐ tẽ'sɐ̃u]
höchstens no máximo [nu 'masimu]
Hochzeit *(Feier)* casamento [kɐzɐ'mẽntu]
Hof pátio ['patju]
hoffentlich oxalá [oʃɐ'la]
höflich delicado [dəli'kadu]
Höhe altura [al'turɐ]
Höhepunkt ponto culminante ['põntu kulmi'nẽntə]
Höhle caverna [kɐ'vɛrnɐ]
Holz madeira [mɐ'deirɐ]
Holzschnitt gravura em madeira [grɐ'vur‿ɐ̃i mɐ'deirɐ]
Honig o mel [u mɛl]
hören ouvir [o'vir]
Hörer o auscultador [u ɐuʃkultɐ'dor]
hörgeschädigt com defeito auditivo [kõ də'feitu‿audi'tivu]
Hose as calças [ɐʃ 'kalsɐʃ]
Hotel o hotel [u ɔ'tɛl]
Hublift equipamento elevador [ikipɐ'mẽntu iləvɐ'dor]
hübsch bonito [bu'nitu]
Hüfte anca ['ẽnkɐ]
Hügel colina [ku'linɐ]
Hund o cão [u kɐ̃u]
hungrig sein ter fome [ter 'fɔmə]
Hupe buzina [bu'zinɐ]
Husten a tosse [ɐ 'tɔsə]
Hustensaft o xarope para a tosse [u ʃɐ'rɔpə 'pɐr‿a 'tɔsə]
Hut o chapéu [u ʃɐ'pɛu]

I

ich eu [eu]
Idee ideia [i'dejɐ]
ihr[1] *pers prn* vocês [vɔ'seʃ]
ihr[2] *poss prn f sing* seu [seu], sua ['suɐ], dela ['dɛlɐ]; *pl* deles ['deləʃ], delas ['dɛlɐʃ]
Illustrierte revista [ʀə'viʃtɐ]
Imbiss pequena refeição [pə'kenɐ ʀəfei'sɐ̃u]
immer sempre ['sẽmprə]
Impfpass certificado de vacina [sərtəfi'kadu də vɐ'sinɐ]

Impfung vacina [vɐ'sinɐ]
Impressionismus impressionismo [ĩprəsju'niʒmu]
in em [ɐ̃i]
in einer Woche dentro de uma semana ['dẽntru d‿'umɐ sə'mɐnɐ]
inbegriffen incluído [ĩŋ'klwidu]
Induktionsschleife o indutor magnético [u ĩndu'tor mɐg'nɛtiku]
Infektion a infecção [ɐ ĩfɛ'sɐ̃u]
informieren informar [ĩfur'mar]
Infusion a infusão [ɐ ĩfu'zɐ̃u]
inklusive incluído [ĩnklu'idu]
Inlandsflug voo doméstico ['vou du'mɛʃtiku]
Inliner os patins em linha [uʃ pɐ'tĩz‿ɐ̃i 'liɲɐ]
innen dentro ['dẽntru]
Innenhof pátio interior ['patju ĩntə'rjor]
Inschrift a inscrição [ɐ ĩʃkri'sɐ̃u]
Insekt inseto [ĩ'sɛtu]
Insektenmittel produto contra picadas de insetos [pru'dutu 'kõntrɐ pi'kadɐʒ d‿ĩn'sɛtuʃ]
Insel ilha ['iʎɐ]
Inselrundfahrt a excursão pela ilha [ɐ ʃkur'sɐ̃u 'pelɐ 'iʎɐ]
Insulin insulina [ĩsu'linɐ]
Inszenierung a encenação [ɐ ẽnsənɐ'sɐ̃u]
interessant interessante [ĩntərə'sẽntə]
interessieren, s. – (für) interessar-se (por) [ĩntərə'sarsə (pur)]
international internacional [ĩntərnɐsju'nal]
Interrail o interrail [u ĩntə'ʀɐil]
Irrtum erro ['eʀu]
Ischias ciática ['sjatikɐ]

J

Jacke casaco [kɐ'zaku]
Jahr ano ['ɐnu]
Jahreszeit a estação do ano [ɐ ʃtɐ'sɐ̃u du 'ɐnu]
Jahrhundert século ['sɛkulu]
jährlich *adj* anual [ɐ'nwal]; *adv* anualmente [ɐnwal'mẽntə]
Jahrmarkt feira ['feirɐ]
Januar janeiro [ʒɐ'neiru]
Jazz o jazz [u dʒɛz]
Jazzgymnastik ginástica com música de jazz [ʒi'naʃtikɐ kõ 'muzikɐ də dʒɛz]
Jeans as calças de ganga [ɐʃ 'kalsɐʒ də 'gẽngɐ]
jeden Tag todos os dias ['toduz‿uʒ 'diɐʃ]
jeder *adj* cada ['kɐdɐ]; *prn* cada um ['kɐdɐ ũ]
jemand alguém [al'gɐ̃i]
jene(r, -s) aquela [ɐ'kɛlɐ], aquele [ɐ'kelə]
jetzt agora [ɐ'gɔrɐ]
Jod(tinktur) (tintura de iodo) [(tĩn'turɐ d‿)'jodu]
joggen fazer jogging [fɐ'zer 'dʒɔgiŋ]
Jogginghose as calças de treino [ɐʃ 'kalsɐʒ də 'treinu]
Joghurt o iogurte [u jo'gurtə]

jucken fazer comichão [fɐ'zer kumi'ʃɐ̃u]
Jugendliche(r) a/o jovem [ɐ/u 'ʒɔvɐ̃i]
Jugendstil a arte nova [ɐ 'artə 'nɔvɐ]
Juli julho ['ʒuʎu]
jung novo ['novu]
Junge o rapaz [u ʀɐ'paʃ]; menino [mə'ninu]
Junggeselle solteiro [sol'teiru]
Juni junho ['ʒuɲu]
Juwelier joalharia [ʒwɐʎɐ'riɐ]

K

Kabarett teatro de crítica humorística ['tjatru də 'kritikɐ umu'riʃtikɐ], revista [ʀə'viʃtɐ]
Kabine o camarote [u kɐmɐ'rɔtə]
Kaffee o café [u kɐ'fɛ]
Kaffeefilter filtro de café ['filtru də kɐ'fɛ]
Kaffeelöffel a colher de café [ɐ ku'ʎɛr də kɐ'fɛ
Kaffeemaschine máquina de café ['makinɐ də kɐ'fɛ]
Kai o cais [u 'kaiʃ]
Kaiser/in o imperador/a imperatriz [u ĩmpərɐ'dor/ɐ ĩmpərɐ'triʃ]
Kalbfleisch a carne de vitela [ɐ 'karnə də vi'tɛlɐ]
kalorienarm com poucas calorias [kõ 'pokɐʃ kɐlu'riɐʃ]
kalt frio ['friu]
kaltes Wasser água fria ['agwɐ 'friɐ]
Kamillentee o chá de macela [u ʃa də mɐ'cɛlɐ]
Kamm o pente [u 'pẽntə]
kämmen pentear [pẽn'tjar]
Kanal o canal [u kɐ'nal]
Kaninchen coelho ['kweʎu]
Kanu canoa [kɐ'noɐ]
Kapelle capela [kɐ'pɛlɐ]
Kapitän o comandante [u kumɐ̃n'dɐ̃ntə]
kaputt estragado [ʃtrɐ'gadu]
Karaffe jarro ['ʒaʀu]
Karfreitag Sexta-Feira Santa ['seiʃtɐ 'feirɐ 'sɐ̃ntɐ]
Karneval o Carnaval [u kɐrnɐ'val]
Karotten as cenouras [ɐʃ sə'norɐʃ]
Kartoffeln as batatas [ɐʒ bɐ'tatɐʃ]
Käse queijo ['keiʒu]
Kasse bilheteira [bəʎə'teirɐ] *(Br)* bilheteria [biʎete'riɐ]
Kathedrale a catedral [ɐ kɐtə'dral]
Katze gato ['gatu]
kaufen comprar [kõm'prar]
Kaufhaus o grande armazém [u 'grɐnd‿armɐ'zɐ̃i]
Kaugummi o chiclete [u ʃi'klɛtə]
kaum apenas [ɐ'penɐʃ]
Kaution a caução [ɐ kau'sɐ̃u]
Kehrschaufel a pá [ɐ pa]
kein nenhum [nə'ɲũ]
Kekse as bolachas [ɐʒ bu'laʃɐʃ]
Kellner/in empregado/ empregada [ẽmprə'gadu/ ẽmprə'gadɐ], *(Br)* o garçom/ a garçonete [u gar'sõ/a garso'nɛti]

kennen conhecer [kuɲə'ser]; **kennen lernen** conhecer [kuɲə'ser]
Keramik cerâmica [sə'rɐmikɐ]
Kerzen as velas [ɐʒ 'vɛlɐʃ]
Ketschup o ketchup [u kɛ'tʃɐp]
Kette a corrente [ɐ ku'ʀẽntə]
Kette o colar [u ku'lar]; *(fein)* fio ['fiu]
Keuchhusten a tosse convulsa [ɐ 'tɔsə kõ'vulsɐ]
Kfz-Schein o livrete do carro [u li'vretə du 'kaʀu]
Kichererbsen o grão [u grɐ̃u]
Kiefer maxila [ma'ksilɐ]
Kilogramm o quilograma [u kilu'grɐmɐ] quilo ['kilu]
Kilometer quilómetro (ô) [ki'lɔmətru]
Kilometerpreis preço por quilómetro (ô) ['presu pur ki'lɔmətru]
Kind criança [krj'ɐ̃sɐ]
Kinderarzt/ärztin o/a pediatra [u/ɐ pə'djatrɐ]
Kinderbecken piscina para crianças [pəʃ'sinɐ 'pɐrɐ krj'ɐ̃sɐʃ]
Kinderbetreuung o babysitting [u 'beibi'sitiŋ]
Kinderbett cama de criança ['kɐmɐ də krj'ɐ̃sɐ]
Kinderermäßigung desconto para crianças [dəʃ'kõntu 'pɐrɐ krj'ɐ̃sɐʃ]
Kinderfahrkarte meio-bilhete ['meju bə'ʎetə]
Kinderkleidung roupa de criança ['ʀopɐ də krj'ɐ̃sɐ]
Kinderkrankheit doença infantil [dw'ẽs‿ĩfɐ̃n'til]
Kinderlähmung paralisia infantil [pɐrɐlə'zi‿ĩfɐ̃n'til], a poliomielite [ɐ pɔljomje'litə]
Kindersitz assento para criança [ɐ'sẽntu 'pɐrɐ krj'ɐ̃sɐ]
Kindersitz *(fürs Auto)* assento de automóvel para criança [ɐ'sẽntu d‿autu'mɔvɛl 'pɐrɐ krj'ɐ̃sɐ]
Kindersitzkissen *(fürs Auto)* almofada de criança para o automóvel [almu'fadɐ də krj'ɐ̃sɐ pɐr‿u autu'mɔvɛl]
Kinderteller prato de criança ['pratu də krj'ɐ̃sɐ]
Kino o cinema [u si'nemɐ]
Kirche igreja [i'greʒɐ]
Kirchturm campanário [kɐ̃mpɐ'narju], a torre da igreja [ɐ 'toʀə dɐ‿i'greʒɐ]
Kirmes romaria [ʀumɐ'riɐ]
Kirschen as cerejas [ɐʃ sə'reʒɐʃ]
Kiste o caixote [u kai'ʃɔtə]
kitschig parolo [pɐ'rolu]
Kiwi o kiwi [u 'kivi]
klar claro ['klaru]
Klasse a classe [ɐ 'klasə]
Klassik música clássica ['muzikɐ 'klasikɐ]
Klassiker clássico ['klasiku]
Klassizismus classicismo [klɐsi'siʒmu]
Kleid vestido [vəʃ'tidu]
Kleiderbügel cruzeta [kru'zetɐ]
Kleidung roupa ['ʀopɐ]
klein pequeno [pə'kenu]
Kleingeld dinheiro miúdo [də'ɲeiru 'mjudu], troco ['troku]

Kleinkinder bis zu ... Jahren as crianças até aos ... anos [ɐʃ krjˈɐ̃sɐzˌɐˈtɛ auʃ... ˈɐnuʃ]
Kleinkunstbühne teatro de revista [ˈtjatru də ʀəˈviʃtɐ]
Klima o clima [u ˈklimɐ]
Klimaanlage o ar condicionado [u ar kõndəsjuˈnadu]
Klingel campainha [kɐ̃mpɐˈiɲɐ]
Kloster convento [kõˈvẽntu], mosteiro [muʃˈteiru]
klug esperto [ˈʃpɛrtu]
Kneipe tasca [ˈtaʃkɐ], taberna [tɐˈbɛrnɐ]
Kneipp-Anwendung terapia Kneipp [tərɐˈpiɐ knaip]
Knie joelho [ˈʒweʎu]
Knoblauch alho [ˈaʎu]
Knöchel tornozelo [turnuˈzelu]
Knochen osso [ˈosu]
Knochenbruch fratura [fraˈturɐ]
Knopf o botão [u buˈtɐ̃u]
Koch cozinheiro [kuzəˈɲeiru]
Kochbuch livro de cozinha [ˈlivru də kuˈziɲɐ]
Kochen cozinha [kuˈziɲɐ]
kochen cozinhar [kuziˈɲar]
kochen *(Essen zubereiten)* cozinhar [kuzəˈɲar]; *(Wasser)* ferver [fərˈver]
Kocher o fogão [u fuˈgɐ̃u]
Kochnische a kitchenette [ɐ kitʃiˈnɛtə]
Koffer mala [ˈmalɐ]
Kofferraum mala do carro [ˈmalɐ du ˈkaʀu]
Kohl a couve [ɐ ˈkovə]
Kokosnuss coco [ˈkoku]
Kolik cólica [ˈkɔlikɐ]
Kollege/Kollegin o/a colega [u/ɐ kuˈlɛgɐ]
kommen vir [vir]
Komödie comédia [kuˈmɛdjɐ]
Kompass bússola [ˈbusulɐ]
Komponist/in o compositor/a compositora [u kõmpuziˈtor/ɐ kõmpuziˈtorɐ]
Konditorei pastelaria [pɐʃtəlɐˈriɐ], confeitaria [kõfeitɐˈriɐ]
Kondom preservativo [prəzərvɐˈtivu]
König/in o rei/a rainha [u ˈʀei/ɐ ʀɐˈiɲɐ]
können poder [puˈder]; *(gelernt haben)* saber [sɐˈber]
Konserven as conservas [ɐʃ kõˈsɛrvɐʃ]
Konsulat consulado [kõsuˈladu]
Kontakt contacto [kõnˈtaktu]
Konto conta [ˈkõntɐ]
Kontrolleur o revisor [u ʀəviˈzor]
kontrollieren verificar [vərifiˈkar]
Konzert concerto [kõˈsertu]
Kopf cabeça [kɐˈbesɐ]
Kopfhörer o auscultador [u auʃkultɐˈdor]
Kopfkissen almofada [almuˈfadɐ], travesseiro [trɐvəˈseiru]
Kopfsalat a alface [ɐ alˈfasə]
Kopfschmerzen as dores de cabeça [ɐʒ dorəʒ də kɐˈbesɐ]
Kopfschmerztabletten os comprimidos para a dor de cabeça [uʃ kõmpriˈmiduʃ ˈpɐra dor də kɐˈbesɐ]
Kopie cópia [ˈkɔpjɐ]
Korb cesto [ˈseʃtu]

Korkenzieher o saca-rolhas [u 'sakɐ 'ʀoʎɐʃ]
Körper corpo ['korpu]
Körperbehinderung deficiência física [dəfəsi'ẽsjɐ 'fizikɐ]
kosten custar [kuʃ'tar]
Kosten os custos [uʃ 'kuʃtuʃ]
kostenlos gratuito [grɐ'tuitu]
Kostüm (fato de) saia e casaco [('fatu də) 'sajɐ i kɐ'zaku]; *(Br)* o tailler [u tai'jɛr]
Kotelett costeleta [kuʃtə'letɐ]
Koteletten as suíças [ɐʃ 'swisɐʃ]
Krabben os camarões [uʃ kɐmɐ'rõiʃ]
Krampf cãibra ['kẽibrɐ], espasmo ['ʃpaʒmu]
krank doente ['dwẽntə]
Krankenhaus o hospital [u oʃpi'tal]
Krankenkasse Caixa de Previdência ['kaiʃɐ də prəvi'dẽsjɐ]
Krankenpfleger enfermeiro [ẽfər'meiru]
Krankenschein a credencial [ɐ krə'dẽsjal]
Krankenschwester enfermeira [ẽfər'meirɐ]
Krankenwagen ambulância [ẽmbu'lẽsjɐ]
Krankheit doença ['dwẽsɐ]
Kratzer risco ['ʀiʃku]
Kräuter as ervas aromáticas [az‿'ɛrvɐz ɐru'matikaʃ]
Krawatte gravata [grɐ'vatɐ]
kreativ criativo [krjɐ'tivu]
Krebs cancro ['kẽŋkru]; *(Br)* o câncer [u 'kẽsɛr]
Kreditkarte o cartão de crédito [u kɐr'tẽu də 'krɛditu]
Kreislaufmittel remédio para a circulação [ʀə'mɛdju 'pɐra sirkulɐ'sẽu]
Kreislaufstörung a perturbação circulatória [ɐ pərturbɐ'sẽu sirkulɐ'tɔrjɐ]
Kreuz a cruz [ɐ kruʃ]
Kreuzfahrt cruzeiro [kru'zeiru]
Kreuzgang claustro ['klauʃtru]
Kreuzung cruzamento [kruzɐ'mẽntu]
Kristall o cristal [u kriʃ'tal]
Krone coroa [ku'roɐ]
Krücke muleta [mu'letɐ]
Küche cozinha [ku'ziɲɐ]
Küchensieb o coador [u kuɐ'dor]
Kuchen bolo ['bolu]
Kugelschreiber esferográfica [ʃfɛrɔ'grafikɐ]
kühl fresco ['freʃku]
Kühlelement o acumulador térmico [u ɐkumulɐ'dor 'tɛrmiku]
Kühler o radiador [u ʀɐdjɐ'dor]
Kühlschrank frigorífico [frigu'rifiku] *(Br)* geladeira [ʒela'derɐ]
Kühltasche mala térmica ['malɐ 'tɛrmikɐ]
Kühlwasser água de refrigeração ['agwɐ də ʀəfriʒərɐ'sẽu]
Kultur cultura [kul'turɐ]
Kümmel os cominhos [uʃ ku'miɲuʃ]
kümmern, s. ~ um ocupar-se de [oku'parsə də]

Kunde/Kundin o/a cliente [u/ɐ kli'ẽntə]
Kunst a arte [ɐ 'artə]
Kunstgewerbe artesanato [ɐrtəzɐ'natu]
Kunsthändler o comerciante de objetos de arte [u kumərsi'ẽntə d‿ɔb'ʒɛtuʒ d‿artə]
Kuppel cúpula ['kupulɐ]
Kupplung a embraiagem [ɐ ẽmbrɐ'jaʒɐ̃i]
Kürbis abóbora [ɐ'bɔburɐ]
Kurs curso ['kursu]
Kurtaxe taxa de turismo ['taʃɐ də tu'riʃmu]
Kurve curva ['kurvɐ]
kurz *(räumlich)* curto ['kurtu]; *(kurzgefasst)* breve ['brɛvə]
Kurzfilm a curta-metragem [ɐ 'kurtɐ mə'traʒɐ̃i]
kurzfristig a curto prazo [ɐ 'kurtu 'prazu]
kürzlich recentemente [ʀəsẽntə'mẽntə]
Kurzschluss curto-circuito ['kurtu sir'kuitu]
Kuss beijo ['beiʒu]
küssen beijar [bei'ʒar]
Küste costa ['kɔʃtɐ]

L

lachen rir [ʀir]
lächerlich ridículo [ʀi'dikulu]
Ladegerät o carregador de baterias [u kɐʀəgɐ'dor də bɐtə'riɐʃ]
Ladekabel cabo de carregamento ['kabu də kɐʀəgɐ'mẽntu]
Lage a situação [ɐ sitwɐ'sɐ̃u]
Lähmung paralisia [pɐrɐlə'ziɐ]
Lammfleisch a carne de borrego [ɐ 'karnə də bu'ʀegu]
Lampe candeeiro [kɐ̃n'djeiru]
Land o país [u pɐ'iʃ]; *(Gegensatz zu Wasser)* terra ['tɛʀɐ]
Landausflug a excursão a terra [ɐ ʃkur'sɐ̃u ɐ 'tɛʀɐ]
Landgut quinta ['kĩntɐ]
Landkarte o mapa [u 'mapɐ]
Landschaft a paisagem [ɐ pai'zaʒɐ̃i]
Landstraße estrada ['ʃtradɐ]
Landung a aterragem [ɐ ɐtə'ʀaʒɐ̃i] *(Br)* a aterrissagem [ɐ ɐteʀi'saʒɐ̃i]
lang comprido [kõm'pridu]
langsam *adj* lento ['lẽntu]; *adv* devagar [dəvɐ'gar]
langweilig aborrecido [ɐbuʀə'sidu]
Laptop o portátil [u pur'tatil]
Lärm barulho [bɐ'ruʎu]
lästig maçador [mɐsɐ'dor]
Lastwagen veículo de carga [ve'ikulu də 'kargɐ]
Lauch alho porro ['aʎu 'poʀu]
laufen correr [ku'ʀer]
Läuse piolhos [pi'oʎuʃ]

laut alto [ˈaltu]
Lautsprecher o altifalante [u altifɐˈlẽntə]
Leben vida [ˈvidɐ]
leben viver [viˈver]
Lebensmittelgeschäft mercearia [mərsjɐˈriɐ]
Lebensmittelvergiftung a intoxicação alimentar [ɐ ĩntɔksikɐˈsɐ̃u ɐlimẽnˈtar]
Leber fígado [ˈfigɐdu]
Leberpastete pasta de fígado [ˈpaʃtɐ də ˈfigɐdu]
lebhaft vivo [ˈvivu]
lecker delicioso [dəliˈsjozu]
Lederjacke casaco (curto) de cabedal *(Br* de couro) [kɐˈzaku (ˈkurtu) də kɐbəˈdal (di ˈkoru)]
Lederwaren artigos de cabedal *(Br* de couro) [ɐrˈtiguʒ də kɐbəˈdal (di ˈkoru)]
Lederwarengeschäft loja de artigos de couro/pele [ˈlɔʒɐ d‿ɐrˈtiguʒ də ˈkoru/ˈpɛlə]
ledig solteiro [solˈteiru]
leer vazio [vɐˈziu]
Leerlauf ponto morto [ˈpõntu ˈmortu]
Leerung recolha [ʀəˈkoʎɐ]
legen pôr [por]; *(Friseur)* fazer uma mise [fɐˈzer‿ˈumɐ ˈmizə]
Leggins calça de malha justa [ˈkalsɐ də ˈmaʎɐ ˈʒuʃtɐ]
leicht *(einfach)* fácil [ˈfasil]; *(Gewicht)* leve [ˈlɛvə]
Leichtathletik atletismo [ɐtlɛˈtiʒmu]
leider infelizmente [ĩnfəliʒˈmẽntə]
leihen *(jdm)* emprestar [ẽmprəʃˈtar]; *(von jdm)* pedir emprestado [pəˈdir‿ẽmprəʃˈtadu]
Leihwagen carro de aluguer [ˈkaʀu d‿ɐluˈgɛr]
Leinen linho [ˈliɲu]
leise baixo [ˈbaiʃu]
Leistenbruch hérnia inguinal [ˈɛrnjɐ ĩŋgiˈnal]
Leiter/in o diretor/a diretora [u dirɛˈtor/ɐ dirɛˈtorɐ]
Lenkrad mit Knauf *(Auto)* o volante com maçaneta [u vuˈlẽntə kõ mɐsɐˈnetɐ]
lernen aprender [ɐprẽnˈder]
lesen ler [ler]
letzte(r, -s) última [ˈultimɐ], último [ˈultimu]
letzten Montag na segunda-feira passada [nɐ səˈgũndɐ ˈfeirɐ pɐˈsadɐ]
Leuchtturm o farol [u fɐˈrɔl]
Leute a gente [ɐ ˈʒẽntə]
Licht a luz [ɐ luʃ]
Lichtmaschine o alternador [altərnɐˈdor], dínamo [ˈdinɐmu]
Lichtschalter o interruptor [u ĩntəʀupˈtor]
Lichtschutzfaktor o fator de proteção solar [u faˈtor də prutɛˈsɐ̃u suˈlar]
lieb caro [ˈkaru], querido [kəˈridu]
Liebe o amor [u ɐˈmor]
lieben amar [ɐˈmar]
liebenswürdig amável [ɐˈmavɛl], gentil [ʒẽnˈtil]
lieblich *(Wein)* doce [ˈdosə]

Liebling querido [kə'ridu], querida [kə'ridɐ]
Lied a canção [ɐ kɐ̃'sɐ̃u]
liegen *(s. befinden)* encontrar-se [ẽŋkõn'trarsə]; *(ausgestreckt sein)* estar deitado [ʃtar dei'tadu]
Liegewagen a couchette [ɐ ku'ʃɛtə]
Liegewagenplatz o lugar de couchette [u lu'gar də ku'ʃɛtə]
Liegewiese relvado [ʀɛl'vadu]
lila lilás [li'laʃ]
Limonade limonada [limu'nadɐ]
Linie linha ['liɲɐ]
linke(r, -s) esquerda ['ʃkerdɐ], esquerdo ['ʃkerdu]
links à esquerda [a 'ʃkerdɐ]
Linse a lente [a 'lẽntə]
Linsen as lentilhas [ɐʒ lẽn'tiʎɐʃ]
Lippe lábio ['labju]
Lippenstift o batom [u ba'tõ]
Liter litro ['litru]
Livemusik música ao vivo ['muzik‿au 'vivu]
Loch buraco [bu'raku]
Locken os caracóis [uʃ kɐrɐ'kɔiʃ]
Lockenwickler rolo ['ʀolu]
Löffel a colher [ɐ ku'ʎɛr]
Loge o camarote [u kɐmɐ'rɔtə]
Lorbeer louro ['loru]
Luft o ar [u ar]
Luftkissenboot o hovercraft [u ovər'kraft]
Luftmatratze o colchão insuflável [u kol'ʃɐ̃u ĩsu'flavɛl]
Luftpumpe bomba de ar ['bõmbɐ d‿ar]
Lunge o pulmão [u pul'mɐ̃u]
Lungenentzündung pneumonia [pneumu'niɐ]
lustig alegre [ɐ'lɛgrə]; *(erheiternd)* divertido [divər'tidu]
luxuriös luxuoso [lu'ʃwozu]
Lymphdrainage a drenagem linfática [ɐ drə'naʒɐ̃i lĩn'fatikɐ]

M

machen *(herstellen)* fazer [fɐ'zer]
Mädchen menina [mə'ninɐ], *(Br)* moça ['mosɐ]
Magen estômago ['ʃtomɐgu]
Magenschmerzen as dores de estômago [ɐʒ dorəʒ də 'ʃtomɐgu]
mager magro ['magru]
Mahlzeit a refeição [ɐ ʀəfei'sɐ̃u]
Mai maio ['maju]
Mais milho ['miʎu]
Makrele cavala [kɐ'valɐ]
Malbuch caderno para colorir [kɐ'dɛrnu 'pɐrɐ kulu'rir]
malen pintar [pĩntar]
Malen pintura [pĩn'turɐ]
Maler/in o pintor/a pintora [u pĩn'tor/ɐ pĩn'torɐ]
Malerei pintura [pĩn'turɐ]
man se [sə]
manchmal às vezes [aʒ 'vezəʃ]
Mandarinen as tangerinas [ɐʃ tɐ̃ʒə'rinɐʃ]
Mandelentzündung a amigdalite [a‿amigdɐ'litə]
Mandeln *(Frucht)* as amêndoas [ɐz‿ɐmẽndwɐʃ]; *(med)* as amígdalas [ɐz‿ɐ'migdɐlɐʃ]

Mango manga ['mẽngɐ]
Mann o homem [u 'ɔmẽi]
Mannschaft equipa [i'kipɐ]; *(Br)* a equipe [a i'kipi]
Mantel *(Damenmantel)* casaco comprido [kɐ'zaku kõm'pridu]; *(Herrenmantel)* sobretudo [sobrə'tudu]
Mantel *(Reifen)* o pneu [u pneu]
Margarine margarina [mɐrgɐ'rinɐ]
Markt mercado [mər'kadu]
Marmelade o doce [u 'dosə]; *(Quitten)* marmelada [mɐrmə'lada]
März março ['marsu]
Maschine máquina ['makinɐ]
Masern sarampo [sɐ'rẽmpu]
Massage a massagem [ɐ mɐ'saʒẽi]
Material o material [u mɐtə'rjal]
Matratze o colchão [u kol'ʃɐ̃u]
Mauer muro ['muru]
Mayonnaise a maionese [ɐ majo'nɛzə]
Medikament medicamento [mədikɐ'mẽntu]
Meditation a meditação [ɐ məditɐ'sɐ̃u]
Meer o mar [u mar]
Mehl farinha [fɐ'riɲɐ]
mehr mais [maiʃ]; **mehr als** mais (do) que [maiʃ (du) kə]
Mehrfahrtenkarte o bilhete múltiplo [u bə'ʎetə 'multiplu]
mein meu, minha [meu/'miɲɐ]
meinen achar [ɐ'ʃar]
meinetwegen por mim [pur mĩ]
Meinung a opinião [ɐ opə'njɐ̃u]
Melone *(Wassermelone)* melancia [məlɐ̃'siɐ]; *(Honigmelone)* o melão [u mə'lɐ̃u]
Memorystick o pen drive [u pẽn'draivə]
Mensch o homem [u 'ɔmẽi], o ser humano [u ser u'mɐnu]
Menstruation a menstruação [ɐ mẽʃtrwɐ'sɐ̃u]
Menü ementa [i'mẽntɐ], o menu [u me'nju]
merken notar [nu'tar]
Messe *(rel)* missa ['misɐ]; *(Ausstellung)* feira ['feirɐ]
Messer faca ['fakɐ]
Meter metro ['mɛtru]
Metzgerei talho ['taʎu]; *(Br)* o açougue [u a'sogi]
mich me [mə], mim [mĩ]
Miesmuscheln os mexilhões [uʒ məʃi'ʎõiʃ]
Miete renda ['ʀẽndɐ]
mieten alugar [ɐlu'gar]
Mietwagen carro de aluguer ['kaʀu d͜ɐlu'gɛr]
Migräne enxaqueca [ẽʃɐ'kɛkɐ]
Mikrowelle o micro-ondas [u 'mikrɔ'õndɐʃ]
Milch o leite [u 'leitə]
Milchgeschäft leitaria [leitɐ'riɐ]
mild suave ['swavə]
Millimeter milímetro [mi'limətru]
mindestens pelo menos ['pelu 'menuʃ]
Mineralwasser água mineral ['agwɐ minə'ral]
Minibar o minibar [u mini'bar]
Minigolf o minigolfe [u mini'gɔlfə]

Minute minuto [mi'nutu]
mir me [mə], mim [mĩ]
Missverständnis o mal-entendido [u mal͜ẽntẽn'didu]
mit com [kõ]
mit Luftpost por avião [pur͜ɐ'vjɐ̃u]
mitbringen trazer [trɐ'zer]
Mitbringsel lembrança [lẽm'brɐ̃sɐ]
mitnehmen levar [lə'var]
Mittag o meio-dia [u 'meju 'diɐ]
Mittagessen almoço [al'mosu]
mittags ao meio-dia [ɐu 'meju 'diɐ]
Mitte meio ['meju]
Mitteilung a comunicação [ɐ kumunikɐ'sɐ̃u]
Mittel meio ['meju]; *(Heilmittel)* remédio [ʀə'mɛdju]
Mittelalter a Idade Média [ɐ i'dadə 'mɛdjɐ]
Mittelmeer Mediterrâneo [məditə'ʀɐnju]
Mittelohrentzündung a otite [ɐ ɔ'titə]
Mittwoch quarta-feira ['kwartɐ 'feirɐ]
Mixer batedeira [bɐtə'deirɐ]
Möbel o móvel [u 'mɔvɛl]
Mobilitätsbehinderte/r pessoa com mobilidade reduzida [pə'soɐ kõ mubəli'dadə rədu'zidɐ]
Mobiltelefon o telemóvel [u tɛlɛ'mɔvɛl]
Mode moda ['mɔdɐ]
Modell modelo [mu'delu]
modern moderno [mu'dɛrnu]
Modeschmuck bijutaria [biʒutɐ'riɐ] *(Br)* bijuteria [biʒute'riɐ]
mögen *(gern haben)* gostar de [guʃ'tar də]; *(wünschen)* querer [kə'rer]
möglich possível [pu'sivɛl]
Monat o mês [u meʃ]
monatlich *adj* mensal [mẽ'sal]; *adv* por mês [pur meʃ]
Mond lua ['luɐ]
Montag segunda-feira [sə'gũndɐ 'feirɐ]
Morgen a manhã [a mɐ'ɲɐ̃]
morgen amanhã [amɐ'ɲɐ̃]
morgen früh/morgen Abend amanhã de manhã/amanhã à noite [amɐ'ɲɐ̃ də mɐ'ɲɐ̃/amɐ'ɲɐ̃ a 'noitə]
morgens de manhã [də mɐ'ɲɐ̃]
Mosaik mosaico [mu'zaiku]
Motel o motel [u mo'tɛl]
Motor o motor [u mu'tor]
Motorboot lancha ['lɐ̃ʃɐ]
Motorhaube o capot [u ka'po]
Mountainbike bicicleta de montanha [bəsi'klɛtɐ də mõn'tɐɲɐ]
Möwe gaivota [gai'vɔtɐ]
MP3Player/iPod® o leitor de MP3/iPod® [u lei'tor də 'ɛmə pe treʃ/i'pɔdə]
Mücke mosquito [muʃ'kitu]
Mückenschutz o protetor[RR], protector[ALT] contra insetos[RR], insectos[ALT] [u prutɛ'tor 'kõntrɐ ĩnsɛtuʃ]
müde cansado [kɐ̃'sadu]
Müll lixo ['liʃu]

Mullbinde a gaze [ɐ ˈgazə]
Mülltonne o contentor de lixo [u kõntẽnˈtor də ˈliʃu]
Mülltrennung a separação de lixo [ɐ səpɐrɐˈsɐ̃u də ˈliʃu]
Mumps papeira [pɐˈpeirɐ]
Mund boca [ˈbokɐ]
Mündung a foz [ɐ fɔʃ]
Münze moeda [ˈmwɛdɐ]
Muschel concha [ˈkõʃɐ]
Museum o museu [u muˈzeu]
Musical o musical [u muziˈkal]
Musik música [ˈmuzikɐ]
Musik hören ouvir música [oˈvir ˈmuzikɐ]
Musikgeschäft casa de música [ˈkazɐ də ˈmuzikɐ]
musizieren fazer música [fɐˈzer ˈmuzikɐ]
Muskatnuss a noz-moscada [ɐ nɔʒ muʃˈkadɐ]
Muskel músculo [ˈmuʃkulu]
Müsli o muesli [u ˈmusli]
Mutter a mãe [ɐ mɐ̃i]
Mütze o boné [u bɔˈnɛ]

N

nach para [ˈpɐrɐ]
nach *(zeitlich)* depois de [dəˈpoiʒ də]; **nach Portugal** a/para Portugal [ɐ/ˈpɐrɐ purtuˈgal]
Nachbar/in vizinho/vizinha [vəˈziɲu/vəˈziɲɐ]
Nachmittag a tarde [ɐ ˈtardə]
nachmittags de tarde [də ˈtardə]
Nachricht notícia [nuˈtisjɐ]
Nachsaison a estação baixa [ɐ ʃtɐˈsɐ̃u ˈbaiʃɐ]
nachsenden remeter [ʀəməˈter]
nächste(r, -s) próxima [ˈprɔsimɐ], próximo [ˈprɔsimu]
nächstes Jahr no próximo ano [nu ˈprɔsimu ˈɐnu]
Nacht a noite [ɐ ˈnoitə]
Nachtisch sobremesa [sobrəˈmezɐ]
Nachtklub o clube nocturno [u ˈklubə noˈturnu] *(Br)* a boate [ɐ ˈbwati]
nachts de noite [də ˈnoitə]
Nachttisch a mesa-de-cabeceira [ɐ ˈmezɐ də kɐbəˈseirɐ]
Nachttischlampe candeeiro de mesa-de-cabeceira [kẽnˈdjeiru də ˈmezɐ də kɐbəˈseirɐ]
nackt nu [nu]
Nadel agulha [ɐˈguʎɐ]
Nagellack o verniz para unhas [u vərˈniʃ ˈpɐrɐ ˈuɲɐʃ]
Nagellackentferner acetona [ɐsəˈtonɐ]
Nagelschere tesoura para unhas [təˈzorɐ ˈpɐrɐ ˈuɲɐʃ]
nah perto [ˈpɛrtu]
nahe perto [ˈpɛrtu]; **nahe bei** perto de [ˈpɛrtu də]
nähen coser [kuˈzer], dar pontos [dar ˈpõntuʃ]
Nahverkehrszug comboio *(Br* o trem) suburbano [kõmˈbɔju (u trɐ̃i) suburˈbɐnu]
Name o nome [u ˈnomə]
Narbe a cicatriz [ɐ sikɐˈtriʃ]
Narkose anestesia [ɐnəʃtəˈziɐ]
Nase o nariz [u nɐˈriʃ]
Nasenbluten hemorragia nasal [emuʀɐˈʒiɐ nɐˈzal]

nass molhado [mu'ʎadu]; *(durchnässt)* encharcado [ẽʃɐr'kadu]
Nationalitätskennzeichen placa de nacionalidade ['plakɐ də nɐsjunɐli'dadə]
Nationalpark o parque nacional [u 'parkə nɐsju'nal]
Natur natureza [nɐtu'rəzɐ]
natürlich *adj* natural [nɐtu'ral]; *adv* naturalmente [nɐtural'mẽntə]
Naturschutzgebiet reserva natural [ʀə'zɛrvɐ nɐtu'ral]
Nebel nevoeiro [nə'vweiru]
neben junto de ['ʒũntu də], ao lado de [ɐu 'ladu də]
Nebenkosten os custos extraordinários [uʃ 'kuʃtuz‿əʃtrɐordi'narjuʃ]
Nebenstraße rua lateral ['ʀuɐ lɐtə'ral]
negativ negativo [nəgɐ'tivu]
nehmen tomar [tu'mar]
Neoprenanzug fato de neoprene ['fatu də neo'prenə]
Nerv nervo ['nervu]
nervös nervoso [nər'vozu]
nett simpático [sĩm'patiku]
Netz a rede [ɐ 'ʀedə]
neu novo ['novu]
neugierig curioso [ku'rjozu]
Neujahr Ano Novo ['ɐnu 'novu]
nicht não [nɐ̃u]; **gar nicht** de maneira nenhuma [də mɐ'neirɐ nə'ɲumɐ]
Nichtraucher o não-fumador [u nɐ̃u fumɐ'dor]
Nichtraucherabteil compartimento para não-fumadores [kõmpɐrti'mẽntu 'pɐrɐ nɐ̃u fumɐ'dorəʃ]
nichts nada ['nadɐ]
nie nunca ['nũŋkɐ]
nieder, niedrig baixo ['baiʃu]
niemand ninguém [nĩŋ'gɐ̃i]
Niere o rim [u ʀĩ]
Nierenentzündung a nefrite [ɐ nə'fritə]
Nierengurt cinta para motociclista ['sĩntɐ 'pɐrɐ mɔtusi'kliʃtɐ]
Nierenstein cálculo renal ['kalkulu ʀə'nal]
niesen espirrar [ʃpi'ʀar]
nirgends em parte nenhuma [ɐ̃i 'partə nə'ɲumɐ]
noch ainda [ɐ'ĩndɐ]; **noch nicht** ainda não [ɐ'ĩndɐ nɐ̃u]
Norden o norte [u 'nɔrtə]
nördlich von ao norte de [ɐu 'nɔrtə də]
normal normal [nɔr'mal]
normalerweise normalmente [nɔrmal'mẽntə]
Notausgang saída de emergência [sɐ'idɐ d‿imər'ʒẽsjɐ]
Notbremse o sinal de alarme *(Br* freio de emergência) [u si'nal d‿ɐ'larmə ('freju d‿imər'ʒẽsjɐ)]
Notebook agenda eletrónica de bolso [ɐ'ʒẽnd‿ilɛ'trɔnikɐ də 'bolsu]
Notfall emergência [imər'ʒẽsjɐ]
Notrufsäule o telefone de socorro [u tələ'fɔnə də su'koru]

notwendig necessário [nəsə'sarju]
November novembro [nu'vẽmbru]
nüchtern em jejum [ẽi ʒə'ʒũ]
Nudeln massa ['masɐ]
Nummer número ['numəru]
Nummernschild placa de matrícula ['plakɐ də mɐ'trikulɐ]
nur só [sɔ]

O

ob se [sə]
oben em cima [ẽi 'simɐ]
Ober empregado [ẽmprə'gadu]
Objektiv objetiva [obʒɛ'tivɐ]
Obst fruta ['frutɐ]
Obst- und Gemüsehändler frutaria e hortaliças [frutɐ'riɐ i ortɐ'lisɐʃ]
obwohl embora [ẽm'bɔrɐ]
oder ou [o]
offen aberto [ɐ'bɛrtu]
öffentlich público ['publiku]
offiziell oficial [ofə'sjal]
öffnen abrir [ɐ'brir]
Öffnungszeiten horário de abertura [o'rarju d‿ɐbər'turɐ]
oft muitas vezes ['mũintɐʒ 'vezəʃ]
ohne sem [sẽi]
Ohnmacht desmaio [dəʒ'maju]
Ohr *(Gehör)* ouvido [o'vidu]
Ohrentropfen as gotas para os ouvidos [ɐʒ 'gotɐʃ 'pɐrɐ uz‿o'viduʃ]
Ohropax® Ohropax [oro'paks]
Ohrringe os brincos [uʒ 'brĩŋkuʃ]
Oktober outubro [o'tubru]
Öl óleo ['ɔlju]
Oliven as azeitonas [ɐz‿ɐzei'tonɐʃ]
Olivenöl o azeite [u ɐ'zeitə]
Ölmalerei pintura a óleo [pĩn'turɐ ɐ 'ɔlju]
Ölwechsel mudança de óleo [mu'dẽsɐ d‿'ɔlju]
Oper ópera ['ɔpərɐ]
Operation a operação [ɐ opərɐ'sɐ̃u]
Operette opereta [ɔpə'retɐ]
Optiker o oculista [u ɔku'liʃtɐ]
orange cor-de-laranja [kor də lɐ'rɐ̃ʒɐ]
Orangensaft sumo *(Br* suco) de laranja ['sumu ('suku) də lɐ'rɐ̃ʒɐ]
Orchester orquestra [ɔr'kɛʃtrɐ]
Orden *(rel.)* a ordem [ɐ 'ɔrdẽm]
Original o original [u oriʒi'nal]
Originalfassung a versão original [ɐ vər'sɐ̃u oriʒi'nal]
Ort o lugar [u lu'gar]
Ortschaft a povoação [ɐ puvwɐ'sɐ̃u]
Ortsgespräch chamada local [ʃɐ'madɐ lu'kal]
Osten o leste [u 'lɛʃtə]
Ostermontag Segunda-Feira de Páscoa [sə'gũndɐ 'feirɐ də 'paʃkwɐ]
Ostern Páscoa ['paʃkwɐ]
Österreich Áustria ['auʃtrjɐ]
Österreicher/in austríaco [auʃ'triɐku], austríaca [auʃ'triɐkɐ]
östlich von a leste de [ɐ 'lɛʃtə də]

P

Paar o par [u par]
Päckchen encomenda postal pequena [ẽŋku'mẽndɐ puʃ'tal pə'kenɐ]
Paddelboot canoa [kɐ'noɐ]
paddeln andar de canoa [ẽn'dar də kɐ'noɐ]
Paket encomenda postal [ẽŋku'mẽndɐ puʃ'tal]
Palast palácio [pɐ'lasju]
Panne avaria [ɐvɐ'riɐ]
Pannendienst serviço de assistência [sər'visu d͜ɐsiʃ'tẽsja]
Pannenhilfe posto de socorros ['poʃtu də su'kɔʀuʃ]
Papier o papel [u pɐ'pɛl]
Papiere os documentos [uʒ duku'mẽntuʃ]
Papierservietten os guardanapos de papel [uʒ gwɐrdɐ'napuʒ də pɐ'pɛl]
Papiertaschentücher os lenços de papel [uʒ 'lẽsuʒ də pɐ'pɛl]
Paprika o colorau [u kulu'rau]
Paprika(schote) pimento [pi'mẽntu]
Parfüm o perfume [u pər'fumə]
Parfümerie perfumaria [pərfumɐ'riɐ]
Park o parque [u 'parkə]
parken estacionar [ʃtɐsju'nar]; **~ verboten** estacionamento proibido [ʃtɐsjunɐ'mẽntu prwi'bidu]
Parkett plateia [plɐ'tejɐ]
Parkplatz o parque de estacionamento [u 'parkə dəʃtɐsjunɐ'mẽntu]
Party festa ['fɛʃtɐ]
Partyservice a organização de eventos [ɐ orgɐnizɐ'sɐ̃u d͜i'vẽntuʃ]
Pass *(Ausweis)* o passaporte [u pasɐ'pɔrtə]; *(Gebirgs~)* desfiladeiro [dəʃfilɐ'deiru]
Passagier passageiro [pɐsɐ'ʒeiru]
passen *(Kleidung)* ficar bem [fi'kar bɐ̃i]
Passkontrolle o controle de passaportes [u kõn'trolə də pasɐ'pɔrtəʃ]
Pauschalpreis preço total ['presu tu'tal]
Pause intervalo [ĩntər'valu]
Pension a pensão [ɐ pẽ'sɐ̃u]
Perle pérola ['pɛrulɐ]
Person pessoa [pə'soɐ]
Personalausweis o bilhete *(Br* a carteira) de identidade [u bə'ʎetə (a kar'terɐ) d͜idẽnti'dadə]
Personalien os dados pessoais [uʒ 'daduʃ pə'swaiʃ]
persönlich *adj* pessoal [pəsw'al]
Perücke cabeleira [kɐbə'leirɐ]
Petersilie salsa ['salsɐ]
Pfand o penhor [u pə'ɲor]; *(Flaschenpfand)* depósito [də'pɔzitu]
Pfanne frigideira [friʒi'deirɐ]
Pfannengericht prato feito na frigideira ['pratu 'feitu nɐ frəʒə'deirɐ]
Pfeffer pimenta [pi'mẽntɐ]

Pferd cavalo [kɐ'valu]
Pfingsten o Pentecostes [u pẽntə'kɔʃtəʃ]
Pfirsiche os pêssegos [uʃ 'pesəguʃ]
Pflanze planta ['plẽntɐ]
Pflaster adesivo [ɐdə'zivu]
Pflaumen as ameixas [ɐz‿ɐ'meiʃɐʃ]
pflegebedürftig com necessidade de auxílio [kõ nəsəsi'dad‿au'silju]
Pfund meio quilo ['meju 'kilu]
Pilot/in piloto [pi'lotu]
Pilz *(Essen)* cogumelo [kugu'mɛlu]; *(med.)* a micose [ɐ mi'kɔzə]
Pilzinfektion a micose [ɐ mi'kɔzə]
Pinzette pinça ['pĩsɐ]
Plakat o cartaz [u kɐr'taʃ]
Planschbecken piscina de chapinhar [pəʃ'sinɐ də ʃɐpi'ɲar]
Plastik escultura [ʃkul'turɐ]
Plastikbeutel saquinho de plástico [sɐ'kiɲu də 'plaʃtiku]
Platten furo ['furu]
Platz *(in der Stadt)* praça ['prasɐ]; *(Raum, Sitz)* o lugar [u lu'gar]
Platzkarte reserva [ʀə'sɛrvɐ]
Plombe chumbo ['ʃũmbu]
plötzlich de repente [də ʀə'pẽntə]
Polizei polícia [pu'lisjɐ]
Polizeiwagen carro da polícia ['kaʀu dɐ pu'lisjɐ]
Polizist/in o polícia/a mulher polícia [u pu'lisjɐ/ɐ mu'ʎɛr pu'lisjɐ]
Pony franja ['frẽʒɐ]
Portal o portal [u pur'tal]
Portier porteiro [pur'teiru]
Portion a dose [ɐ 'dɔzə]
Porto o porte [u 'pɔrtə], franquia [frẽŋ'kiɐ]
Porträt retrato [ʀə'tratu]
Portugal Portugal [purtu'gal]
Portugiese/Portugiesin o português/a portuguesa [u purtu'geʃ/ɐ purtu'gezɐ]
portugiesisch português [purtu'geʃ]
Porzellan porcelana [pursə'lɐnɐ]
Post correio [ku'ʀeju]
Postkarte o postal [u puʃ'tal]
postlagernd posta restante ['pɔʃtɐ ʀəʃ'tẽntə]
Postleitzahl código postal ['kɔdigu puʃ'tal]
praktisch prático ['pratiku]
Präservativ preservativo [prəzərvɐ'tivu]
Preis preço ['presu]
Prellung a contusão [ɐ kõntu'zɐ̃u]
Premiere estreia ['ʃtrejɐ]
Priester o padre [u 'padrə]
privat particular [pɐrtiku'lar]
Probe prova ['prɔvɐ]
Problem o problema [u pru'blemɐ]
Produkt produto [pru'dutu]
Programm o programa [u pru'gremɐ]
Programmheft o programa [u pru'gremɐ]
Promillegrenze taxa de alcoolémia máxima ['taʃɐ d‿alku'lɛmjɐ 'masimɐ]
Prospekt prospe(c)to [pruʃ'pɛtu]
Prothese a prótese [ɐ 'prɔtəzə]

provisorisch provisório [pruvi'zɔrju]
Prozent por cento [pur 'sẽntu]
Prozession a procissão [ɐ prusi'sɐ̃u]
Puder o pó (de talco) [u pɔ (də 'talku)]
Pullover camisola [kɐmi'zɔlɐ], o pulôver [u pu'lovɛr]
Puls pulso ['pulsu]
pünktlich pontual [põn'twal]
putzen limpar [lĩm'par]
Putzmittel o detergente [u dətər'ʒẽntə]

Q

Quadratmeter metro quadrado ['mɛtru kwa'dradu]
Qualität a qualidade [ɐ kwɐli'dadə]
Qualle alforreca [alfu'ʀɛkɐ]
Quark o quark [u kwark]
Quelle a fonte [ɐ 'fõntə]; a nascente [ɐ nɐʃ'sẽntə]
quer durch através de [ɐtrɐ'vɛʒ də]
Querformat formato horizontal [fur'mat‿orizõn'tal]
querschnittsgelähmt paraplégico [pɐrɐ'plɛʒiku]
Quittung recibo [ʀə'sibu]

R

Rabatt desconto [dəʃ'kõntu]
Rad roda ['ʀɔdɐ]
Rad fahren andar de bicicleta [ɐ̃n'dar də bəsi'klɛtɐ]
Radarkontrolle velocidade controlada por radar [vəlusi'dadə kõntru'ladɐ pur ʀa'dar]
Radierung a água-forte [ɐ 'agwɐ 'fɔrtə]
Radio rádio ['ʀadju]
Radsport ciclismo [si'kliʒmu]
Radtour passeio de bicicleta [pɐ'seju də bəsi'klɛtɐ]
Rampe rampa ['ʀɐ̃mpɐ]
Rasen relva ['ʀɛlvɐ]
Rasierapparat *(mechanischer)* máquina de barbear para lâminas ['makinɐ də bɐr'bjar 'pɐrɐ 'lɐminɐʃ]
Rasierklingen lâmina de barba ['lɐminɐ də 'barbɐ]
Rasierpinsel o pincel de barba [u pĩn'sɛl də 'barbɐ]
Rasierschaum espuma de barbear ['ʃpumɐ də bɐr'bjar]
Rasierwasser a loção (para a barba) [ɐ lu'sɐ̃u ('pɐra 'barbɐ)]
Rastplatz área de repouso ['arjɐ də ʀə'pozu]
Raststätte área de serviço ['arjɐ də sər'visu]
Rathaus Câmara Municipal ['kɐmɐrɐ munisi'pal] *(Br)* Prefeitura [prefei'turɐ]
rauchen fumar [fu'mar]
Raucher o fumador [u fumɐ'dor]

Raucherabteil compartimento para fumadores [kõmpɐrti'mẽntu 'pɐrɐ fumɐ'dorəʃ]
Raum espaço ['ʃpasu]; *(Zimmer)* quarto ['kwartu]; *(einer Wohnung)* a divisão [divi'zɐ̃u]
Rechnung fatura [fa'turɐ]; *(im Restaurant, etc.)* conta ['kõntɐ]
rechte(r, -s) *adj* direita [di'reitɐ], direito [di'reitu]
rechts à direita [a di'reitɐ]
Rechtsanwalt/anwältin advogado/advogada [ɐdvu'gadu/ɐdvu'gadɐ]
rechtzeitig *adv* a tempo [ɐ 'tẽmpu]
reden falar [fɐ'lar]
Reformhaus loja de produtos dietéticos ['lɔʒɐ də pru'dutoʒ dje'tɛtikuʃ]
regelmäßig *adj* regular [ʀəgu'lar]; *adv* regularmente [ʀəgular'mẽntə]
Regen chuva ['ʃuvɐ]
Regenmantel gabardina [gɐbar'dinɐ], o impermeável [u ĩmpər'mjavɛl]
Regenschauer aguaceiro [agwɐ'seiru]
Regie a encenação [ɐ ẽsənɐ'sɐ̃u], a direção artística [ɐ di'rɛsɐ̃u ɐr'tiʃtikɐ]
Regierung governo [gu'vernu]
Region a região [ɐ ʀə'ʒjɐ̃u]
regnerisch chuvoso [ʃu'vozu]
Reibe o ralador [u rɐlɐ'dor]
reich rico ['ʀiku]
reif maduro [mɐ'duru]
Reifen o pneu [u pneu]
reinigen limpar [lĩm'par]
Reinigung tinturaria [tĩnturɐ'riɐ]
Reis o arroz [u ɐ'ʀoʃ]
Reise a viagem [ɐ 'vjaʒɐ̃i]
Reiseandenken as lembranças [ɐʃ lẽm'brɐ̃sɐʃ]
Reisebüro agência de viagens [ɐ'ʒẽsjɐ də 'viaʒɐ̃iʃ]
Reiseführer o guia turístico [u 'giɐ tu'riʃtiku]
Reisegesellschaft grupo de turistas ['grupu də tu'riʃtɐʃ]
reisen viajar [vjɐ'ʒar]
Reisepass o passaporte [u pasɐ'pɔrtə]
Reisescheck o traveller [u 'trɛvəlɛr]
Reisetasche saco de viagem ['saku də 'vjaʒɐ̃i]
reiten andar a cavalo [ɐ̃n'dar‿ɐ kɐ'valu]
Reitschule escola de equitação [ʃ'kɔlɐ d‿ikitɐ'sɐ̃u]
reklamieren reclamar [ʀəklɐ'mar]
Religion a religião [ɐ ʀələ'ʒjɐ̃u]
Renaissance Renascimento [ʀənɐʃsi'mẽntu]
rennen correr [ku'ʀer]
Rennen corrida [ku'ʀidɐ]
Rennrad bicicleta de corrida [bəsi'klɛtɐ də ku'ʀidɐ]
reparieren reparar [ʀəpɐ'rar]
reservieren reservar [ʀəzər'var]
Reservierung reserva [ʀə'zɛrvɐ]
Restaurant o restaurante [u ʀəʃtau'rɐ̃ntə]
Rettungsboot barco salva-vidas ['barku 'salvɐ 'vidɐʃ]

Rettungsring bóia salva-vidas ['bɔjɐ 'salvɐ 'vidɐʃ]
Rezept receita [ʀə'seitɐ]
Rezeption a recepção [ɐ ʀəsɛ'sɐ̃u]
R-Gespräch chamada a pagar no destino [ʃɐ'mada pɐ'gar nu dəʃ'tinu]
Rheuma reumatismo [ʀeumɐ'tiʒmu]
Richter/in o juiz/a juíza [u ʒu'iʃ/ ɐ ʒu'izɐ]
richtig certo ['sɛrtu]
Richtung a direção [ɐ dirɛ'sɐ̃u]
riechen cheirar [ʃei'rar]
Rindfleisch a carne de vaca [ɐ 'karnə də 'vakɐ]
Ring o anel [u ɐ'nɛl]
Rock o rock [u ʀɔk]
Rock saia ['sajɐ]
roh cru [kru]
Rohling o CD vazio [u se'de vɐ'ziu]
Roller a trotinete [ɐ trɔti'nɛtə]
Rollschuh o patim [u pɐ'tĩ]
Rollstuhl cadeira de rodas [kɐ'deirɐ də 'ʀɔdɐʃ]
Rollstuhlfahrer/in pessoa em cadeira de rodas [pə'soɐ ɐ̃i kɐ'deirɐ də 'ʀɔdɐʃ]
rollstuhlgängiger Wagen *(Zug)* a carruagem transitável para cadeira de rodas [ɐ kɐʀu'aʒɐ̃i trɐ̃zi'tavɛl 'pɐrɐ kɐ'deirɐ də 'ʀɔdɐʃ]
rollstuhlgerecht equipado para cadeira de rodas [iki'padu 'pɐrɐ kɐ'deirɐ də 'ʀɔdɐʃ]
Rollstuhlkabine *(Schiff)* o camarote equipado para cadeira de rodas [u kɐmɐ'rɔt‿iki'padu 'pɐrɐ kɐ'deirɐ də 'ʀɔdɐʃ]
Roman o romance [u ʀu'mɐ̃sə]
röntgen radiografar [ʀadjugrɐ'far]
Röntgenaufnahme radiografia [ʀadjugrɐ'fiɐ]
rosa cor-de-rosa [kor də 'ʀɔzɐ]
Rosé vinho rosé ['viɲu ro'ze]
rot vermelho [vər'meʎu], encarnado [ɐ̃ŋkɐr'nadu]
Röteln rubéola [ʀu'bɛulɐ]
Rotwein vinho tinto ['viɲu 'tĩntu]
Route itinerário [itinə'rarju]
Rücken as costas [ɐʃ 'kɔʃtɐʃ]
Rückenschmerzen as dores nas costas [ɐʒ dorəʒ nɐʃ 'kɔʃtɐʃ]
Rückfahrkarte o bilhete de ida e volta [u bə'ʎetə d‿'idɐ i 'vɔltɐ]
Rückfahrt (a viagem de) regresso [(ɐ 'vjaʒɐ̃i də) ʀə'grɛsu]
Rückholservice serviço de acompanhamento [sər'visu d‿ɐkõmpɐɲɐ'mẽntu]
Rücklicht as luzes traseiras [ɐʒ 'luzəʃ trɐ'zeirɐʃ]
Rucksack mochila [mu'ʃilɐ]
Rückspiegel o retrovisor [u ʀɛtrɔvi'zor]
rückwärts para trás ['pɐrɐ traʃ]
Rückwärtsgang marcha atrás ['marʃ‿a'traʃ] *(Br)* marcha à ré ['marʃ‿a ʀɛ]
Ruder remo ['ʀemu]
Ruderboot barco a remos ['barku ɐ 'ʀemuʃ]
Rudern, rudern remo ['ʀemu], remar [ʀə'mar]

Ruhe descanso [dəʃ'kẽsu]; *(seelisch, Stille)* calma ['kalmɐ]
ruhig calmo ['kalmu]
Rührlöffel a colher de pau [ɐ ku'ʎɛr də pau]
Ruine ruína ['ʀwinɐ]
rund redondo [ʀə'dõndu]
Rundfahrt volta ['vɔltɐ], a excursão [ɐ ʃkur'sɐ̃u]

S

Saal sala ['salɐ]
Sache coisa ['koizɐ]
Safe o cofre [u 'kɔfrə]
Safran o açafrão [u ɐsɐ'frɐ̃u]
saftig suculento [suku'lẽntu]
sagen dizer [di'zer]
Sahne as natas [ɐʒ 'natɐʃ]
Saison a estação [ɐ ʃtɐ'sɐ̃u]
Salami o salame [u sɐ'lɐmə]
Salat salada [sɐ'ladɐ]
Salatbüfett o bufete de saladas [u bu'fetə də sɐ'ladɐʃ]
Salbe pomada [pu'madɐ]
Salbei salva ['salvɐ]
Salmonellen as salmonelas [ɐʃ salmu'nɛlɐʃ]
Salz o sal [u sal]
Salzstreuer saleiro [sə'leiru]
sammeln colecionar [kulɛsju'nar]
Samstag sábado ['sabɐdu]
Sandalen as sandálias [ɐʃ sɐn'daljɐʃ]
Sandburg castelo de areia [kɐʃ'tɛlu d‿ɐrejɐ]
Sandkasten caixa de areia ['kaiʃɐ d‿ɐrejɐ]
Sänger/in o cantor/a cantora [u kẽn'tor/ɐ kẽn'torɐ]
Sanitäreinrichtungen as instalações sanitárias [ɐz‿ĩʃtɐlɐ'sõiʃ sɐni'tarjɐʃ]
satt farto ['fartu], satisfeito [sɐtəʃ'feitu]
Satz a frase [ɐ 'frazə]
sauber limpo ['lĩmpu]
sauer ácido ['asidu]
Sauerstoffgerät aparelho de oxigénio [ɐpɐ'reʎu d‿ɔksi'ʒɛnju]
Sauger tetina [tə'tinɐ]
Saugflasche o biberão [u bibə'rɐ̃u]
Säugling o lactente [u lɐk'tẽntə]
Säule coluna [ku'lunɐ]
Sauna sauna ['saunɐ]
S-Bahn® comboio (o trem) rápido suburbano [kõm'bɔju (u trẽi) 'ʀapidu subur'bɐnu]
Scanner o digitalizador [u diʒitɐlizɐ'dor]
schade!, wie ~! que pena! [kə 'penɐ]
Schaden dano ['dɐnu]; prejuízo [prə'ʒwizu]
Schaffner/in o revisor/a revisora [u ʀəvi'zor/ɐ ʀəvi'zorɐ]
Schafskäse queijo com leite de ovelha ['keiʒu kõ 'leitə d‿o'veʎɐ]
Schal o cachecol [u kaʃə'kɔl]
scharf picante [pi'kẽntə]
Schatten sombra ['sõmbrɐ]
schauen olhar [o'ʎar]
Schaufenster montra ['mõntrɐ]
Schauspieler/in o ator/a atriz [u a'tor/ɐ a'triʃ]
Scheibe fatia [fɐ'tiɐ]

Scheibenwischer o limpa-para-brisas [u 'lĩmpɐ 'parɐ 'brizɐʃ]
Scheinwerfer o farol [u fɐ'rɔl]
Scheitel risca ['ʀiʃkɐ]
schenken oferecer [ofərə'ser]
Schere tesoura [tə'zorɐ]
schicken mandar [mẽn'dar]
Schiebedach teto-de-abrir ['tɛtu d‿ɐ'brir]
Schienbein canela [kɐ'nɛlɐ]
Schiene tala ['talɐ]
Schild placa ['plakɐ]
Schirm o guarda-chuva [u 'gwardɐ 'ʃuvɐ]
Schlafcouch o sofá-cama [u so'fa 'kɐmɐ]
schlafen dormir [dur'mir]
Schlaflosigkeit insónia (ô) [ĩ'sɔnjɐ]
Schlaftabletten os soníferos [uʃ su'nifəruʃ]
Schlafwagen o vagão-cama, [u va'gẽu 'kɐmɐ], *(Br)* o vagão-leito [u va'gẽu 'leitu]
Schlafzimmer quarto de dormir ['kwartu də dur'mir]
Schlaganfall (o ataque de) apoplexia [(u ɐ'takə d‿) ɐpoplɛ'ksiɐ]
Schläger raqueta [ʀa'ketɐ]
Schlagsahne as natas batidas (chantilly) [ɐʒ 'natɐʃ bɐ'tidɐʃ (ʃẽntij'i)]
Schlange cobra ['kɔbrɐ]; **Schlange stehen** fazer bicha [fɐ'zer 'biʃɐ], *(Br)* fazer fila [fa'zer 'filɐ]
schlank delgado [dɛl'gadu], elegante [ilə'gẽntə]
Schlauch câmara-de-ar ['kɐmɐrɐ d‿ar]
Schlauch *(Reifen)* câmara de ar ['kɐmɐrɐ d‿ar]
Schlauchboot barco insuflável ['barku ĩsu'flavɛl]
schlecht *adj* mau [mau]; *adv* mal [mal]
Schließfach cacifo [kɐ'sifu]
Schlittschuhe os patins de gelo [uʃ pɐ'tĩʒ də 'ʒelu]
Schloss *(Burg)* castelo [kɐʃ'tɛlu]; *(Palast)* palácio [pɐ'lasju]; *(Tür)* fechadura [fəʃɐ'durɐ]
Schlucht barranco [bɐ'ʀẽnku]
Schlüssel a chave [ɐ 'ʃavə]
Schlüsselbein clavícula [klɐ'vikulɐ]
Schlüsselübergabe entrega das chaves [ẽn'trɛgɐ dɐʃ 'ʃavəʃ]
schmal estreito ['ʃtreitu]
schmecken saber [sɐ'ber]
Schmerzen as dores [ɐʒ 'dorəʃ]
schmerzen doer [dwer]
Schmerztabletten os comprimidos contra as dores [uʃ kõmpri'miduʃ 'kõntraʒ 'dorəʃ]
Schmuck as joias [ɐʒ 'ʒɔjɐʃ]
Schmuggel contrabando [kõntrɐ'bẽndu]
schmutzig sujo ['suʒu]
Schnappschuss instantâneo [ĩʃtẽn'tɐnju]
schnarchen ressonar [ʀəsu'nar], *(Br)* roncar ['rõnkar]
Schnee a neve [ɐ 'nɛvə]
Schneebesen o batedor de claras [u bɐtə'dor də 'klarɐʃ]

Schneidebrett tábua para cortar ['tabuɐ 'pɐrɐ kur'tar]
Schneider/in o alfaiate [u alfɐ'jatə], a modista [ɐ mu'diʃtɐ]
schnell *adj* rápido ['ʀapidu]; *adv* depressa [də'prɛsɐ]
Schnellstraße via rápida ['viɐ 'ʀapidɐ]; IP (itinerário principal) [i'pe (itənə'rarju prĩsi'pal)]
Schnittwunde o golpe [u 'gɔlpə]
Schnitzerei obra de talha ['ɔbrɐ də 'taʎɐ]
Schnorchel tubo respirador ['tubu ʀəʃpirɐ'dor]
schnorcheln nadar com tubo respirador [nɐ'dar kõ 'tubu rəʃpirɐ'dor]
Schnuller chupeta [ʃu'petɐ]
Schnupfen a constipação [ɐ kõʃtipɐ'sɐ̃u] *(Br)* resfriado [ʀes'frjadu]
Schnurrbart o bigode [u bi'gɔdə]
Schnürsenkel os atacadores [uz‿ɐtɐkɐ'dorəʃ]
Schokolade o chocolate [u ʃuku'latə]
Schokoriegel barra de chocolate ['baʀɐ də ʃuku'latə]
schon já [ʒa]
schön lindo ['lĩndu]
Schonkost dieta ['djɛtɐ]
Schonzeiten época de defeso ['ɛpukɐ də də'fezu]
Schöpfkelle concha ['kõʃɐ]
Schrank armário [ɐr'marju]
Schraube parafuso [pɐrɐ'fuzu]
schrecklich terrível [tə'ʀivɛl]
schreiben escrever [ʃkrə'ver]
Schreibwaren os artigos de papelaria [uz‿ɐr'tiguʒ də pɐpəlɐ'riɐ]
Schreibwarengeschäft papelaria [pɐpəlɐ'riɐ]
schreien gritar [gri'tar]
Schrift *(Hand~)* letra ['letrɐ]
schriftlich por escrito [pur 'ʃkritu]
schüchtern tímido ['timidu]
Schuh sapato [sɐ'patu]
Schuhbürste escova de calçado ['ʃkovɐ də kal'sadu]
Schuhcreme graxa ['graʃɐ]
Schuhgeschäft sapataria [sɐpɐtɐ'riɐ]
Schuhmacher sapateiro [sɐpɐ'teiru]
Schuld culpa ['kulpɐ]; *(Geld)* dívida ['dividɐ]
Schule escola ['ʃkɔlɐ]
Schulkinder crianças em idade escolar [krj'ɐ̃sɐz‿ɐ̃i i'dad ʃku'lar]
Schulter ombro ['õmbru]
Schuppen caspa ['kaʃpɐ]
Schüssel prato ['pratu], travessa [trɐ'vɛsɐ]
Schüttelfrost os calafrios [uʃ kɐlɐ'friuʃ]
Schutzhütte a choupana-refúgio [ɐ ʃo'pɐnɐ rə'fuʒju]
schwach fraco ['fraku]
Schwager cunhado [ku'ɲadu]
Schwägerin cunhada [ku'ɲadɐ]
Schwangerschaft a gravidez [ɐ grɐvi'deʃ]
schwarz preto ['pretu], negro ['negru]

Schwarzweißfilm o filme a preto e branco [u 'film‿ɐ 'pret‿i 'brẽŋku]
Schweinefleisch a carne de porco [ɐ 'karnə də 'porku]
Schweiz Suíça ['swisɐ]
Schweizer Franken franco suíço ['frẽŋku 'swisu]
Schweizer/in suíço/suíça ['swisu/ 'swisɐ]
Schwellung inchaço [ĩ'ʃasu]
schwer *(Gewicht)* pesado [pə'zadu]; *(schwierig)* difícil [di'fisil]
Schwerbehinderte/r a/o deficiente [ɐ/u dəfəsi'ẽntə]
Schwertfisch o espadarte [u ʃpɐ'dartə] (peixe-espada [u 'peiʃə‿'ʃpadɐ])
Schwester a irmã [ɐ ir'mɐ̃]
schwierig difícil [di'fisil]
schwimmen nadar [nɐ'dar]
Schwimmer/in o nadador/a nadadora [u nɐdɐ'dor/ɐ nɐdɐ'dorɐ]
Schwimmflossen as barbatanas [ɐʒ bɐrbɐ'tɐnɐʃ]
Schwimmflügel as braçadeiras de natação [ɐʒ brɐsɐ'deirɐʒ də nɐtɐ'sɐ̃u]
Schwimmkurs curso de natação ['kursu də nɐtɐ'sɐ̃u]
Schwimmring boia ['bɔjɐ]
Schwimmweste o colete de salvação [u ku'letə də salvɐ'sɐ̃u]
Schwindel *(med.)* a vertigem [ɐ vər'tiʒɐ̃i] as tonturas [ɐʃ tõn'turɐʃ]
schwitzen suar [swar]
schwül abafado [ɐbɐ'fadu]
See *(Meer)* o mar [u mar] *(Binnengewässer)* lago ['lagu]
Seegang a ondulação [ɐ õndulɐ'sɐ̃u]
seekrank sein estar enjoado [ʃtar ẽ'ʒwadu]
Seezunge linguado [lĩŋ'gwadu]
Segelboot barco à vela ['barku a 'vɛlɐ]
Segelfliegen voo planado ['vou plɐ'nadu]
Segeln, segeln vela ['vɛlɐ], velejar [vələ'ʒar]
Segeltörn cruzeiro à vela [kru'zeir‿a 'vɛlɐ]
sehbehindert deficiente visual [dəfəsi'ẽntə vizu'al]
Sehbehinderte/r a/o deficiente visual [ɐ/u dəfəsi'ẽntə vizu'al]
sehen ver [ver]
Sehenswürdigkeiten os monumentos [uʒ munu'mẽntuʃ]
sehr muito ['mũintu]
Seide seda ['sedɐ]
Seidenmalerei pintura sobre seda [pĩn'turɐ 'sobrə 'sedɐ]
Seife o sabonete [u sɐbu'netə]
Seil corda ['kɔrdɐ]
sein(1) *verb* ser [ser]; *(sich befinden)* estar [ʃtar]
sein(2) *poss prn* seu [seu], sua ['suɐ]
seit *prp* desde ['deʒdə]; *conj* desde que ['deʒdə kə]
Seite lado ['ladu]; *(Buch~)* página ['paʒinɐ]
Sekunde segundo [sə'gũndu]
selbst mesmo ['meʒmu]

Selbstauslöser o disparador automático [u dəʃpɐrɐˈdor autuˈmatiku]
Selbstbedienung autosserviço [ˈauto sərˈvisu]
Selfiestick o bastão de selfie [u bɐʃˈtɐ̃u də ˈsɛlfi]
Sellerie aipo [ˈaipu]
selten *adj* raro [ˈʀaru]; *adv* raramente [ʀarɐˈmẽntə]
Senf mostarda [muʃˈtardɐ]
September setembro [səˈtẽmbru]
servieren servir [sərˈvir]
Serviette guardanapo [gwɐrdɐˈnapu]
Sessel cadeira de braços [kɐˈdeirɐ də ˈbrasuʃ]
sexuelle Belästigung assédio sexual [ɐˈsɛdju sɛksuˈal]
Shampoo o champô [u ʃɐ̃mˈpo], o champu (*Br* xampu) [u ʃɐ̃mˈpu]
Shorts o calção [u kalˈsɐ̃u]
Show espetáculo [ʃpɛˈtakulu], o show [u ʃou]
sicher *adj* seguro [səˈguru]; *adv* com certeza [kõ sərˈtezɐ]
Sicherheitsgebühr taxa de segurança [ˈtaʃɐ də səguˈrɐ̃sɐ]
Sicherheitsgurt cinto de segurança [ˈsĩntu də səguˈrɐ̃sɐ]
Sicherheitskontrolle o controle de segurança [u kõnˈtrɔlə də səguˈrɐ̃sɐ]
Sicherheitsnadel o alfinete de segurança [u alfiˈnetə də səguˈrɐ̃nsɐ]
Sicherung (*el*) o fusível [u fuˈzivɛl]
sie *pers prn f sing* ela [ˈɛlɐ]; *m pl* eles [ˈeləʃ], *f pl* elas [ˈɛlɐʃ]
Sie *pers prn* você/vocês [vɔˈse/vɔˈseʃ]; o senhor/a senhora/os senhores/as senhoras [u səˈɲor/ɐ səˈɲorɐ/uʃ səˈɲorəʃ/ɐʃ səˈɲorɐʃ]
Silber prata [ˈpratɐ]
silberfarben prateado [prɐˈtjadu]
Silvester a passagem do ano [ɐ pɐˈsaʒɐ̃i du ˈɐnu]
Sinfoniekonzert concerto sinfónico (ô) [kõˈsertu sĩˈfɔniku]
singen cantar [kɐ̃nˈtar]
Sitz assento [ɐˈsẽntu]
sitzen estar sentado [ʃtar sẽnˈtadu]
Skateboard o skateboard [u skeitəˈbɔd]
Ski o esqui [u ʃki]
Ski laufen andar de esqui [ɐ̃nˈdar də ʃki]
Skulptur escultura [ʃkulˈturɐ]
Slip cueca de senhora [ˈkwɛkɐ də səˈɲorə]
Slipeinlagen os protege-slip [uʃ pruˈtɛʒə slip]
Smartphone o smartphone [u smartˈfonə]
Smoothie batido de fruta [bɐˈtidu də ˈfrutɐ]
Socken as peúgas [ɐʃ ˈpjugɐʃ]
Sodbrennen azia [ɐˈziɐ]
sofort imediatamente [imədjatɐˈmẽntə]
Sofortbildkamera a polaroid [ɐ polaˈrɔjdə]
Sohle sola [ˈsɔlɐ]
Sohn filho [ˈfiʎu]
Solarium solário [suˈlarju]
Solist/in o/a solista [u/ɐ suˈliʃtɐ]

sollen dever [də'ver]
Sommer o verão [u və'rẽu]
Sondermarke selo comemorativo ['selu kuməmurɐ'tivu]
Sonne o sol [u sɔl]
Sonnenbrand queimadura do sol [keimɐ'durɐ du sɔl]
Sonnencreme o creme para o sol [u 'krɛmə 'perɐ u sɔl]
Sonnenhut o chapéu para o sol [u ʃɐ'pɛu 'perɐ u sɔl]
Sonnenliege cadeira de repouso [kɐ'deirɐ də ʀə'pozu]
Sonnenöl óleo solar ['ɔlju su'lar]
Sonnenschirm o guarda-sol [u 'gwardɐ sɔl]
Sonnenschutz a proteção solar [ɐ prutɛ'sẽu su'lar]
Sonnenstich a insolação [ɐ ĩsulɐ'sẽu]
sonnig soalheiro [swɐ'ʎeiru]
Sonntag domingo [du'mĩŋgu]
sorgen, s. ~ um preocupar-se com [prjoku'parsə kõ]
Sorte a espécie [ɐ 'ʃpɛsjə]
Soße molho ['moʎu]
Souvenirladen loja de recordações turísticas ['lɔʒɐ də rəkurdɐ'sõiʃ tu'riʃtikɐʃ]
Sozialstation centro social de cuidados ['sẽntru susi'al də kui'daduʃ]
Spanien Espanha ['ʃpɐɲɐ]
Spanier/in o espanhol [u ʃpɐ'ɲɔl], a espanhola [ɐ ʃpɐ'ɲɔlɐ]
spanisch espanhol [ʃpɐ'ɲɔl]
Spargel os espargos [uz‿əʃ'parguʃ]
Spaß *(Scherz)* brincadeira [brĩŋkɐ'deirɐ]
spät tarde ['tardə]
später *adj* posterior [puʃtə'rjor]; *adv* mais tarde [maiʃ 'tardə]
spazieren gehen passear [pɐ'sjar]
Spaziergang passeio [pɐ'seju]
Speicherkarte o cartão de memória [u kɐr'tẽu də mə'mɔrjɐ]
Speisekarte lista ['liʃtɐ], ementa [i'mẽntɐ] cardápio *(Br)* [kar'dapju]
Speiseröhre esófago [i'zɔfɐgu]
Speisesaal sala de jantar ['salɐ də ʒẽn'tar]
Speisewagen o vagão-restaurante [u va'gẽu ʀəʃtau'rẽntə]
Spezialität a especialidade [ɐ ʃpəsjɐli'dadə]
speziell *adj* especial [ʃpə'sjal]; *adv* especialmente [ʃpəsjal'mẽntə]
Spiegel espelho ['ʃpeʎu]
Spiel jogo ['ʒogu]
Spieldose caixa de música ['kaiʃɐ də 'muzikɐ]
spielen jogar [ʒu'gar], brincar [brĩŋ'kar]
Spielkamerad/in companheiro/companheira de brincar [kõmpɐ'ɲeiru/kõmpɐ'ɲeirɐ də brĩn'kar]
Spielkasino casino [kɐ'zinu]
Spielplan o programa da temporada [u pru'gremɐ dɐ têmpu'radɐ]

Spielplatz o parque infantil [u 'park‿ĩfẽn'til]
Spielsachen os brinquedos [uʒ brĩn'keduʃ]
Spielwarengeschäft loja de brinquedos ['lɔʒɐ də brĩŋ'keduʃ]
Spinat os espinafres [uz‿əʃpi'nafrəʃ]
Spirituosengeschäft loja de bebidas alcoólicas ['lɔʒɐ də bə'bidɐz‿al'kwɔlikɐʃ]
Spitzen schneiden cortar as pontas [kur'tar ɐʃ 'põntɐʃ]
Sport desporto (*Br* esporte) [dəʃ'portu (is'pɔrti)]
Sportartikel artigos de desporto (*Br* esporte) [ɐr'tiguʒ də dəʃ'portu (is'pɔrti)]
Sportler/in o/a desportista [u/ɐ dəʃpur'tiʃtɐ]
Sportplatz recinto desportivo [rə'sĩntu dəʃpur'tivu]
Sprache língua ['lĩŋgwɐ]
Sprachkurs curso de línguas ['kursu də 'lĩŋgwɐʃ]
sprechen falar [fɐ'lar]
Sprechstunde (as horas de) consulta [(ɐz 'ɔrɐʒ də) kõ'sultɐ]
Spritze a injeção [ɐ ĩʒɛ'sɐ̃u]
Spülbürste escova para a louça ['ʃkovɐ 'pɐra 'losɐ]
Spülmittel o detergente para a louça [u dətər'ʒẽntə 'pɐra 'losɐ]
Spültuch o esfregão para a louça [u ʃfrə'gɐ̃u 'pɐra 'losɐ]
Staat estado ['ʃtadu]
Staatsangehörigkeit a nacionalidade [ɐ nɐsjunɐli'dadə]
Stadion estádio ['ʃ'tadju]
Stadt a cidade [ɐ si'dadə]
Stadtbus autocarro [auto'kaʀu] (*Br*) o ônibus [u 'onibus]
Stadtmauer muralha da cidade [mu'raʎɐ dɐ si'dadə]
Stadtplan planta da cidade ['plẽntɐ dɐ si'dadə]
Stadtrundfahrt visita à cidade [və'zit‿a si'dadə]
Stadtteil bairro ['baiʀu]
Stadtzentrum centro da cidade ['sẽntru dɐ si'dadə]
stammen (aus) ser (de) [ser (də)]
Standlicht os mínimos [uʒ 'minimuʃ]
stark forte ['fɔrtə]
Starthilfekabel cabo de ligação ['kabu də ligɐ'sɐ̃u]
Station a estação [ɐ ʃtɐ'sɐ̃u]; (*med.*) serviço [sər'visu]
Stativ o tripé [u tri'pɛ]
stattfinden realizar-se [ʀjɐli'zarsə]
Statue estátua ['ʃtatwɐ]
Stau engarrafamento [ẽŋgɐʀɐfɐ'mẽntu]
Staub o pó [u pɔ]
Staubsauger o aspirador [u ɐʃpirɐ'dor]
stechen picar [pi'kar]
Steckdose tomada [tu'madɐ]
Stecker ficha ['fiʃɐ], (*Br*) plugue ['plugi]
stehen estar [ʃtar], estar em pé [ʃtar‿ɐ̃i pɛ]; **stehen bleiben** (*anhalten*) parar [pɐ'rar]
Stehklosett o urinol [u uri'nɔl]
stehlen roubar [ʀo'bar]
Steigung subida [su'bidɐ]

steil *(Straße)* íngreme ['ĩŋgrəmə]; *(Berg)* escarpado [ʃkɐr'padu]
Stein pedra ['pɛdrɐ]
steinig pedregoso [pədrə'gozu]
Stempel carimbo [kɐ'rĩmbu]
Stern estrela ['ʃtrelɐ]
Sternwarte observatório [obsərvɐ'tɔrju]
Steward/ess comissário [kumi'sarju], hospedeira [ɔʃpə'deirɐ], *(Br)* aeromoça [aɛro'mosɐ]
Stickerei bordado [bur'dadu]
Stiefel as botas [ɐʒ 'bɔtɐʃ]
Stierkampf tourada [to'radɐ]
Stil estilo ['ʃtilu]
still quieto ['kjɛtu], sossegado [susə'gadu]
Stillleben natureza morta [nɐtu'rezɐ 'mɔrtɐ]
stinken cheirar mal [ʃei'rar mal]
Stirnhöhlenentzündung a sinusite [ɐ sinu'zitə]
Stock(werk) o andar [u ɐ̃n'dar]
Stoff tecido [tə'sidu]
stören incomodar [ĩŋkumu'dar]
stornieren *(Zimmer)* anular a reserva [ɐnu'lar‿ɐ ʀə'zɛrvɐ]; *(Fahr-, Flugkarten)* cancelar [kɐ̃sə'lar]
Stoßstange o para-choques [u 'parɐ 'ʃɔkəʃ]
Strafe castigo [kɐʃ'tigu], pena ['penɐ]; *(Geldstrafe)* multa ['multɐ]
Strafraum grande área ['grɐ̃nd‿'ariɐ]
Strähnchen madeixa [mɐ'deiʃɐ]
Strand praia ['prajɐ]
Strandschuhe os sapatos de praia [uʃ sɐ'patuʒ də 'prajɐ]
Strandzelt *(Nordportugal)* barraca (de praia) [bɐ'ʀakɐ (də 'prajɐ)]
Straße rua ['ʀuɐ]; *(Landstraße)* estrada ['ʃtradɐ]
Straßenbahn elétrico [i'lɛtriku] *(Br)* o bonde [u 'bõndi]
Straßenkarte o mapa das estradas [u 'mapɐ dɐʃ‿ʃ'tradɐʃ]
Strauß *(Blumen)* ramo ['ʀɐmu]
Streichholz fósforo ['fɔʃfuru]
Strickjacke casaco de malha [kɐ'zaku də 'maʎɐ]
Strohhalm palhinha [pɐ'ʎiɲɐ]
Strom *(Fluss)* rio ['ʀiu]; *(el)* a corrente [ɐ ku'ʀẽntə], a eletricidade [ɐ ilɛtrəsi'dadə]
Stromanschluss tomada de corrente [tu'madɐ də ku'ʀẽntə]
Strompauschale tarifa global de eletricidade [tɐ'rifɐ glu'bal d‿ilɛtrəsi'dadə]
Stromspannung a voltagem [ɐ vol'taʒɐ̃i]
Strümpfe as meias [ɐʒ 'mejɐʃ]
Strumpfhose o collant [u 'kɔlɐ̃]
Stück peça ['pɛsɐ], bocado [bu'kadu]; **ein ~ Brot** um bocado de pão [ũm bu'kadu də pɐ̃u]
studieren estudar [ʃtu'dar]
Studio estúdio ['ʃtudju]
Stufe o degrau [u də'grau]
stufenloser Zugang acesso sem degraus [ɐ'sɛsu sɐ̃i də'grauʃ]
Stufenschnitt o corte em escadinha [u 'kɔrt‿ɐ̃i ʃkɐ'diɲɐ]

Stuhl cadeira [kɐ'deirɐ]
Stuhlgang a evacuação [ɐ ivɐkwɐ'sɐ̃u], as fezes [ɐʃ 'fɛzəʃ]
stumm mudo ['mudu]
Stunde hora ['ɔrɐ]; **eine halbe Stunde** meia hora ['mejɐ 'ɔrɐ]; **eine Viertelstunde** um quarto de hora [ũ 'kwartu d‿'ɔrɐ]
stündlich *(jede Stunde)* de hora a hora [d‿'ɔra 'ɔrɐ]; *(pro Stunde)* por hora [pur‿'ɔrɐ]
Sturm a tempestade [ɐ tẽmpəʃ'tadə]
stürzen *(fallen)* cair [kɐ'ir]
Sturzhelm o capacete [u kɐpɐ'setə]
suchen procurar [proku'rar]
Sucher o visor [u vi'zor]
Süden o sul [u sul]
südlich von ao sul de [ɐu sul də]
Summe soma ['somɐ]
Supermarkt supermercado [supɛrmər'kadu]
Suppe sopa ['sopɐ]
Suppenteller prato de sopa ['pratu də 'sopɐ]
Surfbrett prancha de surf ['prɐ̃ʃɐ də sɛrf]
surfen fazer surf [fɐ'zer sɛrf]
süß doce ['dosə]
Süßigkeiten os doces [uʒ 'dosəʃ]
Süßstoff o adoçante [u ɐdu'sɐ̃ntə]
Swimmingpool piscina [pəʃ'sinɐ]
sympathisch simpático [sĩm'patiku]

T

Tabak tabaco [tɐ'baku]
Tabakladen tabacaria [tɐbɐkɐ'riɐ]
Tablette comprimido [kõmpri'midu]
Tachometer o conta-quilómetros [u 'kõntɐ ki'lɔmətruʃ]
Tag o dia [u 'diɐ]
Tagesausflug a excursão/passeio de um dia [ɐ ʃkur'sɐ̃u/pɐ'seju d‿ũ 'diɐ]
Tagesgericht prato do dia ['pratu du 'diɐ]
Tageskarte o bilhete diário [u bə'ʎetə di'arju]
Tagestour percurso de um dia [pər'kursu d‿ũm 'diɐ]
täglich *(jeden Tag)* todos os dias ['toduz‿uʒ 'diɐʃ]; *(pro Tag)* **por** dia [pur 'diɐ]
tagsüber durante o dia [du'rɐ̃nt‿u 'diɐ]
Tal o vale [u 'valə]
Tampons os tampões [uʃ tɐ̃m'põiʃ]
Tank depósito [də'pɔzitu]
tanken meter gasolina [mə'ter gɐzu'linɐ]
tanzen dançar [dɐ̃'sar]
Tänzer/in bailarino/bailarina [bailɐ'rinu/bailɐ'rinɐ]
Tanzkapelle orquestra de dança [or'kɛʃtrɐ də 'dɐ̃sɐ]
Tanztheater teatro de dança ['tjatru də dɐ̃sɐ]
Tasche saco ['saku]
Taschenbuch livro de bolso ['livru də 'bolsu]

Taschendieb o carteirista [u kɐrtei'riʃtɐ]
Taschenmesser o canivete [u kɐni'vɛtə]
Taschenrechner calculadora de bolso [kalkulɐ'dorɐ də 'bolsu]
Tasse chávena ['ʃavənɐ], *(Br)* xícara ['ʃikarɐ]
Taststock vara de cego ['varə də 'sɛgu]
taub surdo ['surdu]
taubstumm surdo-mudo ['surdu 'mudu]
Tauchen, tauchen mergulho desportivo [mər'guʎu dəʃpur'tivu], mergulhar [mərgu'ʎar]
Taucherausrüstung equipamento de mergulhador [ikipɐ'mẽntu də mərguʎɐ'dor]
Taucherbrille os óculos de mergulhador [uz‿'ɔkuluʒ də mərguʎɐ'dor]
täuschen, s. ~ enganar-se [ẽŋgɐ'narsə]
Taxifahrer/in o/a taxista [u/ɐ ta'ksiʃtɐ]
Taxistand praça de táxis ['prasɐ də 'taksiʃ]
Tee o chá [u ʃa]
Teebeutel saquinho de chá [sɐ'kiɲu də ʃa]
Teelöffel a colher de chá [ɐ ku'ʎɛr də ʃa]
Teil a parte [ɐ 'partə]
Teilkasko seguro contra terceiros, roubo e incêndio [sə'guru 'kõntrɐ tər'seiruʒ 'ʀob‿i ĩ'sẽndju]
teilnehmen (an) participar (em) [pɐrtəsi'par (ɐ̃i)]
Telefon o telefone [u tələ'fɔnə]
Telefonbuch lista telefónica (ô) ['liʃtɐ tələ'fɔnikɐ]
telefonieren telefonar [tələfu'nar]
Telefonkarte o cartão telefónico [u kɐr'tɐ̃u tələ'fɔniku]
Telefonnummer número de telefone ['numəru də tələ'fɔnə]
Telefonzelle cabina telefónica (ô) [ka'binɐ tələ'fɔnikɐ]
telegrafische Überweisung o vale telegráfico [u 'valə tələ'grafiku]
Telegramm o telegrama [u tələ'gremɐ]
Teleobjektiv teleobjetiva [tɛlɛobʒɛ'tivɐ]
Telex o telex [u tɛ'lɛks]
Teller prato ['pratu]
Tempel templo ['tẽmplu]
Temperatur temperatura [tẽmpərɐ'turɐ]
Tennis o ténis (ê) [u 'tɛniʃ]
Tennisschläger raqueta de ténis (ê) [ʀa'ketɐ də 'tɛniʃ]
Termin data ['datɐ]
Terminal o terminal [u tərmi'nal]
Terrakotta terracota [tɛʀɐ'kɔtɐ]
Terrasse terraço [tə'ʀasu]
Tetanus tétano ['tɛtɐnu]
teuer caro ['karu]
Theater teatro ['tjatru]
Theatergruppe grupo de teatro ['grupu də 'tjatru]
Theaterstück peça de teatro ['pɛsɐ də 'tjatru]
Therapie terapia [tərɐ'piɐ]

Thermalbad as termas [ɐʃ ˈtermɐʃ]
Thermosflasche® o termos [u ˈtɛrmuʃ]
Thriller o filme policial [u ˈfilmə pulisiˈal]
Thunfisch o atum [u ɐˈtũ]
tief fundo [ˈfũndu]
Tier o animal [u ɐniˈmal]
Tintenfisch as lulas [ɐʒ ˈlulɐʃ], os chocos [uʃ ʃɔkuʃ]
Tipp o bom conselho [u bõ kõnˈseʎu]
Tisch mesa [ˈmezɐ]
Tischtennis o ténis (ê) de mesa [u ˈtɛniʃ də ˈmezɐ], o pingue-pongue [u ˈpĩŋgə ˈpõŋgə]
Tischtuch toalha de mesa [ˈtwaʎɐ də ˈmezɐ]
Toast torrada [tuˈʀadɐ]
Toaster torradeira [tuʀɐˈdeirɐ]
Tochter filha [ˈfiʎɐ]
Toilette casa de banho [ˈkazɐ də ˈbɐɲu] *(Br)* banheiro [baˈɲeru]
Toilettenpapier o papel higiénico (ê) [u pɐˈpɛl‿iˈʒjɛniku]
Tomaten os tomates [uʃ tuˈmatəʃ]
Ton o tom [u tõ]; *(Material)* barro [ˈbaʀu]
tönen fazer uma rinçage [fɐˈzer‿ˈumɐ ʀɐ̃ˈsaʒɐ̃i]
Topf tacho [ˈtaʃu]
Töpferei olaria [ɔlɐˈriɐ]
Töpferwaren os barros [uʒ ˈbaʀuʃ]
Tor o portão [u purˈtɐ̃u], porta [ˈpɔrtɐ]; *(Schuss)* golo [ˈgolu]; *(Br)* o gol [u gol]; *(Pfosten)* baliza [bɐˈlizɐ]
Torwart o guarda-redes [u ˈgwardɐ ˈʀedəʃ] *(Br)* goleiro [goˈleru]
Tour a excursão [ɐ ʃkurˈsɐ̃u], volta [ˈvɔltɐ]
Tourist/in o/a turista [u/ɐ tuˈriʃtɐ]
Tracht o traje [u ˈtraʒə]
tragbarer CD-Spieler o leitor de CDs portátil [u leiˈtor də seˈdeʃ purˈtatil]
tragen levar [ləˈvar]; *(Kleidung)* usar [uˈzar]
Tragflügelboot o hidrofoil [u idrɔˈfɔil]
Tragödie tragédia [trɐˈʒɛdjɐ]
trampen viajar à boleia *(Br* de carona) [vjɐˈʒar‿a buˈlejɐ (di kaˈronɐ)]
Transferbus o transferbus [u trɐ̃ʃfɛrˈbus]
Traum sonho [ˈsoɲu]
traurig triste [ˈtriʃtə]
treffen encontrar [ẽŋkõnˈtrar]
Trekkingrad bicicleta todo-terreno [bəsiˈklɛtɐ ˈtodu təˈʀenu]
Treppe escada [ˈʃkadɐ]
Tretboot gaivota [gaiˈvɔtɐ] barco de pedais [ˈbarku də pəˈdaiʃ]
trinken beber [bəˈber]
Trinkflasche o biberão de água (ou chá) [u bibəˈrɐ̃u d‿ˈagwɐ (o ʃa)]
Trinkgeld gorjeta [gurˈʒetɐ]
Trinkwasser água potável [ˈagwɐ puˈtavɛl]
trocken seco [ˈseku]

trockenes Haar cabelo seco [kɐ'belu 'seku]
trocknen secar [sə'kar]
Trockner o secador de roupa [u səkɐ'dor də 'ʀopɐ]
Trödler ferro-velho ['fɛʀu 'vɛʎu]
Trommelfell (membrana do) tímpano [(mẽm'brɐnɐ du) 'tĩmpɐnu]
Tropfen as gotas [ɐʒ 'gotɐʃ]
trotzdem apesar disso [ɐpə'zar 'disu]
T-Shirt a T-shirt [ɐ ti'ʃɐrt]
tun fazer [fɐ'zer]
Tunnel o túnel [u 'tunɛl]
Tür porta ['pɔrtɐ]
Türbreite largura da porta [lɐr'gurɐ dɐ 'pɔrtɐ]
Türcode código de acesso ['kɔdigu d‿ɐ'sɛsu]
türkis turquesa [tur'kezɐ]
Turm a torre [ɐ 'toʀə]
Turnschuhe os ténis [uʃ 'tɛniʃ], as sapatilhas [ɐʒ sɐpɐ'tiʎɐʃ]
Türschwelle soleira da porta [su'leirɐ dɐ 'pɔrtɐ]
Tüte *(kleine)* cartucho [kɐr'tuʃu]; *(größere)* saco ['saku]
Typhus tifo ['tifu]
typisch típico ['tipiku]

U

U-Bahn metropolitano [mətrupuli'tɐnu], metro ['mɛtru], *(Br)* o metrô [u me'tro]
Übelkeit náusea ['nauzjɐ], enjoo [ẽ'ʒou]
üben praticar [prɐti'kar]
über sobre ['sobrə], por cima de [pur 'simɐ də]
überall por toda a parte [pur 'toda 'partə]
überbacken gratinado [grɐti'nadu]
Überfall assalto [ɐ'saltu], a agressão [a‿agrə'sɐ̃u]
Übergang a passagem [ɐ pɐ'saʒɐ̃i]
überholen ultrapassar [ultrɐpɐ'sar]
Überlandbus camioneta *(Br* o ônibus interurbano) [kamju'nɛtɐ (u 'onibus ĩntɛrur'bɐnu)]
übermorgen depois de amanhã [də'poiʒ d‿amɐ'ɲɐ̃]
übernachten pernoitar [pərnoi'tar]
Übernachtung dormida [dur'midɐ] *(Br)* o pernoite [u per'noiti]
Überreste os restos [uʒ 'ʀɛʃtuʃ]
übersetzen traduzir [trɐdu'zir]
Überweisung transferência [trɐ̃ʃfə'rẽsjɐ]
üblich habitual [ɐbi'twal]
übrig restante [ʀəʃ'tɐ̃ntə]; **übrig bleiben** sobrar [su'brar]

Ufer *(Fluss)* a margem [ɐ 'marʒẽi]; *(Meer)* costa ['kɔʃtɐ]
Uhrmacher relojoeiro [ʀəlu'ʒweiru]
um *(herum)* em volta de [ẽi 'vɔltɐ də]; *(Zeitangabe)* às/à/ao [aʃ/a/au]; **um diese Zeit** a esta hora [ɐ 'ɛʃtɐ 'ɔrɐ]
umbuchen mudar o voo [mu'dar‿u 'vou]
Umgebung as imediações [ɐz‿imədjɐ'sõiʃ]
Umgehungsstraße a circunvalação [ɐ sirkũnvɐlɐ'sɐ̃u]
umgekehrt ao contrário [au kõn'trarju]
Umhängetasche mala a tiracolo ['mala tirɐ'kɔlu]
umkehren voltar para trás [vɔl'tar 'pɐrɐ traʃ]
Umleitung desvio [dəʒ'viu]
umtauschen trocar [tru'kar]
Umweg desvio [dəʒ'viu]
Umwelt o (meio) ambiente [u ('meju) ɐ̃m'bjẽntə]
umziehen, s. – mudar de roupa [mu'dar də 'ʀopɐ]
Umzug cortejo [kur'teʒu]
unangenehm desagradável [dəzɐgrɐ'davɛl]
unbedingt *adv* absolutamente [ɐbsulutɐ'mẽntə]
und e [i]
unentschieden empatado [ẽmpɐ'tadu]
unerträglich insuportável [ĩsupur'tavɛl]
Unfall o acidente [u ɐsi'dẽntə]
ungeeignet inadequado [inɐdə'kwadu]
ungefähr aproximadamente [ɐprɔsimadɐ'mẽntə]
ungewöhnlich invulgar [ĩvul'gar]
unglaublich incrível [ĩŋ'krivɛl]
Universität a universidade [ɐ univərsi'dadə]
Unkosten as despesas [ɐʒ dəʃ'pezɐʃ]
unmöglich impossível [ĩmpu'sivɛl]
uns nos [nuʃ]
unser, unsere nosso ['nɔsu], nossa ['nɔsɐ]
unten em baixo [ɐ̃i 'baiʃu]
unter debaixo de [də'baiʃu də]; *(zwischen)* entre ['ẽntrə]
unterbrechen interromper [ĩntəʀõm'per]
Unterführung a passagem subterrânea [ɐ pɐ'saʒẽi subtə'ʀɐnjɐ]
unterhalb por baixo de [pur 'baiʃu də]
unterhalten, s. – conversar [kõvər'sar]
Unterhaltung *(Gespräch)* conversa [kõ'vɛrsɐ]; *(Vergnügen)* divertimento [divərti'mẽntu]
Unterhemd camisola interior [kɐmi'zɔlɐ ĩntə'rjor] *(Br)* camiseta [kami'zetɐ]
Unterhose *(Damen)* cueca de senhora ['kwɛkɐ də sə'ɲorə]; *(Herren)* cueca de homem ['kwɛkɐ d‿'ɔmẽi]
Unterkunft alojamento [ɐluʒɐ'mẽntu]

Unterleib o abdómen [u ɐb'dɔmẽ]
unterrichten *(informieren)* informar [ĩfur'mar]; *(Schule)* ensinar [ẽsi'nar]
unterschreiben assinar [ɐsi'nar]
Unterschrift assinatura [ɐsinɐ'turɐ]
Untersuchung o exame [u i'zɐmə]
Untersuchungshaft a prisão preventiva [ɐ pri'zɐ̃u prəvẽn'tivɐ]
Untertasse o pires [u 'pirəʃ]
Untertitel as legendas [ɐʒ lə'ʒẽndɐʃ]
Unterwäsche roupa interior ['ʀopɐ ĩntə'rjor]
Unterwasserkamera máquina fotográfica subaquática ['makinɐ futu'grafikɐ subɐ'qwatikɐ]
unterwegs no/a caminho [nu/ɐ kɐ'miɲu]
unverbindlich sem compromisso [sɐ̃i kõmpru'misu]
unverschämt descarado [dəʃkɐ'radu]
unwahrscheinlich *adj* improvável [ĩmpru'vavɛl]
unwichtig sem importância [sɐ̃i ĩmpur'tɐ̃sjɐ]
Urin urina [u'rinɐ]
Urlaub as férias [ɐʃ 'fɛrjɐʃ]

V

Varietee teatro de variedades ['tjatru də vɐrje'dadəʃ]
Vase jarra ['ʒaʀɐ]
Vater o pai [u pai]
Veganer/-in vegano/vegana [və'gɐnu/və'gɐnɐ]
Vegetarier/-in vegetariano/vegetariana [vəʒətɐ'rjɐnu/vəʒətɐ'rjɐnɐ]
vegetarisch vegetariano [vəʒətɐ'rjɐnu]
Ventilator o ventilador [u vẽntilɐ'dor]
Verabredung encontro [ẽŋ'kõntru]
verabschieden, s. – despedir-se [dəʃpə'dirsə]
Veranstaltung evento [i'vẽntu]
verantwortlich responsável [ʀəʃpõ'savɛl]
Verband penso ['pẽsu], ligadura [ligɐ'durɐ]
Verbandskasten mala de primeiros socorros ['malɐ də pri'meiruʃ su'kɔʀuʃ]
verbinden fazer o penso [fɐ'zer‿u 'pẽsu], ligar [li'gar]
Verbindung a relação [ɐ ʀəlɐ'sɐ̃u]; *(Zug, tele)* a ligação [ɐ ligɐ'sɐ̃u]
verboten proibido [prwi'bidu]
Verbrechen o crime [u 'krimə]
Verbrennung queimadura [keimɐ'durɐ]
Verdauung a digestão [ɐ diʒəʃ'tɐ̃u]
Verdauungsstörung a indigestão [ɐ ĩndiʒəʃ'tɐ̃u]

verdorben estragado [ʃtrɐ'gadu]; *(faul)* podre ['podrə]
Verein a associação [ɐ ɐsusjɐ'sɐ̃u], o clube [u 'klubə]
vereinbaren combinar [kõmbi'nar]
Vergangenheit passado [pɐ'sadu]
vergessen esquecer(-se de) [ʃkɛ'ser(sə də)]
Vergewaltigung a violação [ɐ vjulɐ'sɐ̃u]
Vergiftung envenenamento [ẽvənənɐ'mẽntu], a intoxicação [ɐ ĩntɔksikɐ'sɐ̃u]
Vergnügen o prazer [prɐ'zer]; *(Unterhaltung)* divertimento [divərti'mẽntu]
Vergnügungspark o parque de diversões [u 'parkə də divər'sõiʃ]
verhaften prender [prẽn'der]
verheiratet casado [kɐ'zadu]
Verhütungsmittel método anticonceptivo ['mɛtudu ẽn'ti kõnsɛ'tivu]
verirren, s. – perder-se [pər'dersə]
verkaufen vender [vẽn'der]
Verkehr trânsito ['trɐ̃zitu]
Verkehrsamt Turismo [tu'riʒmu]
verlängern prolongar [prulõŋ'gar]
Verlängerungsschnur a extensão [ɐ ʃtẽ'sɐ̃u]
Verlängerungswoche semana suplementar [sə'menɐ supləmẽn'tar]
verlassen deixar [dei'ʃar]
verletzen ferir [fə'rir]
Verletzte, der/die – o ferido [u fə'ridu], a ferida [ɐ fə'ridɐ]
Verletzung ferida [fə'ridɐ]
verlieren perder [pər'der]
Verlobte, der/die – o noivo [u 'noivu], a noiva [ɐ 'noivɐ]
vermieten alugar [ɐlu'gar]
Verpackung a embalagem [ɐ ẽmbɐ'laʒɐ̃i]
verpassen perder [pər'der]
Verpflegung comida [ku'midɐ]
verrechnen, s. – enganar-se na conta [ẽŋgɐ'narsə nɐ 'kõntɐ]
verreisen ir viajar [ir vjɐ'ʒar]
verrückt louco ['loku]
verschieben *(zeitlich)* adiar [ɐ'djar]
verschließen fechar à chave [fə'ʃar‿a 'ʃavə]
verschreiben receitar [ʀəsei'tar]
Versicherung seguro [sə'guru]
Verspätung atraso [ɐ'trazu]
verstaucht torcido [tur'sidu]
verstehen compreender [kõmprjẽn'der]
Verstopfung a prisão de ventre [ɐ pri'zɐ̃u də 'vẽntrə]
versuchen tentar [tẽn'tar]; *(Speisen)* provar [pru'var]
Vertrag contrato [kõn'tratu]
Vertrauen confiança [kõ'fjɐ̃sɐ]
verunglücken ser vítima dum acidente [ser 'vitimɐ dũ ɐsi'dẽntə]
verursachen causar [kau'zar]
Verwaltung a administração [ɐ ɐdməniʃtrɐ'sɐ̃u]
verwandt parente (de) [pɐ'rẽntə (də)]

verwechseln confundir [kõfũn'dir]
verwitwet viúvo ['vjuvu]
Videokamera câmara de vídeo ['kɐmɐrɐ də 'vidju]
viel muito ['mũintu]
vielleicht talvez [tal'veʃ]
Villa vivenda [vi'vẽndɐ]
violett roxo ['ʀoʃu], violeta [vju'letɐ]
Virus o vírus [u 'viruʃ]
Visum visto ['viʃtu]
Vogel pássaro ['pasɐru]
Vogelschutzgebiet reserva ornitológica [ʀə'zɛrv‿ɔrnitu'lɔʒikɐ]
Volk povo ['povu]
Völkerkundemuseum o museu de etnologia [u mu'zeu d‿ɛtnulu'ʒiɐ]
Volksmusik música folclórica ['muzikɐ fɔl'klɔrikɐ]
Volksstück peça popular ['pɛsɐ pupu'lar]
voll cheio ['ʃeju]; *(voll besetzt)* completo [kõm'plɛtu]; *(ganz)* total [tu'tal]
Volleyball o voleibol [u vɔlei'bɔl]
Vollkasko seguro contra todos os riscos [sə'guru 'kõntrɐ 'toduz‿uʒ 'ʀiʃkuʃ]
Vollkornbrot o pão integral [u pɐ̃u ĩntə'gral]
Vollpension a pensão completa [ɐ pẽ'sɐ̃u kõm'plɛtɐ]
vom Fass à pressão [a prə'sɐ̃u]
vom Grill na grelha [nɐ 'greʎɐ]
von de [də]; *(Passiv)* por [pur]
von Zeit zu Zeit de vez em quando [də vez‿ɐ̃i 'kwɐ̃ndu]
vor *(räumlich)* diante de ['djɐ̃ntə də]; *(zeitlich)* antes de ['ɐ̃ntəʒ də]; *(in der Vergangenheit)* há [a]
vor zehn Minuten há dez minutos [a dɛʒ mi'nutuʃ]
Voranmeldung *(tele)* chamada com pré-aviso [ʃɐ'madɐ kõm prɛ ɐ'vizu], pré-aviso [prɛ ɐ'vizu]; *(Reservierung)* a marcação prévia [ɐ mɐrkɐ'sɐ̃u 'prɛvjɐ]
Voraus, im – de antemão [d‿ɐ̃ntə'mɐ̃u]
vorbereiten preparar [prəpɐ'rar]
Vordruck impresso [ĩm'prɛsu]
vorgestern anteontem [ɐ̃n'tjõntɐ̃i]
vorher antes ['ɐ̃ntəʃ]
vorletzte(r, -s) penúltima [pə'nultimɐ], penúltimo [pə'nultimu]
Vormittag a manhã [ɐ mɐ'ɲɐ̃]
vormittags de manhã [də mɐ'ɲɐ̃]
vorn à frente [a 'frẽntə]
Vorname o nome de batismo [u 'nomə də ba'tiʒmu]
vornehm distinto [diʃ'tĩntu]
Vorort subúrbio [su'burbju], bairro periférico ['baiʀu pəri'fɛriku]
Vorrat a provisão [ɐ pruvi'zɐ̃u]
Vorsaison a estação baixa [ɐ ʃtɐ'sɐ̃u 'baiʃɐ]
Vorschlag proposta [pru'pɔʃtɐ]
Vorschrift a prescrição [ɐ prəʒkri'sɐ̃]; *(amtlich)* regulamento [ʀəgulɐ'mẽntu]
vorsicht! cuidado! [kui'dadu]

vorsichtig com cuidado [kõ kui'dadu]
Vorspeise entrada [ẽn'tradɐ]
Vorstellung espetáculo [ʃpɛ'takulu]; *(Theater)* a representação [ɐ ʀəprəzẽntɐ'sɐ̃u]; *(Kino)* a sessão [ɐ sə'sɐ̃u]
Vorteil a vantagem [ɐ vɐ̃n'taʒɐ̃i]
vorüber passado [pɐ'sadu]
Vorverkauf venda antecipada ['vẽnd‿ẽntəsi'padɐ]
Vorwahlnummer indicativo [ĩndikɐ'tivu] *(Br)* prefixo [pre'fiksu]
vorwärts para a frente ['pɐr‿a 'frẽntə]
Vulkan o vulcão [u vul'kɐ̃u]

W

wach acordado [ɐkur'dadu]
Wachablösung o render da guarda [u ʀẽn'der dɐ 'gwardɐ]
Wagenheber macaco [mɐ'kaku]
Wagennummer número da carruagem *(Br* do vagão) ['numəru dɐ kɐ'ʀwaʒɐ̃i (du va'gɐ̃u)]
wählen escolher [ʃku'ʎer]; *(tele)* marcar [mɐr'kar], *(Br)* discar [dis'kar]
wahr verdadeiro [vərdɐ'deiru]
während *prp* durante [du'rẽntə]; *conj* enquanto [ẽŋ'kwẽntu]
wahrscheinlich *adj* provável [pru'vavɛl]; *adv* provavelmente [pruvavɛl'mẽntə]
Währung moeda ['mwɛdɐ]
Wahrzeichen símbolo ['sĩmbulu]
Wald floresta [flu'rɛʃtɐ], mata ['matɐ]
Wallfahrtsort o lugar de peregrinação/de romaria [u lu'gar də pərəgrinɐ'sɐ̃u/də ʀumɐ'riɐ]
Walnüsse as nozes [ɐʒ 'nɔzəʃ]
Wand a parede [ɐ pɐ'redə]
Wanderkarte o mapa dos circuitos de marcha [u 'mapɐ duʃ sir'kuituʒ də 'marʃɐ]
wandern fazer marchas [fɐ'zer 'marʃɐʃ], caminhar [kɐmi'ɲar]
Wandern marcha ['marʃɐ]
Wander-/Trekkingschuh sapato de marcha/de todo-terreno [sɐ'patu də 'marʃɐ/də 'todu tə'ʀenu]
Wanderweg circuito de marcha [sir'kuito də 'marʃɐ]
warm quente ['kẽntə]
warmes Wasser água quente ['agwɐ 'kẽntə]
Warnblinkanlage o sinal de pisca-pisca de emergência [u si'nal də 'piʃkɐ 'piʃkɐ d‿imər'ʒẽsjɐ]
Warndreieck triângulo [tri'ɐ̃ŋgulu]
warten esperar [ʃpə'rar]
Wartesaal sala de espera ['salɐ də‿ʃ'pɛrɐ]
Wartezimmer sala de espera ['salɐ də‿'ʃpɛrɐ]
was (o) que [(u) kə]; **was für ein/eine …?** que espécie de …? [kə‿'ʃpɛsjə də]
Waschbecken lavatório [lɐvɐ'tɔrju]

Wäsche roupa ['ʀopɐ]
Wäscheklammern as molas para a roupa [ɐʒ 'mɔlɐʃ 'pɐra 'ʀopɐ]
Wäscheleine corda para estender roupa ['kɔrdɐ 'pɐrɐ ʃtẽn'der 'ʀopɐ]
waschen lavar [lɐ'var]
Wäscherei lavandaria [lɐvɐ̃ndɐ'riɐ]
Wäschetrockner secadora de roupa [səkɐ'dorɐ də 'ʀopɐ]
Waschlappen luva de lavar ['luvɐ də lɐ'var]
Waschmaschine máquina de lavar a roupa ['makinɐ də lɐ'var ɐ 'ʀopɐ]
Waschmittel o detergente para a roupa [u dətər'ʒẽntə 'pɐra 'ʀopɐ]
Waschraum os lavabos [uʒ lɐ'vabuʃ]
Waschsalon o salão de lavandaria [u sɐ'lɐ̃u də lɐvɐ̃ndɐ'riɐ]
Wasser água ['agwɐ]
wasserdicht à prova de água [a 'prɔvɐ d‿'agwɐ]
Wasserfall queda de água ['kɛdɐ d‿'agwɐ]
Wasserglas copo de água ['kɔpu d‿'agwɐ]
Wasserhahn torneira [tur'neirɐ]
Wasserkanister o bidão de água [u bi'dɐ̃u d‿'agwɐ]
Wasserkocher o fervedor elétrico^RR, eléctrico^ALT [u fərvə'dor i'lɛtriku]
Wasserski o esqui aquático [u ʃki ɐkw'atiku]
Wasserspülung autoclismo [autɔ'kliʒmu] *(Br)* descarga [dəʃ'kargə]
Wasserverbrauch consumo de água [kõ'sumu d‿'agwɐ]
Watte o algodão hidrófilo [u algu'dɐ̃u i'drɔfilu]
Wattestäbchen as cotonetes [ɐʃ kotu'nɛtəʃ]
Wechsel *(Veränderung)* mudança [mu'dɐ̃sɐ]; *(Austausch)* troca ['trɔkɐ]
Wechselgeld os trocos [uʃ 'trɔkuʃ]
wechselhaft instável [ĩʃ'tavɛl]
Wechselkurs (taxa) de câmbio [('taʃɐ də) 'kɐ̃mbju]
Wechselstube casa de câmbio ['kazɐ də 'kɐ̃mbju]
wecken acordar [ɐkur'dar]
Wecker o despertador [u dəʃpərtɐ'dor]
Weg caminho [kɐ'miɲu]
wegen por causa de [pur 'kauzɐ də]
weggehen ir-se embora [irs‿ẽm'bɔrɐ]
Wegweiser o sinal itinerário [u si'nal itənə'rarju]
wehtun doer [dwer]
weich mole ['mɔlə], macio [mɐ'siu]; *(Ton, Farbe)* suave ['swavə]
Weichkäse *(typisch aus Portugal)* o requeijão [u rəkei'ʒɐ̃u]
Weihnachten o Natal [u nɐ'tal]
weil porque ['purkə]
Wein vinho ['viɲu]
Weinberg vinha ['viɲɐ]
weinen chorar [ʃu'rar]

Weinglas copo de vinho ['kɔpu də 'viɲu]
Weinhandlung o armazém de vinhos [u armɐ'zɐ̃i də 'viɲuʃ]
Weintrauben as uvas [ɐz‿'uvɐʃ]
Weisheitszahn o dente do siso [u 'dẽntə du 'sizu]
weiß branco ['brɐ̃ŋku]
Weißbrot o pão branco [u pɐ̃u 'brɐ̃ŋku]
Weißwein vinho branco ['viɲu 'brɐ̃ŋku]
weit *(Gegenteil von eng)* largo ['largu]; *(Weg)* longo ['lõŋgu]; *(entfernt)* distante [dəʃ'tɐ̃ntə], *adv* longe ['lõʒə]
Wellenbad piscina com ondulação [pəʃ'sinɐ kõ õndulɐ'sɐ̃u]
Welt mundo ['mũndu]
wenig pouco ['poku]; **ein wenig (von)** um pouco (de) [ũm 'poku (də)]; **weniger** menos ['menuʃ]
wenigstens pelo menos ['pelu 'menuʃ]
wenn *(Bedingung)* se [sə]; *(zeitlich)* quando ['kwɐ̃ndu]
werden tornar-se [tur'narsə]
Werkstatt oficina [ofə'sinɐ]
Werktag o dia útil [u 'diɐ 'util]
Werkzeug ferramenta [fəʀɐ'mẽntɐ]
Wertangabe a declaração de valor [ɐ dəklɐrɐ'sɐ̃u də vɐ'lor]
wertlos sem valor [sɐ̃i vɐ'lor]
Wertsachen os objetos de valor [uz‿ɔb'ʒɛtuʃ də vɐ'lor]
Wespe vespa ['veʃpɐ]
Weste o colete [u ku'letə]
Western o filme de cow-boys [u 'filmə də kɔ'bɔiʃ]
westlich von a oeste de [ɐ o'ɛʃtə də]
Wetter tempo ['tẽmpu]
Wetterbericht o boletim meteorológico [u bulə'tĩ mətjuru'lɔʒiku]
Wettervorhersage a previsão do tempo [ɐ prəvi'zɐ̃u du 'tẽmpu]
Wettkampf a competição [ɐ kõmpəti'sɐ̃u]
wichtig importante [ĩmpur'tɐ̃ntə]
Wickeltisch cómoda muda-fraldas ['kɔmudɐ 'mudɐ 'fraldɐʃ]
wie como ['komu]
wieder de novo [də 'novu]
wiederholen repetir [ʀəpə'tir]
wiederkommen voltar [vɔl'tar]
Wiese prado ['pradu]
wild bravo ['bravu], *(Flora)* silvestre [sil'vɛʃtrə]
Wildpark o parque zoológico [u 'parkə zuu'lɔʒiku]
willkommen! bem-vindo [bɐ̃i 'vĩndu]
Wimperntusche o rímel [u 'ʀimɛl]
Wind vento ['vẽntu]
Windeln as fraldas [ɐʃ 'fraldɐʃ]
Windpocken varicela [vɐri'sɛlɐ]
Windrichtung a direção do vento [ɐ di'rɛsɐ̃u du 'vẽntu]
Windschutzscheibe o para-brisas [u 'parɐ 'brizɐʃ]
Windstärke a intensidade do vento [ɐ ĩntẽsi'dadə du 'vẽntu]

Windsurfen, windsurfen o windsurf [u ˈwĩndsɐrf], fazer windsurf [fɐˈzer ˈwĩndsɐrf]
Winter inverno [ĩˈvɛrnu]
Winterreifen o pneu de inverno [u pneu d‿ĩˈvɛrnu]
wir nós [nɔʃ]
Wirbelsäule coluna vertebral [kuˈlunɐ vərtəˈbral]
wirklich *adj (echt)* verdadeiro [vərdɐˈdeiru]; *adv* realmente [ʀjalˈmẽntə]
Wischmopp o espanador [u ʃpɐnɐˈdor]
wissen saber [sɐˈber]
Witz graça [ˈgrasɐ], anedota [ɐnəˈdɔtɐ]
Woche semana [səˈmɐnɐ]
Wochenendpauschale tarifa de fim de semana [tɐˈrifɐ də fĩm də səˈmɐnɐ]
Wochenkarte o passe semanal [u ˈpasə səmɐˈnal]
wochentags nos dias úteis [nuʒ ˈdiɐz‿ˈuteiʃ]
wöchentlich *adj* semanal [səmɐˈnal]; *adv* todas as semanas [ˈtodɐz‿ɐʃ səˈmɐnɐʃ]
wohnen morar [muˈrar]
Wohnmobil autocaravana [autɔkɐrɐˈvɐnɐ]
Wohnort domicílio [dumiˈsilju]
Wohnung casa [ˈkazɐ], apartamento [ɐpɐrtɐˈmẽntu]
Wohnwagen caravana *(Br* o trailer) [kɐrɐˈvɐnɐ (u ˈtreilɐ)]
Wohnzimmer sala de estar [ˈsalɐ də‿ʃtar]
Wolke a nuvem [ɐ ˈnuvẽi]
Wolldecke manta de lã [ɐ ˈmẽntɐ də lɐ̃]
Wolle a lã [ɐ lɐ̃]
Wort palavra [pɐˈlavrɐ]
Wunde ferida [fəˈridɐ]
wunderbar maravilhoso [mɐrɐviˈʎozu]
wundern, s. ~ (über) admirar-se (de) [ɐdmiˈrarsə (də)]
wünschen desejar [dəzəˈʒar]
Wurm o verme [u ˈvɛrmə]; *(Regen~)* minhoca [miˈɲɔkɐ]
Wurst *(Dauerwurst)* chouriço [ʃoˈrisu]; salsicha [salˈsiʃɐ]
Würstchen as salsichas [ɐʃ salˈsiʃɐʃ]
würzen temperar [tẽmpəˈrar]
wütend furioso [fuˈrjozu]

Y

Yoga o ioga [u iˈɔgɐ]

Z

zäh duro [ˈduru]
Zahl número [ˈnumәru]
zählen contar [kõnˈtar]
zahlen pagar [pɐˈgar]
Zahlung pagamento [pɐgɐˈmẽntu]
Zahn o dente [u ˈdẽntə]
Zahnbürste escova de dentes [ˈʃkovɐ də ˈdẽntəʃ]
Zahncreme/Zahnpasta pasta dentrífica [ˈpaʃtɐ dẽnˈtifrikɐ]
Zahnfleisch gengiva [ʒẽˈʒivɐ]
Zahnradbahn linha de cremalheira [ˈliɲɐ də krəmɐˈʎeirɐ]

Zahnschmerzen as dores de dentes [ɐʒ dorəʒ də 'dẽntəʃ]
Zahnstocher palito [pɐ'litu]
Zäpfchen supositório [supuzi'tɔrju]
zart tenro ['tẽʀu]
zärtlich carinhoso [kɐri'ɲozu]
Zecke carraça [kɐ'ʀasɐ]
Zehe dedo do pé ['dedu du pɛ]
Zeichen o sinal [u si'nal]
Zeichensprache a linguagem gestual [ɐ lĩn'gwaʒẽi ʒɛʃtu'al]
Zeichentrickfilm os desenhos animados [uʒ də'seɲuz‿ɐni'maduʃ]
zeichnen desenhar [dəzə'ɲar]
Zeichnung desenho [də'zeɲu]
zeigen mostrar [muʃ'trar]
Zeit tempo ['tẽmpu]
Zeitschrift revista [ʀə'viʃtɐ]
Zeitung o jornal [u ʒur'nal]
Zeitungshändler o vendedor de jornais [u vẽndə'dor də ʒur'naiʃ]
Zelt tenda ['tẽndɐ]
zelten acampar [ɐkẽm'par]
Zeltschnur espia da tenda ['ʃpiɐ dɐ 'tẽndɐ]
Zeltstange vara/ferro da tenda ['varɐ/'fɛʀu dɐ 'tẽndɐ]
Zentimeter centímetro [sẽn'timətru]
zentral central [sẽn'tral]
Zentralheizung aquecimento central [ɐkɛsi'mẽntu sẽn'tral]
Zentrum centro ['sẽntru]
Zerrung a distensão [ɐ dəʃtẽ'sɐ̃u]
Zeuge/Zeugin o/a testemunha [u/ɐ təʃtə'muɲɐ]

Ziegenkäse queijo com leite de cabra ['keiʒu kõ 'leitə də 'kabrɐ]
ziehen puxar [pu'ʃar]
Ziel objetivo [obʒɛ'tivu]; *(Reiseziel)* destino [dəʃ'tinu]
ziemlich bastante [bɐʃ'tẽntə]
Zigarette cigarro [si'gaʀu]
Zigarillo cigarrilha [sigɐ'ʀiʎɐ]
Zigarre charuto [ʃɐ'rutu]
Zimmer quarto ['kwartu]
Zimmermädchen criada de quarto [krj'adɐ də 'kwartu]
Zimmertelefon o telefone do quarto [u tələ'fɔnə du 'kwartu]
Zirkus circo ['sirku]
Zitronen os limões [uʒ li'mõiʃ]
Zoll alfândega [al'fẽndəgɐ]
Zollerklärung a declaração para a alfândega [ɐ dəklɐrɐ'sɐ̃u 'pɐra‿al'fẽndəgɐ]
zollfrei livre de taxa alfandegária ['livrə də 'taʃ‿alfẽndə'garjɐ]
zollfreier Laden loja franca ['lɔʒɐ 'frẽŋkɐ] duty-free shop ['djuti fri ʃɔp]
Zollgebühren os direitos alfandegários [uʒ di'reituz‿alfẽndə'garjuʃ]
zollpflichtig sujeito a taxa alfandegária [su'ʒeit‿ɐ 'taʒ‿alfẽndə'garjɐ]
Zoo o jardim zoológico [u ʒɐr'dĩ zuu'lɔʒiku]
zu(1) *(Richtung)* para ['pɐrɐ], a [ɐ]; *(mit adj)* demasiado [dəmɐ'zjadu]; **– sehr, – viel** de mais [də maiʃ]
zu(2) *(geschlossen)* fechado [fə'ʃadu]

zubereiten preparar [prəpɐ'rar]
Zucchini a corgete *(Br* aboborinha) [ɐ kur'ʒɛtə (abɔ'briɲɐ)]
Zucker o açúcar [u ɐ'sukar]
zuerst primeiro [pri'meiru], em primeiro lugar [ɐ̃i pri'meiru lu'gar]
zufällig *adv* por acaso [pur‿ɐ'kazu]
zufrieden satisfeito [sɐtəʃ'feitu]
Zug comboio [kõm'bɔju], *(Br)* o trem [u trɐ̃i]
Zugänglichkeit a acessibilidade [ɐ ɐsəsibili'dadə]
zuhören, jdm – escutar alg [ʃku'tar al'gɐ̃i]
Zukunft futuro [fu'turu]
zukünftig futuro [fu'turu]
zulässig permitido [pərmi'tidu]
zuletzt em último lugar [ɐ̃i 'ultimu lu'gar]
Zündkerze vela ['vɛlɐ]
Zündschlüssel a chave de ignição [ɐ 'ʃavə d‿igni'sɐ̃u]
Zündung a ignição [ɐ igni'sɐ̃u]
Zunge língua ['lĩŋgwɐ]
zurück para trás ['pɐrɐ traʃ]
zurückbringen devolver [dəvol'ver]
zurückfahren voltar [vɔl'tar]
zurückgeben devolver [dəvol'ver]
zurückkehren regressar [ʀəgrə'sar]
zusagen *(Einladung)* aceitar [ɐsei'tar]
zusammen juntos ['ʒũntuʃ], juntamente [ʒũntɐ'mẽntə]
zusammenschlagen espancar [ʃpɐ̃ŋ'kar]
Zusammenstoß o choque [u 'ʃɔkə]
zusätzlich adicional [ɐdəsju'nal]
zuschauen olhar [o'ʎar]
Zuschauer o espectador [u ʃpɛktɐ'dor]
Zuschlag suplemento [suplə'mẽntu]
zuständig responsável [ʀəʃpõ'savɛl]
zweite(r, -s) segunda [sə'gũndɐ], segundo [sə'gũndu]
zweitens (em) segundo (lugar) [(ɐ̃i) sə'gũndu (lu'gar)]
Zwiebeln as cebolas [ɐʃ sə'bolɐʃ]
zwischen entre ['ẽntrə]
Zwischenfall o incidente [u ĩsi'dẽntə]
Zwischenlandung escala ['ʃkalɐ]
Zwischenstecker tomada intermediária [tu'mad‿ĩntərmə'djarjɐ], a extensão múltipla [ɐ ʃtẽ'sɐ̃u 'multiplɐ]; *(Br)* o benjamim [u bẽʒa'mĩ]
Zyste cisto ['siʃtu]